Jesper Bugge Kold
Der Kriegstourist

AF178704

Das Buch

Kann man im Krieg nur Zuschauer sein? Ein ebenso fesselnder wie verstörender Roman über den verhängnisvollen Drang, wieder und wieder in aktuelle Krisenherde zu reisen.

Längst empfindet Niels für seinen Lehrerjob und seine Familie nichts als Langeweile. Da ist das Angebot seines alten Freundes Michael, der inzwischen als Kriegsfotograf arbeitet, zu verlockend: Niels kann ihn ins krisengeschüttelte Beirut begleiten. Angst und Abenteuer werden von nun an wie zu einer Sucht: Gemeinsam mit Michael reist er in weitere Kriegsgebiete – in den Libanon, nach Mali, in die Ukraine. Und überall treffen sie auf Gleichgesinnte, die ebenso fasziniert sind von der gefährlichen Mischung aus Gefahr, Gewalt und Adrenalin.
Nach einer riskanten Flucht in der Ukraine glaubt Niels, endlich genug zu haben. Er will zu Hause bleiben, auch wenn ihm die eigene Familie fremd geworden ist. Aber nach einiger Zeit verspürt er wieder die verhängnisvolle Abenteuerlust. Er packt seine Sachen und fasst einen folgenschweren Entschluss.

Der Autor

Jesper Bugge Kold, geboren 1972, arbeitete zunächst als Journalist und ist heute Bibliothekar in Svendborg auf Fünen. Sein Debüt »Wintermänner« basiert auf jahrelangen Recherchearbeiten und war ein internationaler Erfolg. Für seinen zweiten Roman »Die Mauer zwischen uns« erhielt der Autor Zugang zu den Archiven der Stasi.

JESPER BUGGE KOLD

DER
KRIEGSTOURIST

ROMAN

Aus dem Dänischen von Patrick Zöller

Die dänische Ausgabe erschien 2018 unter dem
Titel »Krigsturisten« bei People'sPress, Kopenhagen.

Deutsche Erstveröffentlichung bei
Tinte & Feder, Amazon Media E.U. S.à r.l.
5 Rue Plaetis, L-2338, Luxembourg
Juli 2018
Die Übersetzung dieses Buches wurde durch AmazonCrossing ermöglicht.

Umschlaggestaltung: semper smile, München, www.sempersmile.de
Umschlagmotiv: © Giannis Papanikos / Alamy; © David Malan / Getty;
© Ivan Cholakov / Shutterstock; © Africa Studio / Shutterstock;
© warat42 / Shutterstock
Lektorat und Korrektorat: Verlag Lutz Garnies, Haar bei München
www.vlg.de

Gedruckt durch:
Amazon Distribution GmbH, Amazonstraße 1, 04347 Leipzig /
Canon Deutschland Business Services GmbH, Ferdinand-Jühlke-Str. 7,
99095 Erfurt /
CPI Books GmbH, Birkstraße 10, 25917 Leck

ISBN 978-2-919-80092-6

www.tinte-feder.de

Warum zu Hause hocken, wenn alle Hoffnung draußen ist.
ARNAUD MARCHAL

Für Karina, Malte und Elvira

PROLOG

Ich gehe auf eine Mauer aus Dunkelheit zu, so kommt es mir zumindest vor. Nacht bedeckt das Land. Geröll und kleine Steine knirschen unter meinen Füßen und rutschen leise prasselnd den Hang hinunter. Ich höre, wie sie ein Stück weiter unten auf den Pfad poltern. Nur die weißen Burnusse der Beduinen sind zu sehen, wir anderen tragen die Farben der Nacht. Kühle legt sich auf meine Kleidung, und wir versuchen, das Geräusch unserer Atemzüge zu unterdrücken, ein Kampf, den ich nicht gewinnen kann. Ich atme schwer, keuche. Man muss es kilometerweit hören können.

Ein Auto brettert durch die Dunkelheit unter uns, das Heulen des Motors dringt wie ein kräftiger Windstoß zu uns herauf. Die Lichtkegel der Scheinwerfer schwenken bedrohlich mal hierhin, mal dorthin. Wir gehen in die Hocke, versuchen, uns klein und unsichtbar zu machen. Aber wir sitzen auf einem Berg, und das Herz schlägt mir bis zum Hals. Die Spannung vibriert wie eine zweite Haut.

Wir sind in Sicherheit, sagen sie in ihrem bruchstückhaften Englisch. So sicher, wie man eben sein kann, wenn man ein Land betritt, in dem Krieg herrscht.

Dann ist alles still. Ganz plötzlich. Das einzige Geräusch, das ich hören kann, kommt aus meinem Körper. Die Leichen der Frau und des Kindes haben wir hinter uns gelassen, und meine Gedanken kreisen nur um das, was vor uns liegt. Aber mein Körper hat sie nicht vergessen. In ihm klopft und rumort es in undefinierbaren Tönen.

Ich versuche, die Mienen der anderen zu deuten, aber sie sind nur Schatten im fahlen Mondlicht.

Einer der Beduinen zeigt in die Dunkelheit. »Die Grenze«, sagt er leise.

Ich sehe nur schwarze Landschaft, während sich ein Gefühl in mir breitmacht. Es sirrt in meinem Kopf, rauscht durch meine Blutbahnen und zittert in meinem Fleisch. Endlich bin ich in Syrien. Einen Moment später fühle ich das genaue Gegenteil. Es kann meine beste und meine schlechteste Entscheidung sein.

1

Ihre Brüste hängen schlaff herunter, als hätten sie die Lust auf mich verloren – und nicht ich auf sie. Vom Bett aus betrachte ich ihre Silhouette. Nicht mit Abscheu, aber ohne jedes Interesse. Ihr goldbrauner Teint des Sommers ist zu bleicher Haut verblasst. Sie lässt den BH auf den Boden fallen, und ich wundere mich, woher Annemette, die sonst so ordentlich ist, diese Macke hat, den Boden zu einer Erweiterung ihres Kleiderschranks und das Schlafzimmer zu einem Ort zu machen, an dem sie zwanghaft von ihrer eigentlichen Natur abweicht.

Sie zieht ihr Nachthemd an. Mir fällt auf, dass es verfärbt ist – das Ergebnis einer meiner seltenen Wäschesortierungen vor der Waschmaschine. Der Halsausschnitt beginnt weit oberhalb ihres Brustbeins. Es bedeckt ihre Knie und lässt sie wie eine Nonne aussehen. Verärgert schaut sie mich an, als sei ich ein blauer Fleck an ihrem Bein. Dann legt sie sich auf ihre Seite des Betts, kriecht unter die Decke und seufzt. Ich spüre ihre kalten Zehen an meinem Schienbein.

»Ich dachte, du schläfst längst.«

»Ich korrigiere nur noch ein paar Arbeiten«, sage ich und muss wieder an den Umschlag vom Ordnungsamt denken, der heute mit der Post gekommen ist. Während ich auf das Foto

starrte, hatte ich das Gefühl, als würde der Nachmittag dahin-
schwinden. Es zeigte einen Mann mit leerem Blick hinter dem
Steuer eines Wagens. Einen unglücklichen Mann. Er wirkte
wie paralysiert, als habe ihm ein Arzt gerade eben die Diagnose
»Krebs im Endstadium« mitgeteilt. Nur das Nummernschild
war deutlich erkennbar. Ich kann mich nicht erinnern, die
Radarfalle gesehen zu haben, aber wie ein kompetenter Fotograf
hat sie mein Leben mit einem einzigen Blitzlicht eingefangen.
Mein Gesicht wirkte aschfahl, unterbelichtet, und ich konnte
es noch nicht einmal auf die Qualität des Bildes schieben.
Die Schwarz-Weiß-Fotografie hat mir klar gemacht, wie mein
Leben läuft.

Wieder versuche ich, den Schock zu verdauen. Mein Blick
kehrt zurück zu Lauras Arbeit über die Grundprinzipien des
demokratischen Systems. Aber ich erfasse den Inhalt nicht.
Ich denke an Annemette, denke an uns, an mich und sie.
Zwischendurch frage ich mich: »Warum?«

Ich lege die Arbeiten auf den Nachttisch, drücke kurz
Annemettes Hand und drehe ihr den Rücken zu.

2

Der Körper ist angespannt, die Glieder sind ein wenig träge, als ich aus dem Bett aufstehe. Die Dusche wirkt belebend, hauptsächlich auf die linke Körperhälfte, der Duschkopf muss dringend entkalkt werden. Annemette schiebt sich in der Badezimmertür an mir vorbei; sie will mich nie küssen, bevor ich die Zähne geputzt habe. Ich ziehe Jeans und einen Wollpullover mit Knöpfen auf der einen Schulter an. Vor dem Spiegel im Flur streiche ich die Haare mit der Hand zur Seite, um die beginnenden hohen Schläfen zu kaschieren. Oberhalb der Ohren wird mein Haar allmählich grau. Ich sehe deutlich müder aus, als ich es bin.

Einige Meter links von der Haustür, auf der Terrasse, die ich vor ein paar Jahren mit Platten in Gutshofoptik gepflastert habe, stehen zwei grüne Zypressen in Töpfen. Im Halbdunkel des Winters erinnern sie an kleine Gartentrolle oder an die orangen Plastikkegel, wie sie Bauarbeiter bei der Instandsetzung von Straßen aufstellen. Ich atme tief ein und gehe nach draußen. Die Luft ist klar, kalt und frisch, fast wie am Meer. Das elektrische Licht entlang der Trittsteine leuchtet auf und taucht den Garten in eine Helligkeit mit scharfen Konturen.

Raureif liegt wie ein Wollteppich über dem Rasen. Ein Pfad führt zum Komposthaufen, einem weißen Miniaturberg ohne Baumgrenze. Einige Lavendelsträucher sind zerzaust und machen einen ungepflegten Eindruck, und der japanische Ahorn wirkt blass. Im Sommer leuchten seine Blüten wie rote Wangen zwischen all dem tiefen Grün. Ich lasse den Blick durch den Garten schweifen. Annemette und ich haben die Natur gezähmt.

Vom überstehenden Dach an der Rückseite des Carports baumeln ein paar Meisenknödel. Ein Spatz hält der Kälte stand. Ob es ein kalter Winter wird? Auf der anderen Seite der Hecke bringt sich der Winter schon in Stellung. Nicht mehr lange, und er kommt samt seiner Schwermut schleppenden Schritts den Gartenweg herauf. Der Spatz hat das Futterbrett für sich allein und verleibt sich nach Herzenslust die übrig gebliebenen Sonnenblumenkerne und Hanfsamen ein. Einen Augenblick lang hält er inne und sieht mich an; wir kennen uns. Das ist unser Morgenritual, und der Spatz weiß, dass ich die Katze unserer Nachbarn Gunnar und Merete immer verscheuche, um ihn und seine Artgenossen zu schützen.

Plötzlich bekomme ich Lust, durch das Gras zu gehen, zu hören, wie sich die steifen Halme knisternd unter meinen Schuhsohlen beugen, etwas Unvorhersehbares zu tun, aber wie immer habe ich nur meine Pantoffeln angezogen, um rasch die Zeitung zu holen. Sie werden nass, wenn ich neben die Platten trete, und ich höre schon Annemettes tadelnde Stimme, wenn ich eine Spur feuchter Fußabdrücke in der Küche hinterlasse.

Dann entdecke ich meine Ausgabe der *Information,* und während ich eilig den Gartenweg entlanggehe, spüre ich, wie Ärger in mir aufflammt. Ich betrachte den Gegenstand meiner Empörung: die Zeitung, die aus dem Briefkasten herausschaut.

Sie ist nass, und ich stoße einen Fluch aus. Wie oft muss ich noch beim Kundenservice anrufen, bis sie begreifen, dass ich nur für eine trockene Zeitung bezahle?

Am Frühstückstisch versuche ich, die nassen Seiten umzublättern. Sie kleben aneinander, und ich gebe auf. Mathias setzt sich. Seine Haare sind sorgfältig gestylt und lassen das Gesicht, seine klaren, gleichmäßigen Züge, deutlich hervortreten. Die Haut sieht aus wie blank poliert – wie in einer Reklame für Anti-Aging-Creme. Ich sehe einen schönen jungen Mann, das Beste von mir und das Feinste von Annemette, zusammengeführt in einer Person. Dann blicke ich auf seine Schale mit Coco Pops. Er isst wie ein Kind, benimmt sich wie ein Teenager und spricht mit der tiefen Stimme eines Mannes. Wenn er sich denn herablässt, mit mir zu sprechen.

Sein Handy gibt ein Geräusch von sich, und ohne aufzublicken zieht er es aus der Tasche. Ich sage etwas zu ihm, aber er ist nicht anwesend. Damals, als man das Telefon erfand, wurde die ganze Welt miteinander verbunden. Gespräche glühten durch die Kabel, die wie ein Netz unter den Weltmeeren verlegt wurden. Jetzt macht das Smartphone mich unsichtbar, für meinen eigenen Sohn.

»Soll ich dich zur Schule fahren?«, frage ich noch einmal.

Mathias antwortet nicht. Einen Moment lang stelle ich mir vor, ich stünde an einem Strand. In der Hand halte ich Mathias' iPhone und schaue blinzelnd in die Sonne. Wie viel muss ich mindestens schaffen? Fünf? Sechs? Angesichts der Höhe der Wellen entscheide ich mich für fünf und werfe das Handy. Es durchschneidet die Luft, trifft auf das Wasser und hebt wieder ab, als sei es wasserabweisend. Erneut verliert es an Höhe, aber noch einmal stößt das Wasser es von sich weg. Es tanzt weiter, und als ich sieben Sprünge gezählt habe, taucht es unter.

»Papa? Hallo? Antwortest du vielleicht mal?«

Ich blicke auf.

»Fährst du mich jetzt zur Schule oder was?«

Als wir im Auto sitzen, klopft Annemette an die Seitenscheibe.

»Denk dran, dass ich heute Abend Pilates habe.«

Ich nicke und lege den ersten Gang ein. Unsere Wochen gleichen sich, eine ist wie die andere. Montags geht Mathias zum Fußball, dienstags hat Annemette Pilates und ich koche. Ich kann nur ein paar Gerichte, zwischen denen ich immer wechsle. Mittwochs ist Mathias wieder beim Fußball, und ich sehe mir in der Regel irgendwelche amerikanischen TV-Serien an. Sie sind nicht gut, aber wir haben uns aneinander gewöhnt. Der Donnerstag ist genauso wie der Dienstag, nur mit *onner* statt *ien*, und am Freitagabend sehen wir fern, wenn ein guter Film kommt. Früher haben wir uns am Sonntagabend immer geliebt, aber dieser Termin ist schon vor Jahren im Sande verlaufen. Am Kühlschrank hängt unser Familienkalender, jeder hat eine Spalte. Einmal hatte ich in Woche 23 an allen Tagen »Sex« reingeschrieben, natürlich nicht in Mathias' und Ceciles Spalte, nur in meine und Annemettes. Irritiert radierte sie es aus und trug stattdessen »Treffen Grundbesitzerverein« in das Dienstag-Feld ein.

Inzwischen studiert Cecilie Film- und Medienwissenschaften an der Universität Kopenhagen, und Mathias schleppt sich durch die neunte Klasse. Er ist wie ein Kellner am Ende der Saison in einem von Touristen überstrapazierten Restaurant. Er tut nur das Nötigste, hat die Speisekarte und alles andere im Griff, aber jeder Small Talk mit den Gästen langweilt ihn, und nur außergewöhnlich hübsche Mädchen können ihn aus seiner Apathie reißen. Er ist fünfzehn, und ab Sommer geht er für ein Jahr aufs Internat. Ich freue mich darauf, versuche aber, es zu verbergen. Es wird sehr angenehm sein, sich nicht mehr jeden Tag mit seinen Launen herumschlagen zu müssen.

Was sein Gemüt angeht, ähnelt er weder mir noch Annemette. Er und ich haben das gleiche Geschlecht, aber es ist, als gehörten wir zwei verschiedenen Rassen an. Oft denke ich an die Zeit zurück, als Mathias noch jünger war. Wir haben Drachen steigen lassen, *Die Schatzinsel* gelesen, sind sonntags ans Meer gefahren und haben unsere Blinker ins Wasser geworfen oder wir haben uns ein Fußballspiel im Stadion angesehen. Wir hatten so vieles gemeinsam, aber langsam, wie bei einem Wackelkontakt in irgendeinem elektrischen Gerät, ist die Verbindung zu seinen Frontallappen abgebrochen, und plötzlich waren wir einander fremd. Die Pubertät bemächtigte sich Mathias' wie ein Parasit. Ich hoffe, dass er eines Tages zu mir zurückfindet, dass unsere Freundschaft neu erwacht, aber ich bezweifle es.

Cecilie ist letzten Sommer ausgezogen. Sie wohnt jetzt zusammen mit Johann in einer Zweizimmerwohnung in Vesterbro auf einer Etage mit lauter Mädchen aus Skive, Holstebro und Brande, die mit Koffern voller jütländischem Gold ihrer Eltern in die Hauptstadt gekommen sind, um zu studieren. Cecilie und Johann sind seit der elften Klasse zusammen. Wie ein Graffitimaler, dem die Waggons ausgegangen sind, hat Johann seinen Körper in eine Leinwand verwandelt. Polka Trash, erklärte er eines schönen Tages und zeigte auf eine schwarz-rote Tätowierung, als ich ihn danach fragte. Geschmier, dachte ich, während er weiter über polynesische und japanische Tattoos schwafelte. Und was steht da?, fragte ich. Das ist Arabisch für *Suche das Leben*. Kannst du Arabisch? Nein. Warum lässt du es dann nicht einfach auf Dänisch schreiben? Das hier ist cooler. Irgendwie tiefer, authentischer. Okay, sagte ich nur.

Johann kleidet sich wie ein Holzfäller, ist tätowiert wie ein Seemann und hat einen Bart wie ein Rocker. Aber er hat nie einen Baum gefällt, seine einzigen Erfahrungen mit dem Meer bestehen in ein paar Überfahrten auf der Helsingør-Helsingborg-Route mit seinen Eltern, und einer Harley-Davidson ist er nie näher gekommen als damals mit seinen Kumpels auf Kreta, als sie sich einen Motorroller geliehen haben. Ich mag ihn, denn hinter der ganzen Fassade ist er einfach nur ein netter Kerl mit guten Manieren. Und er macht meine Tochter glücklich.

Ich sehe durch die Windschutzscheibe die Straße hinunter, die durch unser Wohngebiet führt. Die Häuser sind alle gleich, die Gärten, wie in Watte gepackt, ebenfalls, alles ist gut gepflegt und wie glatt gebügelt. Sogar unsere Kinder, die früher mit von Süßigkeiten verklebtem Lächeln auf der Straße spielten, sind aus demselben Guss.

Annemette setzt sich auf ihr Rad und gleitet durch den Regen, der wieder eingesetzt hat. Ich betrachte sie so lange, bis Mathias fragt, ob alles in Ordnung sei. Ich antworte mit ein paar inhaltsleeren Worten.

»Warum glotzt du Mama so an?«

Statt eine Antwort zu geben, schalte ich das Radio ein. Es läuft *Blick in die Natur*. Ein Biologe berichtet von seinen Feldforschungen und spricht von der Ähnlichkeit eines Basstölpels mit einem Kampfbomber, wenn der Vogel in den Sturzflug übergeht. Kurz darauf erklärt er, wie man die gemeine Spitzmaus von der Zwergspitzmaus und der Wasserspitzmaus unterscheiden kann. Ich bewundere seine Begeisterung, seine scharfe Beobachtungsgabe und die poetische beschreibende Sprache. Er ist gut in seinem Fach.

Ich setze Mathias vor der Schule ab.

Am Ende der Auffahrt liegt die Autobahn und gleicht einem halb fertigen Ölgemälde. Die Farben sind verwischt, der Schein der Straßenlaternen spiegelt sich im Asphalt, auf dem der Nieselregen eine dünne Haut hinterlässt. Der Verkehr ist erwacht. Rollt langsam vorwärts und ich rolle mit. Erster Gang, zweiter Gang und hin und wieder dritter Gang. Und in jedem Auto nur eine Person, als schreibe irgendein Paragraf vor, dass Fahrer im morgendlichen Berufsverkehr einsam zu sein haben. Nach ein paar Kilometern fahre ich ab. Der Rest der Strecke läuft im Autopilotmodus ab, und als ich vor dem Gymnasium parke, kann ich mich nicht daran erinnern, die gefährliche T-Kreuzung und die Stelle passiert zu haben, an der die Schulkinder immer mit ihren Rädern auf die Straße müssen.

3

Im Lehrerzimmer mache ich mir eine Tasse löslichen Kaffee. Ich trinke ihn hastig, ohne Milch, und gehe dann zum Klassenzimmer. Der Geschmack klebt weit hinten am Gaumen und setzt sich hartnäckig fest. Ich stelle meine Tasche neben das Pult und nehme meinen Laptop heraus, setze den Netzstecker ein, korrekt, wie ich meine, habe aber keine Verbindung zum Internet. Ich drehe den Computer um, aber es gibt nur eine Buchse, in die das Kabel passt. Als ich schon überlege, IT-John zu rufen, tauchen die Google-Farben auf dem Bildschirm auf.

»Dann sind wir so weit«, sage ich, wohl mehr, um mich selbst davon zu überzeugen. Ich lasse meinen Blick durch den Raum schweifen, aber niemand nimmt Notiz von mir.

»Packt eure Handys weg.« Ich sage es ein paar Mal, mit zunehmender Lautstärke. Es klingt wie Luftalarm.

Als ich alle Namen aufgerufen habe, kommt Gustav in den Klassenraum geschlurft und fläzt sich auf seinen Stuhl. Ich sehe ihn mit meinem So-kann-es-nicht-weitergehen-Blick an, und er quittiert mit seinem Ich-verspreche-es-ist-das-letzte-Mal-Lächeln. Wir haben unsere Abmachung. Er bekommt keinen Eintrag und kann mittwochs zehn Minuten länger schlafen. Dafür stört er in dieser Zeit meinen Unterricht nicht. In allen

Klassen treffe ich auf die gleichen Schüler. Da ist das Mädchen, das sich auf jeder Party übergibt, das Pärchen, das seit der ersten Klassenfahrt zusammen ist, der Begabte, der seit Jahrgangsstufe fünf zu hören bekommt, dass er sein Potenzial nicht abruft. Da gibt es den, von dem die anderen nicht wissen, ob sie ihn mobben oder cool finden sollen, und die, die überhaupt nichts mitkriegen, weil sie sich mit Spielen beschäftigen, Filme kucken oder die neuesten Sonderangebote für Markenklamotten checken. In der ersten Reihe sitzen die ehrgeizigen Mädchen, die etwas lernen wollen. Aber ihre Fähigkeiten sind begrenzt, in den Arbeiten reproduzieren sie viel zu oft nur mechanisch meine Worte. Und da ist dann immer auch der eine, der zehn Minuten zu spät kommt. Und der Lehrer. Ich ähnle den meisten meiner Kollegen, nur mit dem Unterschied, dass mein mangelndes Engagement für die Klasse unübersehbar ist. Manchmal fühle ich mich wie in einem Theaterstück oder wie in einem Spiel, an dem ich gezwungenermaßen teilnehme. Ich mime den Erwachsenen und schlüpfe in vordefinierte Rollen: Autorität, Pädagoge, Ehemann.

Ich setze mich seitlich auf das Pult, eine Pobacke auf der Tischplatte und einen Fuß auf dem Boden. Ich versuche, vertrauenerweckend zu wirken. »Fragen zu den Hausaufgaben?«

Ich sehe in ihre blassen, leeren Morgengesichter. Sie sind aufgestanden, aber ihr Verstand liegt noch zu Hause unter der Decke. Und ich sehe sie voller Neid an, erinnere mich an die Zeit, als es legitim war, einfältig zu sein. Dann teile ich die korrigierten Arbeiten aus. Die Ergebnisse sind enttäuschend, geradezu alarmierend. Wir sind auf dem Weg ins goldene Zeitalter der Debilität. Ich teile die Klasse in Gruppen ein und gebe ihnen eine halbe Stunde. Demnächst sind Wahlen, und jede Gruppe soll die Schwerpunkte eines Parteiprogramms erarbeiten. Niemand bleibt im Klassenraum, der Ablauf ist längst Routine geworden. Draußen lösen sich die Gruppen auf,

Gustav und ein paar Jungs werden über das Fußballspiel von gestern Abend sprechen, das Pärchen wird irgendwo eine Ecke finden und knutschen, und Laura und die beiden grauen Mäuse werden die Aufgabe zur vollen Zufriedenheit des Lehrers lösen.

Ich stelle mich ans Fenster und sehe nach draußen. Es steht einen Spaltbreit offen, und wie in gasförmigem Zustand gleite ich hindurch und verbünde mich mit dem Wind. Ich bin leicht, mein beginnender altersbedingter Wohlstandsbauch hat sich in Wohlgefallen aufgelöst. Dann werde ich zu einem Vogel, setze mich auf den Baum vor dem Fenster und sehe zu mir hinein. Wir sind wesensgleich, der Baum und ich. Wir stehen dort, wohin wir gepflanzt wurden und werden dort stehen bleiben. Nur die Jahresringe und das Alter unterscheiden uns. Der Baum ist älter, ich bin dreiundvierzig, aber genauso runzelig und zerfurcht. Jedenfalls fühlt es sich so an.

Hans-Erik, der Hausmeister, ist mit seiner Kettensäge über den Baum hergefallen. Die Äste wurden direkt am Stamm amputiert, und die Stellen gleichen jetzt missgestalteten Bauchnabeln. Es ist deutlich zu sehen, dass er übereifrig zu Werke gegangen ist, nachdem er erst mal das Benzin der Säge gerochen hatte. Ich glaube, er mag das. Ständig hängt er mit der Nase über dunkelgrünen Kanistern mit gelben Schraubverschlüssen. Sein Bluetooth kriecht wie eine Schnecke aus seinem Ohr die Wange herunter. Die anderen nennen ihn Technikchef. Manchmal beneide ich ihn. Um seine Höhle im Keller, um das Geräusch der Zeitung, in der er blättert, um die praktische Arbeitskleidung, in der er immer herumläuft, um seine handfeste Tätigkeit und das sichtbare Ergebnis, wenn eine Birne ausgetauscht ist.

»Ruft ihr die anderen bitte herein?«, sage ich zu Laura, als ihre Gruppe nach genau einer halben Stunde in den Klassenraum zurückkehrt. Jetzt beginnt der Unterricht. Ich nehme mir Gustav vor, der in seinen schicken Klamotten mehr auf seinem

Stuhl hängt als sitzt, gekleidet in das schlechte Gewissen seiner geschiedenen Eltern. Vielleicht lasse ich ihm deshalb in der Regel mehr durchgehen als anderen; weil ich mich daran erinnere, wie hart eine Scheidung ein Kind treffen kann.

Hinter dem glatten Gesicht ohne Pickel ist Gustav hohl, ein ungenutzter Raum. Trotzdem sind die Mädchen hinter ihm her. Trotzdem wollen sie ihm ihre Unschuld schenken, wie Bonbons verpackt in glitzerndes Papier, mit weit geöffneten Blusen und tief ausgeschnittenen Shirts.

Mit unbeholfenem Charme versucht er, meiner Frage nach parlamentarischen Mehrheiten auszuweichen.

»Danke, Gustav«, sage ich und höre meinen Magen knurren. Triumphierend dreht er sich zu ein paar Jungs um, aber dieses Mal will ich das letzte Wort haben. »Übrigens bin ich überzeugt, dass du deine Hausaufgabe nicht selbst gemacht hast.«

»Habe ich aber.« Seine Stimme zittert ein wenig, bricht nach links und rechts aus. Ich habe keine Lust, mich weiter mit ihm zu befassen, und schaue aus dem Fenster. Er sagt noch irgendetwas, aber es sind nur Varianten dessen, was er bereits von sich gegeben hat. Ich weiß, dass er lügt.

Ich bin seine Teenager-Inkompetenz leid und zeige auf Laura. Während sie redet, denke ich an das Foto, das das Ordnungsamt geschickt hat, und sehe mein Leben vor mir. Ich bin immer noch erschüttert. Es ist, als sei alles plötzlich zu schnell gegangen und ich nicht mitgekommen. Es fing an, als die Kinder klein waren. Die Zeit lief mir davon. Ich betrachte mich eigentlich als reflektierten Menschen, wie konnte es passieren, dass ich meine Stagnation nicht bemerkt habe? Mein Leben scheint seinen Zenit überschritten zu haben, und der Rest ist nur Zeit, die eben vergehen muss.

4

Während der Pause redet Lone, unsere Sekretärin, beinahe ununterbrochen von Zahlen und Rechnungen. Ich stelle mir das Innere ihres Kopfs vor. Exceltabellen, Spalten, Listen voll mit Zahlen und Kreisdiagramme, die sich drehen wie Motorradfahrer im Todeslooping.

Ich packe mein Frühstück aus, drei Scheiben Roggenbrot, eins mit Salami, eins mit Leberpastete und eins mit Aufschnitt, der variiert, je nachdem, was es zum Abendessen gab oder was gerade im Kühlschrank war. Immer ein Viertel Gurke, in Streifen geschnitten, und zwei Mohrrüben, die ich in der Regel schon vor der Zehn-Uhr-Pause gegessen habe.

Am anderen Ende des Tisches sitzen die Läufer, Sportlehrer, die am Wochenende Halbmarathon laufen. Thomas setzt sich zu ihnen. Ich laufe, also bin ich, denke ich und lache in mich hinein, während ich sie reden höre.

»Schweißabsorbierende Bambussocken«, sagt eine, wobei die anderen sie anerkennend anschauen. Sie sprechen über Nahrungsergänzungsmittel, Rennräder und Neoprenanzüge. Ich habe es versucht, finde Laufen aber uninteressant. Ich will den Bauchansatz loswerden, aber nicht an ihrem Tischende sitzen.

Einige sagen nichts, und ich habe den Verdacht, dass es die Kalorienzähler sind. Ich sehe sie vor mir, die Helden des Extremsports. Wir haben es getan, sagen sie und klatschen sich mit High five ab, aber was haben sie getan? Ihnen reicht es nicht mehr, einfach nur Sport zu treiben, es muss ein Präfix davor stehen, und es muss extrem sein: Ultralauf, Hell run, Poweryoga, CrossFit, Apnoetauchen, Heliskiing, Extremtriathlon. Ihre Midlife-Crisis versuchen sie, mit teuren Rennrädern, Laufschuhen und Funktionskleidung zu überwinden, die ihre Körper an einigen Stellen unvorteilhaft betonen. Ich weigere mich, so zu enden wie sie.

Lars lässt sich auf seine übliche laute Art auf einem Stuhl nieder, aber in seiner neuen Rolle als stellvertretender Rektor. Während des Frühstücks wirkt er übertrieben jovial, als wolle er verbergen, dass er jetzt zur Führungsebene gehört. Hier ist er einer von uns. Die Häutung ist so überdeutlich, dass das Ganze wie ein soziologisches Experiment anmutet, aber keiner sagt etwas. Es sei denn, Lars ist beim Frühstück nicht dabei.

»Drei Stunden zwölf Minuten.« Lars lächelt stolz und jungenhaft.

»Ah, der Waldmarathon. Bin ich auch schon ein paar Mal gelaufen. Gute Strecke, guter Untergrund«, sagt einer der Sportlehrer.

Im Frühjahr will er seinen ersten Ironman angehen, aber er ist der Typ, der es einfach macht, und nicht wie Lars, der wie ein Hund auf Belohnung wartet oder am Kopf getätschelt werden will.

Sie bemerken, dass ich sie ansehe.

»Was ist mit dir, Niels? Radelst du bald mal die Mädchenrunde? Schließlich leben wir in Zeiten der Gleichberechtigung, da werden sie's dir bestimmt erlauben.« Lars lacht, und ich lache mit. Das wird von mir erwartet, und ich will nicht der Typ Lehrer sein, über den die anderen reden, wenn sie sich an der Kaffeemaschine über den Weg laufen. Eines Tages werde ich es lassen. Ich möchte die Reaktion sehen, wenn mein Lachen nach einem seiner dämlichen Kommentare ausbleibt.

Ich nicke Lars zu und greife nach einer Zeitung. Überfliege sie oberflächlich und benutze sie als Schutzschild gegen ihn. Ich blättere um. Unser Finanzminister scheint sich mal wieder aufgeplustert zu haben. Ich tue so, als sei ich in einen Artikel über den Gazastreifen vertieft. Ich lese die Bildunterschrift und sehe seinen Namen. Es gibt keinen Zweifel: Er ist es. Er ist dort, mitten in Gaza-Stadt. Mein alter Freund, Michael Terndrup.

5

Ich sitze noch im Auto, als mein Handy klingelt. Mein erster Gedanke gilt Annemette, und ich scanne umgehend mein Gedächtnis. Habe ich etwas vergessen? Hatte ich versprochen, auf dem Heimweg einzukaufen? Noch irgendwas abzuholen? Auf dem Display leuchtet eine unbekannte Nummer auf. Ich räuspere mich und schlage einen tiefen Ton an.

»Niels hier.«

»Hallo, hier spricht Eva Liljensø.«

»Guten Tag«, sage ich und merke selbst, wie altmodisch das klingt.

»Ich bin die Mutter von Gustav Liljensø. Sie wundern sich bestimmt, dass ich anrufe.«

Einen Augenblick lang schweige ich, denn ich weiß, dass sie gleich weiterreden wird. Und ich weiß bereits, warum sie anruft.

Sie kommt ohne Umschweife zur Sache, und ohne dass ich etwas sage, steigert sie sich in Rage. Ich fülle die Pausen in ihrem Redefluss mit »tja« und »aha« und warte auf eine Lücke, mich in das Gespräch einzuschalten, mich meiner Pädagogenstimme zu bedienen und zu erklären, dass Gustavs Arbeit nicht mehr als zwei Punkte verdient hat. Ich hätte seine Argumentation nicht verstanden, behauptet sie.

»Tja, schließlich bin ich der Lehrer für Politik und Sozialkunde mit einem Abschluss in genau diesen beiden Fächern. Er hat die Aufgaben nun einmal nicht zufriedenstellend gelöst.«

»Unter uns gesagt, ich habe ihm geholfen. Ich verstehe nicht, warum Sie uns so eine schlechte Note gegeben haben.«

Ich höre ihren Atem in meinem Ohr, als sei sie gerade dabei, sich aufzuplustern. »Ist es etwas Persönliches? Können Sie Gustav nicht leiden?«

»Gustav ist ein guter Junge«, sage ich schnell.

»Vielleicht sind Sie nicht in der Lage, ihn zu motivieren?«

Ich denke, dass Eva Liljensø ihrem Sohn nicht einmal die Lösung einer so simplen Aufgabe zutraut. Ich lasse sie ausreden, während ich beobachte, wie die Regentropfen auf dem Dach von Gunnars und Mettes Garage tanzen. Als sie fertig ist, legen wir beide auf, ohne uns geeinigt zu haben. Dann kurble ich die Scheibe herunter, sodass ich das Trommeln des Regens auf dem Trapezblechdach unseres Carports hören kann. Ein paar Minuten lang bleibe ich so sitzen. Atme ein, atme aus. Ich werde von allen Seiten bombardiert: von unzufriedenen Eltern, verhätschelten Schülern, Annemette. Manchmal träume ich davon, einfach nur in Ruhe gelassen zu werden.

Ich steige aus dem Wagen, gehe ins Haus und hänge die Jacke im Flur auf. Annemette kocht gerade Kaffee. »Willst du auch eine Tasse?«, fragt sie, als sie mich bemerkt. Ein paar Einkaufstüten stehen auf dem Boden.

Ich schüttle den Kopf und gehe ins Arbeitszimmer, um die aktuellen Nachrichten im Internet zu lesen. Es dauert lange, bis der Computer hochgefahren ist. Auf der Seite der *Politiken* stoße ich auf eine ganze Reihe von Bildern aus Gaza-Stadt, und mir fällt das Foto aus der Zeitung im Lehrerzimmer ein. Ob

Michael immer noch da unten ist? Ich klicke mich durch ein paar weitere Nachrichtenportale, danach checke ich mein Mail-Postfach, obwohl mir sowieso niemand mailt. Nur Dienstliches, Angebote für Penisverlängerungen und Viagrapillen oder Neuigkeiten von meinen entfernten Verwandten aus Nigeria, die ihr Vermögen mit vollen Händen ausgeben. Andererseits schreibe ich auch nie Mails. Wem sollte ich auch schreiben? Und als ich mir die Frage stelle, weiß ich es: Ich werde Michael schreiben.

Damals hingen wir ständig zusammen rum, und es war immer etwas los. Er sorgte dafür, dass es in meinem Leben keinen Stillstand gab. Nicht so wie jetzt. Vielleicht vermisse ich ihn deshalb plötzlich. Als ich jung war, wollte ich so sein wie er. Ich wollte so aussehen wie er, mit seiner Stimme sprechen, sein Lächeln haben und seine Freundinnen küssen. Vielleicht nicht unbedingt genauso sein wie er, aber ein Michael. Alle, die so hießen, konnten etwas, das wir anderen Jungs nicht konnten. In der Grundschule konnten sie am besten Jo-Jo spielen, waren unschlagbar im Electric-Boogie-Tanzen, und auf den Feten war der DJ immer ein Michael, und ein Michael war jedes Mal der Erste, der eine Mia küsste. Kapitän der ersten Mannschaft war immer ein Michael. Später hievte Michael Laudrup den Vornamen auf internationales Niveau. Ich wollte ein Michael sein, aber davon bin ich meilenweit entfernt.

Es begann im ersten Oberstufenjahr. Damals hatte ich das Gefühl, unsere Freundschaft sei ungleich. Michael war dynamisch, extrovertiert, ich ging nur mit, weil wir Freunde waren. Aber nach und nach wurden wir zu einem Begriff. Zwei Personen, eine Einheit. Mit Bindestrich. Die Mädchen fragten: »Kommen Niels-Michael heute Abend auch?«, und es wurde ihnen innerlich warm, wenn die Antwort positiv ausfiel. Hauptsächlich wegen Michael, glaube ich. Dann standen wir irgendwo in der Küche, bis die Nacht zum Morgen wurde, während sie unseren pseudowissenschaftlichen Diskussionen über Nietzsche, Kierkegaard und unseren Versuchen lauschten, zum Kern vorzudringen, den Sinn in einer sinnfreien Welt zu finden. Es war uns damals verdammt ernst. Wir wollten weg aus den trostlosen Nebenstraßen der Vorstadt. Wir träumten von mehr und anderem. Wir wollten die Welt verändern, ich mit meinen Worten und Michael mit seinen Bildern. Die Intellektualität der gymnasialen Oberstufe, so sahen wir uns.

Schon zu Beginn unserer Freundschaft fotografierte er. Von seinem Opa väterlicherseits hatte er eine alte Voigtländer aus den 1950er-Jahren geerbt, mit Tasche und Trageriemen. Zuerst waren es die typischen Motive, Blüten, Büsche, Bäume, Porträts seines Bruders und seiner Schwester, aber sehr bald wollte er mehr. Auf der Jagd nach dem perfekten Bild begann seine Suche nach etwas anderem, und ich trottete ihm hinterher, als eine Art Assistent.

Anfangs schimpften sie noch, wir sollten uns gefälligst verpissen, aber es dauerte nicht lange, und die Punker am Gammeltorv betrachteten uns als eine Kuriosität. Michael gewann sehr schnell ihr Vertrauen, schließlich kannte er Black Flag und die Dead Kennedys. Sie posierten für ihn, krochen auf dem Rand des Brunnens herum oder ließen ihn fotografieren, während sie Geld und Zigaretten von den Leuten schnorrten oder gegen die Fassade des Amtsgerichts pinkelten.

Einmal überredete er sie, eine menschliche Pyramide zu bilden, sechs Punker in Pose. In seinem Starkbierrausch verlor der oberste von ihnen, Karsten, das Gleichgewicht. Von der Spitze der Pyramide segelte er auf das Pflaster und schlug dabei mit den Armen wie ein Vogeljunges beim ersten Flugversuch. Er trug eine Lederjacke, und auf dem Rücken prangte »No future« in weißen Lettern. Wie er so dalag auf dem Gammeltorv, ziemlich zerschunden, konnten wir ihm alle miteinander nur recht geben.

Hinterher lachten wir über die Punker, und bestimmt lachten sie über uns. Wir stellten sie uns in zehn, fünfzehn Jahren vor, angepasst und vom System vereinnahmt, Karsten als Bankangestellten, Lotte als Krankenschwester und Ratten-Rasmus als Versicherungsvertreter. Ich wollte Journalist werden. Ein ganz bestimmtes Gesicht hatte es mir angetan, als ich noch ein Kind war. Die regelmäßigen Züge, die Leichtbrille, die Frisur mit dem leicht angedeuteten Seitenscheitel, die Schultern in der Anzugjacke, der tadellos gebundene Schlips, alles an Georg Metz strahlte absolute Souveränität und nichts als die Wahrheit aus und drang über die Fernsehbildschirme in dänische Wohnzimmer ein, wo die Leute saßen und sich die Nachrichten anschauten.

Ein paar Mal habe ich mich an der Hochschule für Journalistik beworben, hatte aber kein Glück. Zur gleichen Zeit stieg Michael bei einer regionalen Tageszeitung ein und arbeitete sich schnell nach oben. Die großen Blätter warben um ihn, und nach einigen Jahren bei der *Politiken* wurde er Freiberufler; er wollte sein eigener Chef sein. Wir blieben Freunde, aber Michael wuchs über Dänemark hinaus. Hier gingen ihm die Motive aus, und immer öfter führten die Aufträge ihn ins Ausland, und ich begegnete Annemette.

Ich suche nach Michaels alter Mailadresse und schreibe eine kurze Nachricht, versuche, einen lockeren Ton zu treffen. Dann klicke ich auf »Senden«.

6

»Das hättest du mir sagen müssen.«

Annemette legt den Kartoffelschäler beiseite und sieht mich überrascht an. »Du weißt doch, dass ich die Moussaka immer mit Hackfleisch mache. Und ich hatte dich gebeten, sie aus dem Tiefkühlfach zu nehmen.«

»Wann?«

»Heute Morgen. Bevor ich gegangen bin.«

»Kann mich nicht erinnern.«

»Nein, offenbar nicht.«

»Soll ich noch schnell fahren und was holen?«

»Nein, dann essen wir eben heute mal kein Fleisch.«

Ich kenne den Ton in ihrer Stimme, und kurz darauf sitze ich im Auto auf der Jagd nach Hackfleisch. Als ich zurück bin, setze ich mich mit der inzwischen trockenen *Information* an den Küchentisch. Annemette hat das Essen in den Backofen geschoben. Dann höre ich, wie sie die Toilettenspülung betätigt, ansonsten ist es totenstill im Haus. Als sei es verwaist. Das Eigenheim absorbiert sämtliche Geräusche. Sie kommt wieder in die Küche, aber keiner von uns sagt etwas.

Mathias knallt die Tür zu, und wir atmen erleichtert auf. Er wirft seine Sporttasche auf einen der Stühle, aber keiner von uns sagt etwas dazu. Wir stürzen uns beide auf ihn. »Schönen Tag gehabt? Wie lief das Training?« Seine Antworten sind einsilbig.

»Wollen wir uns heute Abend das Länderspiel ansehen?« Ein Funken Freude glimmt in mir auf, als Mathias zögert. Vielleicht überlegt er es sich?

Annemette fragt, ob ich uns nicht eine Flasche Rotwein zu dem Moussaka aufmachen möchte, und ich hole eine aus dem Regal über dem Kühlschrank.

Jedes Mal, wenn Annemette und ich eine Meinungsverschiedenheit haben, erinnere ich mich an die Dinge, die ich an ihr liebe. Vielleicht, um mein schlechtes Gewissen zu beruhigen, weil ich sie eben noch am liebsten auf den Mond geschossen hätte. Aber das sage ich ihr natürlich nicht. Dann denke ich daran, wie sie immer, ohne es selbst zu bemerken, an der Haut ihres linken Ellenbogens zupft, wenn sie Fernsehen schaut. Wie sie mitsingt, wenn im Radio ein bekannter Song läuft. Sie summt sich durch die Teile, bei denen sie unsicher ist, sodass nur sinnlose Textbruchstücke übrig bleiben. Aber für sie ergeben sie einen Sinn. Und ich genieße den Anblick ihrer geröteten Haut, wenn sie zum Winterschwimmen war, etwas, das sie schon gemacht hat, bevor wir uns kennenlernten. Ich sehe sie an, wenn sie in die Duschkabine geht, um das Salzwasser abzuspülen. Die Fensterbank im Wohnzimmer ist voller glatt gewaschener Steine, die reinste Ausstellung. Wie ein kleines Kind kann sie an keinem Stein, der ihr gefällt, vorbeigehen, ohne ihn mitzunehmen. Und ich liebe sie dafür. Manchmal beobachte ich sie, wenn sie in der Einfahrt Unkraut rupft. Sie kann sich selbst vergessen, wenn sie im Kies einen besonders schönen Stein entdeckt. Gleich darauf kann ich ihn auf der Fensterbank bewundern. Anfangs, als wir noch nicht lange verheiratet waren, konnte ich mich auch freuen, wenn ich ein Exemplar fand, von dem ich wusste, dass es ihr gefallen würde. Ich freute mich darauf, ihr den Stein zu schenken, und ich freute mich auf ihre Begeisterung. Das tue ich nicht mehr.

Nachdem wir den Tisch abgeräumt haben, spüre ich die Rastlosigkeit. Ich wünschte, ich würde Gefallen daran finden, Kerzenständer aus Holz zu drechseln, Briefmarken zu sammeln oder Ukulele zu spielen. Aber so ist es nicht. Ich wünschte, ich könnte ein Instrument spielen, habe es aber längst aufgegeben, eins zu erlernen. Wenn ich die Zeitung gelesen habe, sitze ich unruhig auf dem Sofa, bis ich kapituliere und den Fernseher einschalte.

Später am Abend bleibe ich wie ein eifersüchtiges Schulmädchen zurück, als Mathias auf sein Rad steigt und zu Mikkel fährt, um bei ihm das Länderspiel zu sehen.

Ich hake den Karabiner in Herkules' Leine ein und mache einen Spaziergang durch die Nachbarschaft. Hin und wieder geht Annemette mit. Dann halten wir uns an den Händen, als wollten wir uns daran erinnern, dass wir mal ein Liebespaar waren. Aber heute Abend laufe ich allein durch die dunklen, verkehrsberuhigten Straßen. Als ich zurückkomme, stürmt Herkules sofort zu Annemette. Ich sehe, wie sie ihn hinter dem Ohr krault und er vor lauter Liebe völlig ausgelassen ist.

Annemette ist in ein Buch vertieft, wie jeden Abend. Ihre Strümpfe liegen neben ihr auf dem Sofa, und sie hat das Plaid bis zu den Oberschenkeln hochgezogen. Ich setze mich ans andere Ende des Sofas. Jeder von uns ist in seiner Welt. Abwechselnd lächelt sie und sieht traurig aus, die literarischen Erlebnisse stehen ihr wie auf kleinen Post-its ins Gesicht geschrieben. Enttäuschungen, Freude, Dramen. Ich versuche, mir in Erinnerung zu rufen, wann wir zum letzten Mal gelacht und uns so richtig zusammen amüsiert haben.

Sie sieht mich an. »Er schreibt wirklich gut. Hör dir mal diesen Satz hier an.«

Ihre Stimme vibriert vor Begeisterung. Und in diesem Augenblick genieße ich es, sie vorlesen zu hören.

Dann unterbreche ich sie. »Haben wir eigentlich noch Milch?«

Sie schüttelt den Kopf und konzentriert sich wieder auf das Buch. Der Moment ist zerstört. Ich weiß nicht, warum ich gefragt habe. Ich will doch nur wissen, ob wir Milch haben, für den Kaffee morgen früh. Dann sagt sie etwas zu mir, und mir fällt das Länderspiel wieder ein.

Ich schalte den Fernseher ein. Höre sie seufzen und gähnen, gähnen und seufzen und fühle, dass alles gegen mich gerichtet ist, die Müdigkeit und der resignierende Blick.

Als der Abend an ein Länderspiel ohne Tore verschwendet ist, gehe ich ins Bett. Um 22.45 Uhr begegnen wir uns im Badezimmer und dann zu einem flüchtigen Gutenachtkuss in der Mitte des Betts.

7

Am Nørreport steige ich aus der S-Bahn, gehe die Frederiks-
borggade entlang und warte in der Mitte der Dronning Louises
Bro. Die Brücke ist wie ein Gedenkstein meiner Jugend. Auf
dieser Brücke habe ich geküsst, mich an der Tiberstatue übergeben, und ich erinnere mich daran, wie Michael und ich mal
nach einer Kneipentour einen Reiher auf der Fiskeø betrachteten, bis über den Dächern der Stadt die Sonne aufging. Dann
gingen wir nach Hause, in die Wohnung in der Ægirsgade, die
wir uns teilten, seit wir mit dem Studium angefangen hatten,
und krochen ins Bett, wachten mit Sand im Mund auf und
redeten uns ein, es sei eine verdammt coole Nacht gewesen.

Aus alter Gewohnheit drehe ich mich nicht um. Ich kann
es nicht ertragen, die anderen Menschen anzusehen. Es sind zu
viele, sie kommen mir zu nah, und einige sind zu anders. Hier
in der Stadt fühle ich mich nicht mehr sicher. Sie hat sich in
eine Richtung entwickelt, ich in eine andere. Einen Moment
bin ich unaufmerksam und weiche von meinem Prinzip ab,
und jetzt sehe ich die Laternen. Unzählige Male bin ich über
diese Brücke gegangen, aber erst jetzt bemerke ich ihre Eleganz.
Sie wirken wie Kunstwerke oder Messinstrumente, zurückgelassen von Ole Rømer oder Tycho Brahe. Sie kommen aus einer

anderen Zeit, aus einem Dänemark, das nicht mehr existiert, und erinnern mich daran, dass auch ich auf dem Weg zurück in die Vergangenheit bin. Ich habe Michael seit zehn Jahren nicht gesehen. Der Gedanke macht mich nervös.

Die Zeit nach seiner ersten Scheidung verbrachte Michael in einem Rausch aus Selbsthass und Todesverachtung. Anfangs versuchte ich, mit ihm zu reden, dann ihm zuzureden, aber er hörte nicht zu. Also begab ich mich in seine Spielfeldhälfte. Wir trafen uns fast jeden Abend und ließen uns volllaufen, aber ich verlor schnell den Anschluss. Das Tempo war zu hoch, der Absturz zu heftig, und ich hatte ein Familienleben, auf das ich Rücksicht nehmen musste. Für ihn war ich ein Klotz am Bein, der versuchte, ihn in die andere Richtung zu zerren, nach oben statt nach unten. Als er seinen Niedergang weiter beschleunigte, trafen wir uns nicht mehr. Wahrscheinlich ersetzten wechselnde Frauenbekanntschaften und Kokain meine Gesellschaft. Das Sonderbarste war, dass er während dieser Zeit seine besten Bilder machte. Er gewann Preise, einmal den World Press Photo Award und einen Visa d'Or für seine Fotodokumentation über die Folgen des Erdbebens in der Türkei. Alle kennen das Bild von der Familie aus Izmit.

Jemand hat einen orangefarbenen Pylon ins Wasser des Sortedamsø geworfen. Er schaukelt auf der Oberfläche. Der Herbst ist verschwunden, und der kräftige kalte Wind ist wie eine Schocktherapie und eine Erinnerung daran, wo auf der Weltkarte Dänemark zu finden ist. Ich lehne mich über das Geländer und sehe nach unten. Ein Fahrradlenker lugt unter der Brücke hervor, die Klingel stellt einen Marienkäfer dar. Ich sehe auf meine Uhr. Es ist schon eine Viertelstunde später, als wir verabredet hatten. Es gibt zwei Kategorien von Menschen: Die einen sind pünktlich und die anderen nicht.

Dann erahne ich ihn auf dem Radweg. Er nähert sich entgegen der Fahrtrichtung, über den Lenker gebeugt, um die

Geschwindigkeit zu erhöhen, und etwas zu groß für das Rad, die Beine sind zu lang. Als er mich entdeckt, biegt er auf den Gehsteig, bremst und rutscht auf mich zu.

Er steigt vom Rad. »Teufel auch, Niels, es tut gut, dich zu sehen.«

Wir klopfen uns gegenseitig auf den Rücken, lösen uns auf Armlänge voneinander und studieren das Gesicht des anderen. In seinem haben die Jahre grobe, unschöne Spuren hinterlassen. Es wirkt gegerbt auf eine gediegene Weise, die Frauen lieben, ein Verschleiß, der gelebtes Leben suggeriert. Er riecht stark nach Tabak. Zusammen setzen wir uns Richtung Nørrebrogade in Bewegung. Michael schiebt sein Fahrrad, der Rahmen des Hinterrads schleift am Reifen. Den Fælledvej hinauf, vorbei am Barcelona. Die Fassade des Kattens wurde aufgehübscht, aber drinnen scheint alles unverändert. Die Jukebox spielt Tina Turner, und der Zigarettenqualm reduziert die Sicht auf ein Minimum.

»Hej, ich heiße Agnethe. Gebt mir einfach eure Knete.«

Ein Mann ohne Zähne lacht, obwohl er den Spruch des Barmanns mit Sicherheit nicht zum ersten Mal hört. Mit einem Bier in den Händen setzen wir uns an einen Tisch, stoßen die Flaschen mit einem Klonk aneinander und trinken.

»Weißt du noch, damals?« Wir hören uns an, als seien wir Zeitgenossen von Brorson oder Ambrosius Stub.

Michael trennt eine Schachtel Rød Cecil mit dem Fingernagel auf. Ich betrachte ihn, während er sich mit einem Sturmfeuerzeug eine Zigarette ansteckt. In dem kurz geschnittenen Haar zeigen sich silberne Sprenkel, die auch in die Bartstoppeln getropft sind, und unter den hochgekrempelten Hemdsärmeln drängen sich die Tattoos zu einer Extraschicht Haut zusammen.

Er lehnt sich zurück und sieht mich eindringlich an. Wir geben uns gegenseitig komprimierte Resümees unserer Leben.

Er ist gerade von einem Auftrag im Sudan zurück, hat aber keine Frau mehr, die auf ihn wartet. Zwei Ehen sind verschlissen, zuerst Majken und letztes Jahr Mette. Vier Kinder, zwei mit jeder von ihnen. Wenn er von Mette spricht, wird seine Stimme kantig.

»Als Mette ging, hatte sie meinen Schwanz seit drei Jahren nicht mehr angefasst. Und Markus und Marie waren drei und fünf. Sie hielt Abstand, als wäre ich ein Gesundheitsrisiko. Oder hätte eine einstweilige Verfügung erwirkt: *Nach § 265 Strafgesetzbuch kann Mette, sollte sie sich Michaels Schwanz nähern, mit einem Bußgeld oder einer Freiheitsstrafe von bis zu sechs Monaten belegt werden, vorausgesetzt Mette wurde von dem Verbot, sich Michaels Schwanz zu nähern, ihn schriftlich zu verfolgen oder auf andere Weise zu belästigen, vorab polizeilich in Kenntnis gesetzt.*« Theatralisch zitiert er, als würde er ein Stück von Shakespeare aufführen. Seine Kenntnis des Paragrafen überrascht mich. Er lacht.

Agnethe sagt wieder sein Sprüchlein auf, als ich noch zwei Bier hole, und Michael zaubert Wonderwall aus der Jukebox. Er ist in Nørrebro geblieben, wohnt in der Husumgade. Inzwischen hat er eine neue Freundin, die jünger ist als er. Wie viel jünger will er nicht sagen. Wir trinken, während er von seiner Arbeit erzählt, und ich finde, dass es ziemlich verlockend klingt.

»Welches ist das gefährlichste Land, in dem du jemals warst?« Ich merke sofort, wie kindisch die Frage klingt.

»Somalia ist nicht besonders angenehm. Ich bin ein paar Mal da gewesen, zuletzt vor einem Jahr. Früher gab es in Mogadischu jede Menge Hotels entlang der Küste und wunderbare weiße Sandstrände. Heute ist die Stadt ein einziger Bombenkrater.« Michael zündet sich noch eine Zigarette an. »Es ist das korrupteste Land der Welt und damit auch eins der unsichersten, in dem man sich rumtreiben kann.« Er beugt sich über den Tisch und schnippt Asche in den Aschenbecher. »Sie sehen keinen Fotografen aus Dänemark, sondern ein Lösegeld von zwei bis drei Millionen Dollar, weil ich aus dem reichen Westen komme. Aber solange sie sich Khat reinziehen, passiert nicht viel. Dann ist alles ruhig.«

»Hast du keine Angst draufzugehen, wenn du da unterwegs bist?«, frage ich in einem Versuch, seine Welt zu verstehen.

»Irgendwo tickt meine Uhr, irgendwann werde ich sowieso sterben. Und bis dahin muss ich verdammt noch mal raus in die Welt.«

»Obwohl du riskierst zu sterben?«

»Irgendjemand muss nun mal Herrn und Frau Hansen-Jensen-Larsen die Wirklichkeit zeigen.« Seine Stimme wird etwas leiser und klingt resigniert. »Ist ja nicht so einfach, sie vom Sofa hochzuscheuchen. Denn falls mal das Risiko besteht, sie könnten etwas fühlen, falls die Nachrichten mal zu nah einschlagen, können sie immer noch auf TV3 umschalten. Da haben sie ihre Ruhe. Sie sehen sich dauernd das Gleiche an, seichte Unterhaltung in immer neuem Gewand. Sie fühlen sich sicher, sie werden nicht herausgefordert, und ihre Gefühle können sanft entschlafen. Wir wollen uns unsere Krisen selbst aussuchen, wollen selbst entscheiden, ob sie uns emotional tangieren. Und wir möchten uns gefälligst vorbereiten können.«

Auch wenn es nicht seine Absicht war, spüre ich plötzlich, dass er von mir spricht.

»Glaubst du etwa, Sender wie TV3 haben Zuschauer wegen der Qualität ihres Programms? Es geht um Flucht, nichts anderes.« Er nimmt eine neue Zigarette aus der Schachtel. »Wir sind dabei, die Welt zu demontieren, und irgendjemand muss doch wenigstens Protokoll schreiben.« Als die Flaschen leer sind, schlägt Michael mit der flachen Hand auf den Tisch. »Komm, gehen wir woanders hin.«

8

Wir schlagen noch in einigen anderen Kneipen auf, mit voller Wucht, aber sie halten stand, kein Knirschen im Gebälk, nicht mal der Putz rieselt von der Decke. Vielmehr sind wir es, die mit Schlagseite zu kämpfen haben.

Ich habe mir Michaels Geschichten angehört und bin peinlich berührt, dass ich nichts zu erzählen habe. In achtzig Ländern ist er gewesen, und wenn irgendwelche dänischen Medien ein Bild aus einem Kriegs- oder Katastrophengebiet bringen, kann man fast sicher sein, dass es von Michael stammt. Ruanda, Tschetschenien, Darfur, Afghanistan, Irak, Libanon, Gaza, Georgien, Liberia, Bosnien, Somalia. Annemette und ich machen immer denselben Urlaub. Die Hotels gleichen sich zum Verwechseln, egal ob sie sich auf Kreta, in der Türkei, auf Mallorca oder Teneriffa befinden. Ich muss zugeben, dass ich gern plane, die Winterabende liebe, an denen ich Karten ausbreite. Schon im November fange ich an, nach Unterkünften zu suchen. »Vom Hotel kann man direkt runter zum Hafen gehen.« »Das hier sieht gut aus, da sollten wir am ersten Abend essen gehen.« Ich mag es, dass in jedem Urlaub etwas Neues passiert, mir aber trotzdem alles irgendwie bekannt vorkommt. Ich bin kein großer Abenteurer. Ich bin nicht Michael.

Die Biere haben sich in meinem Hals festgesetzt, und mein Magen knurrt. Wir holen uns etwas aus einer italienischen Pizzeria, die von einem Türken betrieben wird, und vertreiben das Unbehagen. Wir essen auf einer Kellertreppe. Wie ein Radrennfahrer, der am Berg die zweite Luft bekommt, bin ich bereit für neue Taten. Zumindest für ein weiteres Bier, denn keiner von uns beiden kann jetzt einfach nach Hause gehen.

Nur eine Kneipe in Kopenhagen macht eine Nacht wie diese rund: Andys Bar in der Gothersgade. Dort landet man, wenn man schon längst hätte daheim sein sollen. Michael ordert zwei Bier, die wir trinken, während wir etwas zu dicht nebeneinander im Gedränge stehen. An einem Tisch erheben sich zwei Typen und lassen zwei junge Mädchen zurück. Wir zwängen uns auf die Stühle. Die beiden versuchen auszurechnen, wie viel Geld sie für zwei Bier und zwei Gajolshots zusammenkratzen müssen. Als noch Zigaretten und die Fahrkarten für den Nachtbus dazukommen, sind sie mit der Addition überfordert.

Ich beuge mich zu Michael. »Es gibt drei Sorten von Menschen: die, die gut in Mathe sind, und die, die nicht gut in Mathe sind.«

Wir lachen.

»War dein Handy im Krieg?«, sagt er zu einem der Mädchen.

Das Display zeigt Risse wie eine Windschutzscheibe nach Steinschlag. Sie drückt darauf, das Display leuchtet auf, und man kann ein Bild der Besitzerin im Bikini erahnen.

»Wenn du mir ein neues kaufst, darfst du mit mir machen, worauf du Lust hast.«

Verführerisch fährt sie sich mit der Zungenspitze über die Lippen. Michael lacht rülpsend, und die Hand des Mädchens schiebt sich langsam an seinem Schenkel hoch.

»Das neueste iPhone, ein Vierer.«

»Du willst also Sex gegen das neueste iPhone eintauschen?«

Beide Mädchen nicken eifrig. Die andere, die ohne Telefon, sieht mich mit einem langen, eingeübten Blick an.

»Woher kommt ihr?«, fragt Michael, zückt sein Portemonnaie und sucht darin herum. Es sieht so aus, als wollte er eine Runde ausgeben, aber ich habe keine Lust, mit Mädchen Bier zu trinken, die jünger als Cecilie sind. Ich muss ihn davon abbringen, ohne Aufsehen zu erregen.

»Vallensbæk«, sagen die beiden beinahe synchron.

Mit einer fast liebevollen Bewegung entfernt Michael die Hand des Mädchens. Er legt einen Hundertkronenschein auf den Tisch. »Seht ihr mal lieber zu, dass ihr mit dem Nachtbus nach Hause kommt. Dann seid ihr wenigstens ausgeschlafen und könnt morgen wieder in die Schule gehen.«

Ihre Blicke flattern unsicher von Michael zu dem Geldschein. Dann sehen sie sich an, nehmen das Geld und stehen auf.

»Wo waren wir gleich noch?« Er heftet den Blick auf den Hintern eines der Mädchen. Die beiden benutzen ihren Busen als Waffe und drängen sich zwischen zwei junge Männer, die Schwierigkeiten haben, sich auf den Beinen zu halten. Der Weg von einer ausdruckslosen Miene zu einem unwiderstehlichen Lächeln ist nicht einmal ein Katzensprung. Die eine legt einem der Typen die Hand auf den Rücken und lässt sie nach oben wandern, die andere lacht leise. Man sieht, dass es dem jungen Mann gefällt.

»Wie läuft es eigentlich mit Annemette?«, sagt Michael. Es ist das erste Mal an diesem Abend, dass er nach meiner Ehe fragt.

Ich seufze. »Kennst du das, wenn man im Keller einen Sessel aufbewahrt? Gut gepolstert, aber doch irgendwie ausgedient?«

Er sieht mich fragend an.

Ich erzähle mit einem schiefen Lächeln, sodass ich alles in Ironie ertränken kann, wenn es sein muss. »Keiner bringt es fertig, ihn wegzuschmeißen, aber es setzt sich auch niemand mehr drauf. Manchmal klopft man ihn ein bisschen aus und muss husten, weil man Staub in den Hals bekommt. Dann stellt man einen Karton darauf ab, vielleicht mit alten Videokassetten oder Büchern. Wenn er schon da ist, kann er ja auch zu irgendwas nütze sein. Dann fängt man an, Dinge darauf zu stapeln, und plötzlich bekommt er eine ganz neue, praktische Funktion, wird eine Art Bibliothek, in der man seine Erinnerungen ablegen kann. So ist meine Ehe.« Ich sage nicht, dass es aus einer schlechten Comedyserie geklaut ist, mit der ich mir vor Kurzem ein paar Abende lang die Zeit vertrieben habe.

»Zum Teufel, Niels, du solltest dich mal hören.« Er sieht mir ins Gesicht. »Wann bist du eigentlich zum letzten Mal so richtig durchgeschüttelt worden? Wird höchste Zeit, wie mir scheint.«

Ich starre in mein Bierglas und sage nichts.

»Vielleicht solltest du mal was Neues ausprobieren. Eine andere Frau. Mir hilft das immer, wenn ich trübsinnig in mein Bier glotze.«

»Ich soll Annemette betrügen?«

»Hast du dir mal überlegt, dich scheiden zu lassen?«

Der Gedanke, mit einer anderen Frau zusammen zu sein, hat mich nie gereizt. Letztendlich glaube ich nicht, dass es sich lohnt. Der neue Körper wird zu einem alten Körper. Der neue Körper gleicht allen anderen Körpern. Die neue Spannung wird zu alter Spannung. Und bei Annemette weiß ich, woran ich bin.

»Nein, ich liebe sie immer noch«, antworte ich.

»Aber liebst du sie immer noch genug?«

»Ich glaube schon«, erwidere ich zögernd.

»Du musst dich mal vom Alltag befreien und die Dinge aus einer anderen Perspektive betrachten.« Er sieht aus, als wolle er mich packen und schütteln. Eine Weile sagen wir nichts. Michael vielleicht aus Angst davor, er könnte mich getroffen haben, und ich gehe unser Gespräch in Gedanken noch einmal durch. Soll ich ihm recht geben?

»Du könntest mitkommen.«

»Und mir eine Kugel in den Kopf schießen lassen?«

»Es ist nicht so gefährlich, wie es sich anhört. Du wirst es lieben. Wir könnten so tun, als wärst du mein Assistent, wie in alten Zeiten.«

»Nein, danke, das ist nichts für mich.«

Unsere Unterhaltung gerät ins Stocken. Michael holt eine neue Runde Bier und setzt sich wieder. Einen Augenblick lang zögert er, als sei ihm gerade ein Gedanke gekommen.

»Im Januar muss ich nach Beirut. Das würde dir gefallen«, sagt er. »Eine ganz und gar ungefährliche Stadt.«

Schweigend trinken wir unser Bier. Dann stehen wir auf und zwängen uns zwischen den Leuten hindurch zum Ausgang. Eins der Mädchen von vorhin greift meinen Arm.

»Wollt ihr schon gehen?«

Ich sehe hinüber zu ihrer Freundin. Sie scheint genervt zu sein. Offensichtlich haben die beiden jungen Männer kein Geld, es ist nichts zu holen.

Ich reiße mich los und sehe zu, dass ich nach draußen komme. Die Kälte packt uns, noch bevor wir uns ducken können. Ich schlage den Mantelkragen hoch. Wir sehen uns an und zeigen in entgegengesetzte Richtungen. Der Nachtbus und Nørrebro. Wir umarmen uns kurz, aber etwas intensiver als gewöhnlich, damit es nicht gezwungen wirkt.

»Nächstes Mal lassen wir uns nicht so lange Zeit«, sage ich.

»Beirut. Denk drüber nach.«

Ich nicke.

9

Der Schnee draußen vor dem Fenster reflektiert das Licht und wirft es zurück ins Zimmer. Es poltert gegen die Bettkante und kneift mir in die Augen. Der Wecker zeigt 10.49 Uhr. Ich kann das Ungleichgewicht in meinem Säure-Basen-Haushalt riechen, ziehe die Decke wieder über den Kopf und versuche, mich noch eine Weile zu ertragen.

Langsam kommt die Erinnerung an den Abend gekrochen. Vor meinem geistigen Auge erscheint ein Bild: ich im Nachtbus. Wie ein volltrunkener Teenager bin ich nach Hause gestolpert, das Hemd aus der Hose gerutscht, die Beine weich wie Pudding und der Atem eines Komodowarans. Ich ermahne mich, dass ich dreiundvierzig Jahre alt bin, und kaue mich durch mehrere Schichten unbehandelter Selbstverachtung. Mein Leben ist durchsäuert von Rastlosigkeit, und der Wermut tropft in den halb vollen Becher, den ich gestern mit Bier aufzufüllen versucht habe. Jetzt bemerke ich, dass meine inneren Monologe schriller werden. Und dann höre ich Michael. »Wenn man immer dasselbe tut, dann passiert immer nur dasselbe.«

Der Satz geht mir zusammen mit dem Kater im Kopf herum. Er ist wie ein Ohrwurm oder ein Mantra, und ich sehe Michael, wie er mich mit seinen geröteten Augen anstiert, während im Hintergrund Andys Bar vorbeidefiliert. Ich schlafe wieder ein.

Irgendwo läutet es. Zuerst ist das Geräusch das Requisit eines Traums, dann kreischt es mich in sitzende Position. Der Schädelknochen bietet keinerlei Schutz, löscht nur den Raumklang, sodass nichts als der enervierende Kern des Tons übrig bleibt. Es ist die Türklingel.

Ich stehe auf, taumle in den Flur, um sie zum Schweigen zu bringen. Ziehe den Bademantel mit der Hand zu, streiche mit der anderen flüchtig über meine Haare und öffne die Tür. Davor stehen zwei ältere Damen, die Frisuren mit Haarfestiger betont, in karierten Wollröcken. Sie lächeln, wie Tanten ein neugeborenes Kind anlächeln, und tragen Schuhe, die man in gewissen Kreisen als gute Schuhe bezeichnen würde. Die eine trägt ein Stirnband, das im Gegensatz zu den Farben der Kleidung arg sportlich daherkommt.

Ich halte eine Hand vor den Mund, während ich spreche. Es wäre unpassend, wenn sie meine Alkoholfahne bemerken. Ich hole mein Portemonnaie, denn natürlich unterstütze ich gerne ihre Spendensammlung, was auch immer auf ihrer Rasseldose steht.

Zwei Zwanzigkronenstücke plumpsen in die weiße Plastikbüchse der Volkskirchlichen Nothilfe. Ich bin Mitglied der Kirche, habe aber nie zum Glauben gefunden. Ihn nie als glaubwürdig erachtet. Warum soll ich an einen unerklärlichen Gott glauben, wenn ich mich nicht einmal selbst verstehe? Umgekehrt wage ich es nicht, den Gedanken an Gott vollständig zu verwerfen, und jetzt habe ich für vierzig Kronen Seelenfrieden erkauft.

»Danke für Ihren Beitrag.«

Ich schließe die Tür. Ich trage nichts bei, überhaupt nichts. Ich sitze fest, brauche dringend ein Ziel und vermisse es, eine Meinung zu haben. Die Unzufriedenheit sitzt in meinen

Kieferknochen. Von Zeit zu Zeit knirscht und knarrt sie und bläht sich zu heftigen Kopfschmerzen auf. Aber heute kann ich die Kopfschmerzen nicht darauf schieben.

In der Küche halte ich den Mund unter den Hahn. Das Wasser läuft über mein Gesicht, und ich trockne mich mit einem Ärmel meines Bademantels ab. Nichts im Kühlschrank reizt mich. Dann gehe ich zurück zum Bett, spüre die raue Oberfläche des Sisalteppichs unter meinen nackten Füßen und werde mir meiner selbst merkwürdig bewusst. Ich krieche unter die Decke und fühle, dass ich aus meinem Körper verschwunden war. Michaels Worte packen und schütteln mich. Stoßen mich wieder aus dem Bett, schneiden leuchtend durch meine Gedanken und reißen den Schleier weg, der über mir gelegen hat.

10

Vor ihr auf dem Küchentisch liegt alles bereit, Essensplan und Familienkalender. Und ein Kugelschreiber für jeden von uns. Ich bin schwarz, sie ist rot und Mathias blau. Als Cecilie noch bei uns wohnte, war sie grün.

»Hast du nicht am Donnerstag diese Sitzung?«

Ich nicke, aber sie sieht die Antwort nicht. »Ja«, wiederhole ich.

Mit Schwarz trägt sie etwas in meiner Spalte ein. Einige Minuten lang stehe ich nur da und betrachte sie. Ein paar Mal nehme ich Anlauf, biege aber im letzten Moment ab.

»Haben wir eigentlich im Januar schon irgendwelche Termine?«

»Meine Mutter wird siebzig. Wieso?«

»Nur so.«

Ohne etwas zu sagen, trägt Annemette mit ihrer roten Farbe noch ein paar Termine in den Kalender ein. Einen Frisörbesuch, ein Abendessen mit Lisbeth und Frank, das über ihre und meine Spalte geht, und etwas um Weihnachten herum, was ich nicht lesen kann, weil es auf dem Kopf steht.

Ich räuspere mich. »Ich überlege, im Januar nach Beirut zu fliegen.«

Ich spüre das enorme Gewicht meiner Worte, ihre Bedeutung. Langsam legt sie den roten Kugelschreiber auf den Tisch.

»Okay.« Das Wort braucht unglaublich lange, bis es aus ihrem Mund heraus ist. »Mit Michael?«, fügt sie hinzu.

»Ja, mit Michael.«

»Klingt interessant«, sagt sie in einem Tonfall, der mich im Unklaren darüber lässt, ob sie meint, was sie sagt. »Es überschneidet sich hoffentlich nicht mit dem Geburtstag?« Mit einem Blick, der mich an meine Prioritäten erinnern soll, sieht sie mich eindringlich an.

Es gibt keine Terminkollision zwischen meiner Reise und dem Geburtstag meiner Schwiegermutter.

»Was ist mit der Arbeit?«

»Ich muss noch mit Erland sprechen, aber uns fällt schon was ein.«

Annemette ist plötzlich verständnisvoll, und ich bin enttäuscht. Ich hatte einen Ausbruch erwartet, einen Konflikt, einen Zusammenstoß. Stattdessen stellt sie konstruktive Fragen, und meine ganze Vorbereitung war umsonst. Sie lächelt, und jetzt verstehe ich: Sie freut sich darauf, mich für eine Weile los zu sein, darauf, allein zu sein, Zeit ohne mich verbringen zu können. Sie hängt den Kalender an den Küchenschrank.

»Ich glaube, es ist gut für uns beide.«

Sie nickt.

Ich spüre, dass meine Entscheidung richtig war. Die Welt liegt mir zu Füßen, aber bisher war sie am Boden festgenagelt. Ich muss mein Über-Ich an einen Deckenbalken hängen, muss mich von mir und meinem Familienkalender distanzieren, und sei es nur für ein paar Tage oder eine Woche. Es muss mehr Niels geben als den hier, eine andere, interessantere Person.

Als Kind liebte ich unseren Atlas, den alten von Lademann, der auf der Vorderseite wie ein Gebetbuch aussah. Ich kannte jede Seite, jedes Land, jede Stadt, und sobald ich alt genug war, wollte ich meinen Rucksack packen, wollte reisen, weg von Seite fünf und sechs, Dänemark und den Inseln, weiter zu den Seiten sieben und acht: Norddeutschland. Und so von Seite zu Seite, bis ich die ganze Welt gesehen hätte. Als Kind bin ich in allen Ländern gewesen, als Erwachsener nie vom Fleck gekommen. Zuerst war da Annemette, dann die Kinder, dann die Arbeit. Aber vielleicht steckt in jedem Menschen ein Abenteuer, das nur darauf wartet, gelebt zu werden?

11

»Was ist denn?«

»Nichts«, antworte ich.

»Warum siehst du mich dann so komisch an?«

»Tu ich nicht.«

Fältchen bilden sich an Annemettes Augenwinkeln. Sie tauchen immer dann auf, wenn sie bei Dunkelheit Auto fährt. Sie kneift die Augen zusammen. Die Lichter der entgegenkommenden Fahrzeuge schlagen wie Wellen in ihr Gesicht. Früher hätten wir wohl über meine bevorstehende Reise gesprochen, meine Erwartungen, wir hätten das Erlebnis geteilt. Jetzt hören wir nur, wenn der Motor auf die Gangschaltung reagiert.

»So«, sagt Annemette, als wir vor dem Flughafen anhalten. Ein kurzes Wort, aber bedeutungsschwer. Sie steigt aus dem Wagen, obwohl es gar nicht nötig ist: Wir haben uns schon über die Handbremse hinweg einen Abschiedskuss gegeben. Ich nehme den Rucksack, den ich mir von Johann geliehen habe, aus dem Kofferraum, schlage den Deckel zu, und dann stehen wir da. Die Situation erstarrt, wir haben so etwas noch nie ausprobiert: getrennt voneinander zu sein. Ich lächle, sie erwidert es.

»Pass gut auf dich auf«, sagt sie. Dann umarmt sie mich, warm und lange. Unsere dicken Winterjacken sind im Weg, schieben uns voneinander weg, und wieder lächeln wir.

»Ich freue mich darauf, wenn du wieder zu mir nach Hause kommst.«

»Es sind ja nur ein paar Tage«, sage ich, obwohl ich eigentlich »geht mir genauso« sagen wollte.

Dann küsst sie mich, setzt sich ins Auto und winkt über die Schulter, als sie losfährt. Ich nehme einen Gepäckwagen für den Rucksack und schiebe ihn Richtung Abflughalle. Er zieht nach rechts. Ich quetsche mich an einer Schulklasse vorbei und reihe mich in einer Warteschlange für einen Kaffee ein. Mit dem Pappbecher in der Hand lehne ich mich gegen den Gepäckwagen und versuche, mich auf der riesigen Anzeigetafel zu orientieren. Finde Turkish Airlines, Destination Istanbul. Ich bin gut in der Zeit, Michael kommt sicher erst kurz vor knapp.

Ich habe mich auf die Tour wie auf eine Themenwoche vorbereitet, alles Mögliche über Beirut gelesen und die Nachrichten besonders aufmerksam verfolgt. Vor allem die Entwicklung in Tunesien hat mein Interesse geweckt. Mohamed Bouazizis in Flammen aufgehender Körper, der das Ganze entfacht hat. Sein persönlicher Protest hat Tunesien in Brand gesteckt, der junge Gemüsehändler war bei Weitem nicht der Einzige, dem Präsident Ben Alis Regime gegen den Strich ging.

Während ich warte, betrachte ich das Treiben im Flughafen, die Gepäckwagen, über und über beladen mit Skiern und Snowboards, junge Geschäftsleute in Nadelstreifenanzügen mit leichtem Gepäck für den Arbeitstag im Ausland, Familien

51

mit Kindern, die viel zu früh aufgestanden sind. Ihre geröteten Augen blicken erwartungsvoll, und sie tragen kleine Rucksäcke mit Disneyfiguren darauf. Bestimmt fliegen sie in irgendeine gut gesicherte Touristenhochburg, in Watte gepackt und umsorgt von immer gut gelaunten schwedischen Guides, nichts, was mit meinem Ziel zu tun hat. Der Gedanke an Beirut lässt meine Handflächen feucht werden.

LIBANON

12

Wir heben vom Atatürk-Flughafen ab. Unter uns liegt die Stadt mit ihren Blocks aus Hochhäusern, die wie Pfeile aus einer Dartscheibe ragen. Der Qualm aus den Schornsteinen der Industriebetriebe schießt nach oben wie ein Kohlendioxid-Geysir, als ob in dieser Stadt noch nie jemand etwas vom Kyoto-Protokoll gehört hat. Von meinem Sitz aus wirkt Istanbul wie alle anderen Städte, und Konstantinopels Größe löst sich in Rauch auf. Der Bosporus zerteilt die Kontinente, so, als hätte man ein Stück Torte herausgeschnitten. Brücken verbinden das Ganze, und hier treffen Europäer auf Fremde, hier ist die Türkei ganz anders als in Alanya, Antalya oder Bodrum, wo Annemette und ich hinter anderen Touristen hergetrottet sind.

Michael ist bereits eingeschlafen, den Sitz noch in aufrechter Start-Lande-Position. Trotzdem scheint es für ihn bequem genug zu sein. Auf dem kleinen Bildschirm vor ihm plärrt die Neuverfilmung eines Actionstreifens. Ich erinnere mich dunkel an das Original aus den 1980ern und wundere mich, dass ein so schlechter Film eine zweite Chance bekommt.

Unter uns türmen sich Bergketten auf, rau und unzugänglich. Draußen vor dem Fenster vibrieren die Tragflächen der Maschine und spiegeln meine Nervosität. Ich stehe auf, um zur

Toilette zu gehen. Als ich in der kurzen Schlange im Mittelgang warte, studiere ich die übrigen Passagiere. Die meisten schlafen oder gähnen. Rückwärts schiebe ich mich in die winzige Toilette und ziehe die Hose nach unten, aber anscheinend habe ich die Signale meines Verdauungstrakts falsch interpretiert. Vielleicht ist es der Gedanke an das Unbekannte, der sich in einem undefinierbaren Grummeln niederschlägt? Zurück auf meinem Sitz, zieht sich, als ich Beirut erahnen kann, mein Magen noch stärker zusammen. Die Stadt steigt aus dem Mittelmeer, und dahinter liegen die Berge im blassen Dunst.

»Du wirst Beirut lieben«, hatte Michael gesagt, bevor wir von zu Hause los sind. »Die Stadt ist für mich wie eine zweite Heimat.«

Die Räder holpern über die Landebahn, und mein Zwerchfell oszilliert. Die äußeren Enden der Tragflächen stellen sich auf, meine Nackenhaare auch. Ich hoffe, Michael hat recht. Vielleicht übertreibe ich die Bedeutung der Reise, Beirut ist ja nur eine Stadt wie viele und das hier ein Urlaub wie jeder andere. Aber dieses Mal besuche ich nicht die Ruinen eines Amphitheaters in Ephesos oder einen botanischen Garten auf Madeira.

Reihenweise stehen Flugzeuge in Warteposition, und hinter ihren Höhenrudern, von denen die meisten mit dem Logo einer grünen Zeder verziert sind, erahne ich die Stadt. Häuser kriechen einen Hang hinauf. Mit seinen langen Terminals, an denen die Maschinen wie an einer Mole vertäut liegen, und den Geschäften, in denen sich zollfreie Waren stapeln, gleicht Rafic Hariri allen anderen Flughäfen.

Nachdem wir unsere Visa ausgefüllt haben, stellen wir uns bei *Foreign and Arab Passports* in die Schlange. Nebenan, vor dem Schild »Lebanese Passports«, warten nur wenige Leute. Sonnenhüte oder -schirme sind nicht zu sehen, auch keine

Brustbeutel oder Gürteltaschen, keine Hawaiihemden, keine übergewichtigen Dänen.

Unsere Pässe werden durchgeblättert, zuerst von vorn nach hinten, dann wieder zurück, ein Mann in sandfarbener Uniform stempelt sie ab. Vor der Eingangshalle breitet ein Taxifahrer die Arme aus, als warte er seit Stunden auf uns. Ich will gerade zu seinem Wagen gehen, als Michael mir eine Hand auf die Schulter legt. Ein anderer kommt dazu, und die beiden Fahrer streiten wie die Kesselflicker. Der eine packt den anderen am Hemdkragen. Ein hochgewachsener, Souveränität ausstrahlender Mann in grauer Tarnuniform macht der Sache ein Ende. Mit einer Armbewegung geleitet er uns zu einem alten Volvo. Der Taxifahrer raucht und hält die Zigarette aus dem offenen Fenster. »Vierzig Dollar«, sagt er mürrisch. »Zehn«, sagt Michael. Sie sehen beide zufrieden aus, als sie sich bei sechzehn treffen. Wir verstauen unser Gepäck im Kofferraum und steigen ein.

Das Taxi würde es niemals durch den TÜV schaffen. Alles daran scheint defekt, und spontan muss ich an zerknittertes Stanniol denken. Das Taxi-Schild, das hin und wieder aufblinkt, liegt vorn im Wagen hinter der Windschutzscheibe. Vom Rücksitz aus kann ich den Kilometerzähler sehen: 385.620. Lärm dringt aus dem Autoradio: Musik, Werbung und ein überdrehter libanesischer Dan Rachlin im DJ-Ton. In den Reifen ist so gut wie keine Luft, und wir rumpeln vom Flughafengelände auf eine Straße und in ein Inferno aus Autohupen. Es gilt das Wer-zuerst-kommt-mahlt-zuerst-Prinzip, Auge um Auge, Beule um Beule, die Verkehrsregeln sind außer Kraft gesetzt oder werden als lästige Behinderung abgetan. Ich suche nach einem Haltegriff über der Tür; er ist abgebrochen.

Michael bemerkt meine Anspannung. »Der Straßenverkehr in Beirut ist der neue Bürgerkrieg. Es geht um Geländegewinne, Meter für Meter. Darum, sich einen Weg durch die Stadt zu kämpfen mit möglichst wenigen Toten.« Er klingt wie ein Kriegsreporter. »Fakt ist, dass man alle anderen Fahrer für Idioten hält. Ich nenne das Straßenverkehrsdarwinismus.«

Wir fahren auf einer breiten, mehrspurigen Straße. An den Laternen hängen Plakate, und die Straßenränder sind gesäumt mit klotzigen Werbeflächen, die einen Mann mit Turban und einer Brille mit Stahlgestell zeigen. Er sieht aus wie ein intellektueller Talibankrieger. Auch in Dänemark ist das Straßenbild von talibanähnlichen jungen Männern in Holzfällerhemden geprägt, aber sie heißen Jeppe, Asger und Martin und arbeiten in der Werbebranche, als Kellner oder Sozialpädagogen.

Auf einem der Plakate erkenne ich einen Mann wieder.

»Warum hängen sie Bilder von Ayatollah Khomeini auf?«

Der Taxifahrer hupt. Zum ersten Mal seit langer Zeit, so kommt es mir vor.

»Das hier ist ein Hisbollah-Viertel«, erklärt Michael. »Die Hisbollah wurde nach dem Vorbild des Iran aufgebaut.«

»Dann ist Khomeini für die Hisbollah also das, was Michael Laudrup für einen Dänen ist?«, frage ich.

»So kann man es sagen.« Michael nickt lächelnd.

Der Fahrer sieht mich im Rückspiegel an.

»Michael Laudrup.« Ich wiederhole den Namen und erwidere dabei seinen misstrauischen Blick. Seine Zähne sind gelb, und er hat einen Überbiss. Früher hätte er wahrscheinlich gelächelt. Für fast alle Gespräche zwischen Dänen auf Reisen und Einheimischen war Laudrup wie eine Initialzündung. Das hat sich ganz offensichtlich geändert. Mohammed-Karikaturen und schlechte Nationalspieler haben Dänemark in ein anderes Licht gerückt.

»Und wer ist der mit der Brille?«, frage ich Michael.

»Nasrallah ist der Anführer der Hisbollah«, sagt Michael. »Offiziell schmückt er sich mit dem schönen Titel

Generalsekretär, aber wenn du die Israelis fragst, ist er nichts weiter als ein Terrorist.«

Die Häuser sind hier dicht an dicht gebaut. Gelbe Fahnen mit grünem Logo und roter Schrift wehen am Straßenrand. Michael deutet auf eine davon. »Die Flagge der Hisbollah. Sie ist wie ein Staat im Staat und besser bewaffnet als die libanesische Armee. Im Rest der Welt kennt man sie eigentlich nur als Terroristen und Kidnapper. Richtig nette Kerle.« Bei den letzten Worten zwinkert er mir zu.

Ich erinnere mich an Hisbollah, Hamas, Fatah und noch ein paar andere Begriffe, die mir in meiner Kindheit aus dem Fernseher entgegengeschleudert wurden, wenn die Nachrichten ihre tonnenschweren Botschaften in die Wohnzimmer schickten. Damals drehte sich meine Welt nur um Fußball und Lego.

Dürre grüne Bäume eskortieren uns am Fahrbahnrand und verdichten sich zu einem kurzen Tunnel. Wir fahren an einem Fußballstadion vorbei, das wie ein Schloss aus Sand gebaut zu sein scheint. Dahinter erhebt sich die Stadt. Die Häuser auf beiden Seiten wachsen, und der Himmel wird kleiner.

13

Es ist kein Zufall, dass Michael uns im Le Commodore einge-
checkt hat. Er steigt immer hier ab und kennt die Geschichte
des Hauses aus dem Effeff. Ausländische Journalisten, die während der Bürgerkriege aus der Stadt berichteten, buchten immer
ein Zimmer in diesem Hotel. Es verfügte über einen der ganz
wenigen Fernschreiber im Libanon und wurde so ganz automa-
tisch zu einem Treffpunkt. Jedes Mal, wenn Nachrichten über
den Ticker kamen, wenn sich die Front verschob, eine Sekte ein
Massaker begangen hatte oder eine unmittelbar bevorstehende
Offensive angekündigt wurde, umringten die Reporter, bewaffnet mit Schreibmaschinen, Blöcken und gespitzten Bleistiften,
den abgenutzten Fernschreiber und warteten auf sein charak-
teristisches Ticken und Summen. Abends an der Hotelbar gingen sie dann selbst in die Offensive, tauschten Geschichten aus
anderen Kriegen aus, zeigten sich gegenseitig ihre Narben und
spülten alles mit reichlich Whisky hinunter. Hatten sie den
Flaschen die letzten Tropfen abgerungen und die Bar leer getrunken, liefen sie einfach über die Frontlinie. Heckenschützen
beider Seiten verfolgten sie durch ihre Zielfernrohre, wenn sie
zurückkamen und die Grüne Linie überquerten, in jeder Hand
eine Flasche Hochprozentiges, die sie im christlichen Teil der

Stadt geholt hatten. Hinterher saßen sie wieder an der Bar, die Gläser gefüllt und die Zigaretten im Mundwinkel. Damals, vor dem Internet-Zeitalter, war Mund-zu-Mund-Propaganda der Weg, um an Informationen zu kommen. Mitten in der Nacht stolperten die Reporter ins Bett, nur um von Explosionen oder Maschinengewehrsalven, die an den Gardinen zu zerren schienen, aus dem Schlaf gerissen zu werden.

»Alle Kriege haben ihre legendären Hotels«, sagt Michael, als das Taxi vor dem Eingang hält. »In Afghanistan war es die Gandamack Lodge in Kabul, in Bagdad The Palestine Hotel und in Sarajevo das Holiday Inn.«

»Zwanzig Dollar«, sagt der Fahrer. Michael gibt ihm die vereinbarten sechzehn und steigt aus. Zufrieden steckt der Mann die Scheine in die Tasche und schenkt mir hinter der Seitenscheibe ein schiefes Lächeln. Er zuckt mit den Achseln.

Am Eingang wiegen sich ein paar grüne Palmen im Wind, und ein Gesicht mit dicken Augenbrauen und unerschütterlichem Lächeln begrüßt uns. »Welcome«, sagt der Mann und spricht das c wie ein g aus. Drinnen stelle ich meinen Rucksack auf den Boden und sehe mich um. Die Lobby ist mit ein paar Sofas, auf denen weiche Kissen liegen, und einigen kleinen Tischen möbliert und versucht, wie ein gemütliches, einladendes Wohnzimmer auszusehen. Ein paar Leute sitzen herum und lesen, blättern in einer Zeitung oder einem Reiseführer. Eine ältere Frau mit einem geblümten Kopftuch bearbeitet mit beeindruckender Schnelligkeit die Tastatur ihres Handys.

»Welcome, gentlemen«, wendet sich der Mann hinter dem Empfang an uns.

Hassan steht auf seinem Namensschild. Sein Haar glänzt schwarz, die Nase ist groß und platt. Ich habe ein paar Schüler aus dem Nahen Osten, aber sonst kenne ich niemanden, der von hier stammt. Hassan ist klein, und ich komme mir vor wie ein Leuchtturm, der mitten in der Lobby steht. Ich rage empor, sodass mich niemand übersehen kann mit meiner etwas zu hellen Haut und meinen skandinavischen Zügen. Wieder sehe ich mich um; niemand blickt auch nur auf. Offenbar bin ich der Einzige, der glaubt, ich sei anders.

Michael reicht mir die Schlüsselkarte fürs Zimmer, und wir nehmen den Aufzug in die neunte Etage. Unsere Zimmer stoßen aneinander. Ich habe Annemettes Sinn für Ordnung im Gepäck, den sie mir beigebracht hat und abgesehen von den ewigen BHs auf dem Schlafzimmerboden perfekt beherrscht. Also packe ich als Erstes meinen Rucksack aus, verstaue die Unterwäsche in den Schubladen, hänge Hosen und Hemden auf Bügel. Meine Sandalen und die Laufschuhe stelle ich unten in den Schrank, und meine alte Minolta-Kamera kommt auf den Tisch neben dem Fernseher.

Meine Zahnbürste und mein Boss-Deodorant landen auf dem Glasregal unter dem Spiegel.

Dann schiebe ich die Glastür auf und trete hinaus auf den Balkon in die warme, würzige Großstadtluft. Mein Blick schweift über die Häuser, Dächer, in schmale Gassen. Ich sehe runtergekommene und gepflegte Terrassen, ausgeblichene und farbenfrohe Markisen, einen Dschungel aus Parabol- und altmodischen Fernsehantennen, Leitungen, die sich aus Fenstern schlängeln, Wassertonnen, die in der Sonne warm werden, surrende Klimaanlagen, weiße Plastikmöbel, manche stehend, manche liegend, und unter mir den Swimmingpool mit dem Logo des Hotels am Boden des Beckens, alles ausgestattet mit dem satten Sound der Metropole als Hintergrundgeräusch. Ein Bohrhammer, scharfe Schläge auf ein Blech, irgendwo singt jemand mit einer vom Vibrato verschleierten Stimme. Hier klingt es charmant, in Dänemark wäre es Lärm. Ich habe viel über die Stadt gelesen, mehrere Bücher sogar, aber jetzt stehe ich hier und atme ihre Luft tief in meine Lungen.

Einen Augenblick später steht Michael auf dem Balkon nebenan. In der Hand hält er eine seiner Kameras und richtet sie auf mich. Er drückt auf den Auslöser und zeichnet mit der anderen Hand eine Linie in die Luft, um eine Schlagzeile anzudeuten. »Gymnasiallehrer außerhalb seiner Komfortzone entdeckt«, sagt er mit der Stimme eines Nachrichtensprechers.

Ich lächle, denn er hat recht. Meine Komfortzone liegt gut verpackt am Boden des Rucksacks, und das ist wohl auch der Sinn der Tour: dass ich etwas erlebe, was ich noch nie erlebt habe. In ein paar Tagen werden wir das palästinensische Flüchtlingslager Schatila besuchen. Michael hat einen Auftrag von Save the Children angenommen. Deshalb sind wir hier. Beim Gedanken daran läuft mir eine Gänsehaut über die Arme.

»Kriegsfotograf stiehlt unschuldigem Gymnasiallehrer seine Komfortzone«, halte ich dagegen.

Er lacht. »Ich habe Hunger.«

Wir finden zwei freie Stühle in der Nähe des Swimmingpools und bestellen etwas zu essen und zwei Glas Weißwein aus der Region. Es ist nicht zu übersehen, dass Michael sich wie zu Hause fühlt, er trägt sogar die weißen Slipper des Hotels. Ich ziehe ihn damit auf, und er wippt zufrieden mit den Zehen. Während wir essen, beobachten wir ein paar Jungen, die Kopfsprünge üben. Stromlinienförmig und ohne einen Schweif Wasserspritzer hinter sich herzuziehen, tauchen sie in den Pool ein.

Michael gähnt. »Wollen wir uns nicht noch eine Stunde aufs Ohr legen und dann mal in die Stadt gehen?«

Das Bett ist weich, und ich denke über meine Ehe nach. Ich kann nicht schlafen. Meine Gedanken sind seltsam sentimental. Michaels Nähe gibt mir Sicherheit, so wie Annemettes es viele Jahre lang getan hat. Aber jetzt ist die Sicherheit schwerfälliger, monotoner Routine gewichen.

Obwohl mein bordeauxfarbener Pass im Laufe der Jahre so manchem Zollbeamten untergekommen ist, fühlt sich das hier wie eine Jungfernfahrt an. Michael kennt das Spiel, er war schon oft hier, hat das alles schon erlebt. Es gibt zwei Typen Männer: Der eine pinkelt laut plätschernd mitten ins Klo, der andere am Rand entlang, um kein Geräusch zu verursachen. Mir ist klar, dass unsere Rollen verteilt sind. Wie in alten Zeiten. Mit einem Mal fühle ich mich wie eins der Kinder mit den geröteten Augen und dem Disneyrucksack vom Flughafen.

Wir schlendern über die Corniche, eine Promenade, die an der Küste entlangführt. Unter uns schwappt das Mittelmeer schmatzend gegen die Klippen. Hier scheint es unendlich zu sein. Die Palmen wiegen sich im Wind. Am Wasser stehen Angler mit Teleskopruten in den Händen und schmutzigen Mützen auf dem Kopf, Kartenspieler sitzen an wackligen Tischen, jüngere Männer kiebitzen ihnen über die Schulter, Jungs springen mit breitem Grinsen akrobatisch von den Klippen ins Wasser, die schwarzen und weißen Steine des Backgammon wechseln in raschem Tempo den Platz, ein McDonald's und ein paar Mädchen, deren Blusen über implantatgeformten D- und E-Größen spannen, mit tätowierten Augenbrauen, die wie Pfeile auf ihre Nasen zeigen, junge Männer, die Zigaretten aus Päckchen klopfen, und leicht süßlicher Tabakgeruch. Leute joggen, allein, zu zweit oder in Gruppen im Einheits-Laufdress. Nachdem ich den Verkehr im Rest der Stadt erlebt habe, verstehe ich, warum die Leute nur hier joggen. Weiter in Richtung Zentrum schieben sich die Hotels näher und näher an die Fahrbahn heran. Ich verewige alles mithilfe meiner alten Kamera. Michael vergeudet seine Kräfte nicht mit Touristenfotos.

Er steuert ein Fischrestaurant an, Le Pêcheur. Meerblick und eine ausgezeichnete Karte. Während wir von unserem Tisch aus das Meer betrachten, essen wir, was unter seiner Oberfläche lebt: Dorade, Seebarsch, Lachs, Garnelen, Krabben und Tintenfisch, alles frisch gefangen. Der Geschmack ist zart und angenehm und unendlich weit weg von gebratenem Dorsch in Senfsoße mit zerkochten Kartoffeln. Die Sonne versinkt im Meer, das plötzlich schwarz und geheimnisvoll vor uns liegt. Auf der anderen Seite leuchten die Lichter der Stadt, die sich die Küste hinauf nach Norden windet.

Draußen vor dem Restaurant verhandelt Michael mit einem Taxifahrer. Als wir im Wagen sitzen, versucht der Mann, den Preis in die Höhe zu treiben, mit der Begründung, es sei ein deutsches Fabrikat. »Quality«, wiederholt er immer wieder, aber wir ignorieren ihn. Als wir in Hamra anhalten, probiert er es ein letztes Mal. »But it's a Mercedes.« Alle Taxifahrer in Beirut versuchen, einen übers Ohr zu hauen, aber sie tun es auf eine sympathische Weise, das muss ich ihnen lassen.

In der Rue Hamra steigen wir aus, und alle Beteiligten wissen, dass der Fahrer nicht übers Ohr gehauen wurde. Michael fragt, ob ich auch Lust auf ein Bier habe, bevor wir uns auf den Weg zurück ins Hotel machen. Ich bin noch nicht bereit, ins Bett zu gehen.

Er kennt ein Café mit Dachterrasse. Von unserem Tisch aus können wir hinunter auf die Straße sehen. Jede Menge Luxuskarossen gleiten durch den Abend, laute Musik strömt aus den heruntergelassenen Seitenscheiben. Es klingt wie eine Mischung aus Chaka Khan und den Olsen Brothers plus einer Prise exotischer Rhythmen und chromatischer Skalen.

»You want shisha?«

Der Kellner sieht mich an, und verständnislos glotze ich zu Michael hinüber.

»Yes, please, Moussal, please«, sagt er. »Hast du schon mal Wasserpfeife geraucht?«

Ich schüttle den Kopf.

»Dann ist es Zeit.«

Er wendet sich an den wartenden Kellner. »Two shisha with moussal and two Almaza, please.«

Ich protestiere. Selbst als ich noch jünger war, bin ich nur dann auf die Idee gekommen, eine Zigarette zu rauchen, wenn ich genug Bier getrunken hatte. Jetzt sind mir sowohl der Geschmack als auch der Geruch zuwider. Aber Michael schüttelt nur den Kopf.

Der Rauch von den anderen Tischen dringt zu uns herüber. Es ist kein schwerer, teeriger, sondern ein sanfter, leichter und wohlriechender Rauch. Ich lasse den Blick von einem Tisch zum nächsten wandern. Fast alle Gäste rauchen Wasserpfeife, ältere Männer und ihre Frauen, Ehepaare mit Kindern, Männer in Anzügen, Frauen mit Kopftuch, junge Mädchen, bei allen wölbt sich die Schlange einer Wasserpfeife über die Rückenlehne ihres Stuhls. Manche essen, während sie rauchen, andere trinken Tee, Bier oder andere alkoholische Getränke.

Hinter mir ist ein zweiter Kellner dabei, meine Wasserpfeife fertig zu machen. Glühende Kohlestückchen werden in einer kleinen Schale platziert, die oben an einem Stativ befestigt ist, das aussieht, als gehöre es an den Hof eines Sultans. Der Kellner zieht ein paar Mal kräftig, und dicke Rauchsäulen steigen aus seinen Nasenlöchern auf. Er entfernt das Mundstück, setzt ein neues aus gelbem Plastik auf das Ende der Schlange und reicht es mir.

Ich warte, während er Michaels Pfeife vorbereitet.

»Du musst nicht auf mich warten«, sagt Michael. »Nimm einfach ein paar Züge. Nicht inhalieren, den Rauch einfach ein bisschen im Mund behalten und dann wieder auspusten.«

Ich sehe, wie er dem Kellner ein paar Dollars gibt.

»So ein Shisha-Mann verdient so gut wie nichts«, erklärt er. »Und der Job ist saugefährlich. Mundhöhlenkrebs«, sagt er und zeigt auf seine Wange.

Ich nehme das gelbe Plastikmundstück und sauge vorsichtig an dem Schlauch. Es kommt nur ganz wenig Rauch, und ich ziehe etwas kräftiger. Der Rauch ist nicht warm wie der einer

Zigarette, und er fühlt sich in keiner Weise unangenehm an. Ich atme aus und genieße den Duft, der in den Abend verschwindet. Nach ein paar weiteren Zügen gleitet ein Surren durch meinen Körper, so leise, dass ich mich frage, ob ich es mir nur einbilde. Ich entspanne mich, meine Muskeln geben nach, nur meine Knochen bewahren ihre Stabilität.

»Gut, oder?« Michael legt den Kopf zurück und lässt den Rauch in den Himmel steigen.

Ich trinke einen Schluck von meinem Almaza, einem libanesischen Bier, und ziehe wieder an der Pfeife. Es ist fantastisch. Ich werde ganz leicht, ich schwebe.

14

Nach einer morgendlichen Dusche gehe ich auf den Balkon. Die Stadt riecht jetzt anders als gestern, mehr nach Wasserpfeifentabak. Damals, als ich noch ein Kind war, schleppten dänische Touristen Wasserpfeifen oder aus Holz geschnitzte Esel mit Tonnen auf dem Rücken in ihren Koffern aus dem Ausland mit nach Hause. Jetzt ergibt zumindest Ersteres einen Sinn für mich.

Michael klopft an die Zimmertür. Ich ziehe die Balkontür zu und öffne ihm.

»Kommst du?«, sagt er. »Ich habe einen Bärenhunger.«

Auf dem Weg ins Erdgeschoss bringt er vor dem Spiegel im Aufzug seine Frisur sorgfältig in Form. Er öffnet den obersten Knopf seines Hemds und wirft sich einen selbstzufriedenen Blick zu.

»Good morning, gentlemen«, begrüßt uns Hassan an der Rezeption freundlich. Er sieht auf, tippt aber weiter auf der Tastatur seines Computers herum.

Michael zeigt auf eine Stelle im Foyer. Dort war früher die Bar. Das hat ihm Poul Busk erzählt, der Journalist, mit dem er als junger Kerl durch die Welt gereist ist. Während des Bürgerkriegs hatte das Hotel einen Papagei, Coco, der an der

Bar zu Hause war und ein paar Worte sagen konnte. Außerdem konnte er pfeifen und die Geräusche des Krieges draußen nachahmen. Poul war ebenfalls an der Bar zu Hause und mochte es, mit einem gefüllten Glas direkt neben dem Käfig zu sitzen. Nahm ein Neuankömmling dort Platz, einer, der mit den Besonderheiten der Stadt noch nicht vertraut war, wartete Poul, bis der einen Drink serviert bekommen hatte, und stieß einen kurzen Pfiff aus. Dann imitierte der Papagei täuschend echt anfliegende Artilleriegranaten und der Mann warf sich voller Panik, den Tod vor Augen, auf den Fußboden in Deckung. Das Glas zersplitterte, Stühle fielen um, Alkohol befleckte sein Hemd. Danach klopften sich Poul und die anderen Veteranen vor Lachen auf die Schenkel, halfen dem armen Kerl auf die Beine, bestellten ihm einen neuen Drink und drückten ihn dem zitternden Reporter in die Hand. Den gleichen Grünschnäbeln von Journalisten wurde beim ersten Besuch des Hotels die Frage gestellt, ob sie ein Zimmer auf der Beschussseite des Hauses oder doch lieber auf der Autobombenseite bevorzugten.

»Ich glaube, wir besuchen heute mal Arnaud«, sagt Michael, als wir uns im Restaurant niederlassen.

»Arnaud?«

»Der Franzose, von dem ich dir erzählt habe.« Er knüllt die Serviette zusammen und legt sie auf den leeren Teller.

Anschließend treffen wir uns mit Yara, Michaels Kontakt bei Save the Children. Sie hat einen Tisch für uns in einem Restaurant bestellt, um die Einzelheiten des Auftrags in Schatila zu besprechen. Morgen steht die Fahrt in das Flüchtlingslager an.

Wir gehen die Jeanne d'Arc Street hinunter und kreuzen die Rue Hamra, die wie ein lärmender Strom von Ost nach West in den sunnitisch-muslimischen Teil der Stadt tost, in dem es vor Restaurants, Bekleidungsgeschäften, Cafés und Bistros nur so wimmelt. Wir sind auf dem Weg nach Downtown, dem

Viertel, in dem Arnaud wohnt. Überall fällt mir der Geruch von Wasserpfeifentabak auf, der wie eine angenehm duftende Ozonschicht in der Luft hängt. Wir spazieren die Corniche entlang, passieren das Fischrestaurant und gehen am Saint-George-Hotel vorbei, einem vornehmen Haus vom Anfang der 1930er-Jahre. In der Zaitunay Bay schaukeln Luxusjachten Seite an Seite, moderne Cafés, teure Restaurants und Autos der obersten Preisklasse versperren beinahe den Blick auf die Hafenfront. Chrom, Holz und frische Palmen. Dahinter liegen die namhaften Hotels: das Monroe, das Phoenicia, das Grand Hyatt, das Vendôme Intercontinental, das Four Seasons. An der Zaitunay Bay residieren die Reichen und die, die davon träumen, reich zu werden.

»Da sind wir, Platinum Tower.«

Ich lege den Kopf in den Nacken, bekomme aber trotzdem kein Gefühl dafür, ob das Gebäude, das vor uns aufragt, irgendwo endet. Glas, Stahl und Lichtreflexionen. Es wirft einen Schatten wie eine gigantische Sonnenuhr. Offenbar sehen die Schlösser der Gutbetuchten heutzutage so aus.

Die Lobby hat die Größe einer kleineren Sporthalle. Die Empfangsdame tätigt einen Anruf und sagt anschließend zu uns: »Herr Marchal erwartet Sie.«

Sie deutet mit einem Nicken in Richtung Aufzüge. Wir fahren hinauf, weiter und weiter, und halten auf der 27. Etage an. Trotz der beeindruckenden Ausmaße des Gebäudes befinden sich auf jeder Etage nur wenige Wohnungen.

15

Arnaud steht bereits in der Tür und empfängt uns, das Bild eines typischen französischen Aristokraten, der einen Schlips mit einer Hand binden kann. Vielleicht liegt es an der sonnengebräunten Haut, die seine Zähne besonders weiß erscheinen lässt, vielleicht an dem Halstuch aus Seide, dem Hemd, das gerade so weit aufgeknöpft ist, dass man die Brustbehaarung erahnen kann, oder ganz einfach an der Tatsache, dass er eine der teuersten Adressen der Stadt bewohnt.

Er und Michael tauschen so etwas wie einen Bruderkuss aus, und der solide Handschlag hinterlässt einen Abdruck in meiner Hand. Arnaud ist jünger als ich, vielleicht fünf Jahre, vielleicht zehn. Er wirkt auf eine lässige Art sehr gepflegt, keine Spur overstyled, und mich beschleicht das Gefühl, dass mein verwaschenes T-Shirt und die abgetragene Jeans seiner Eleganz Hohn sprechen.

Er bittet uns in seine überaus geräumige Wohnung. Von allen Seiten fällt Licht herein. Das Mobiliar ist modern, aber klassisch, die Designermöbel wahrscheinlich nach Männern benannt, deren Namen ich nicht einmal kenne. Lampen, Sessel, Regale, alles wirkt so, als sei die Wohnung unbenutzt.

Wir gehen nach draußen auf eine Terrasse.

»Fühl dich wie zu Hause«, sagt er zu mir. Er und Michael tauschen ein paar Worte aus, während ich auf die Zaitunay Bay hinunterblicke. Von hier oben wirkt die Szenerie wie eine Spielzeuglandschaft. Ich überlege, was eine solche Wohnung wohl kosten mag. So viel wie eine Ranch in Texas, ein Airbus, der jährliche Haushalt eines kleineren afrikanischen Landes?

»Lia«, ruft Arnaud über die Schulter.

Eine asiatisch aussehende Frau erscheint in der Terrassentür. Sie faltet die Hände vor der Brust und verbeugt sich, erst vor mir, dann vor Michael. Arnaud sagt etwas auf Französisch zu ihr, sie verschwindet und kommt kurz darauf mit einem Tablett in den Händen zurück.

»Setzt euch doch«, sagt Arnaud und deutet auf ein paar wetterfeste Sofas.

Lia gießt Weißwein in langstielige Gläser, die an der Außenseite beschlagen sind. Der Unterschied zwischen den beiden ist frappierend. Michael trinkt den Wein ein wenig gierig und maßlos, Arnaud genießt ihn, hält inne, schmeckt sowohl mit der Nase als auch mit dem Mund. Sein Gesicht entspannt sich mit jedem Schluck etwas mehr, während Michaels eine rötliche Farbe annimmt. Französische kontra dänische Trinkkultur. Sie sprechen Englisch miteinander, tauschen Erlebnisse und Anekdoten aus, die sich seit ihrem letzten Treffen zugetragen haben. Ich halte mich im Hintergrund und nicke interessiert, wenn Arnauds Blick auf mich fällt. Er erzählt mit der Attitüde eines Intellektuellen. Seine Schlussfolgerungen entspringen einem größeren Gedanken, einem Gedanken, neben dem meine Überlegungen wie kindliche Ideen anmuten. Ich höre ihn etwas darüber sagen, dass ein Land zuerst seinen Untergang durchschreiten muss, bevor es den Übergang zu etwas Neuem antreten kann.

»Bist du auch Fotograf, Niels?« Aus seinem Mund klingt mein Name wie ein sanftes Flüstern. Ich erzähle von meiner

Arbeit am Gymnasium. Er hört interessiert zu und nickt, während er mir in die Augen sieht. Ich höre den Klang meiner Stimme, die die offizielle Version von sich gibt, die nichts mit der Wirklichkeit zu tun hat. Dass es meine vornehmste Pflicht sei, jungen Menschen die Möglichkeit zu geben, sich zu kritischen, demokratisch orientierten Bürgern zu entwickeln. Ich sage nicht, dass ich mir längst darüber im Klaren bin, dass mein Job darin besteht, zu dressieren und abzurichten. Ich bin ein Dompteur, der Jugendliche trainiert, damit sie ihre Rolle im Hamsterrad erfüllen können. Damit sie im Laufe ihres Lebens die üblichen kleinen Belohnungen in Form von Beförderungen, Orgasmen, Unterhaltungsshows im freitagabendlichen Fernsehprogramm oder einem gut abgehangenen Hinterschinken bekommen können, bevor ein Hirntumor sie ins Grab befördert.

»Das klingt nach einem guten Leben in Dänemark«, sagt Arnaud langsam und etwas gedankenverloren. »Ich bin überzeugt, dass man erst dann wirklich lebt, wenn man nah daran gewesen ist, zu sterben. Oder, Michael?«

Er sagt es nicht, um mich zu beleidigen. Er sagt es, weil er es glaubt. Michael nickt.

»Bei uns wäre es ein paar Mal fast soweit gewesen«, sagt Arnaud.

Wenig später tauchen sie wieder in eine ihrer Erinnerungen ein, diesmal geht es um ein Fünfsternehotel in Tiflis in Georgien. Ich weiß nicht, ob sie die Geschichte sich oder mir erzählen. »Wir saßen im Wagen, und hinter den Scheiben versank die Welt in Tod und Zerstörung. Herr im Himmel, die Russen haben bombardiert, was das Zeug hielt. Am Abend sind wir dann von der Front zurück ins Hotel gefahren, wo uns der Koch mit seiner hohen weißen Mütze auf dem Kopf fragte, wie wir unser Steak gern hätten. Wir haben geschlafen, geduscht, uns rasiert, ein Continental Breakfast zu uns genommen und sind wieder in den Krieg gefahren, während alle anderen Autos die entgegengesetzte Richtung einschlugen.«

»Wie hieß noch mal dieser Typ, den ihr immer Elefantenbulle genannt habt?«, fragt Arnaud. »Der immer als Einzelgänger unterwegs war?«

»Kann mich nicht erinnern. In der Woche damals sind viele Journalisten umgekommen.«

»Wo seid ihr euch zum ersten Mal begegnet?«, frage ich.

Arnaud und Michael sehen sich an und zucken beide mit den Achseln, als sei die Frage nie relevant gewesen. Michael zählt ein paar Länder auf. Bei Tschetschenien grätscht Arnaud dazwischen.

»War das wirklich in Tschetschenien?«, fragt Michael.

Arnaud nickt. »1999.«

»Bist du schon so lange unterwegs?«, frage ich. 1999 waren Annemette und ich zum ersten Mal mit den Kindern in Torremolinos. Das Gefährlichste, was in diesem Urlaub geschah, war, dass wir einmal vergaßen, Cecilie und Mathias mit Sonnencreme einzuschmieren.

»Tschetschenien war mein erster Krieg, und er war verdammt fies. Ich war nur ein paar Tage dort«, sagt Arnaud. »Es ist ein Wunder, dass Grosny überhaupt noch existiert.«

»Bist du Fotograf?«, frage ich, obwohl die teure Wohnung eigentlich nicht zu einem solchen Job zu passen scheint.

»Nein.« Er lächelt geheimnisvoll.

»Journalist?«

»Nein. Man kann mich vielleicht einen Entdeckungsreisenden nennen.«

Michael unterbricht ihn. »Arnaud geht in den Krieg wegen des Erlebnisses. Um zuzusehen, um einfach nur da zu sein.«

Arnaud nickt entschuldigend. »Ich muss zugeben, dass ich das Gefühl liebe. Es ist unbeschreiblich, wenn diese Anspannung durch die Adern rauscht, wenn man spürt, dass man funktioniert, mitten im Chaos. Das kann nicht jeder. Erinnerst du dich noch an Didier?« Er sieht Michael an. »Er wollte es so gern, aber er schaffte es einfach nicht.«

Sie erzählen von Didier, einem Belgier, der sie für eine kurze Zeit in Sierra Leone begleitete. Er war völlig geschockt, und alle rieten ihm, doch bitte wieder nach Hause zu fahren.

»Stattdessen wurde ihm auf irgendeiner staubigen Straße die Kehle durchgeschnitten.« Arnaud veranschaulicht die Tat, indem er sich mit dem Zeigefinger über das Halstuch fährt.

Michael ergreift das Wort. »Arnaud hat die besten Internate in der Schweiz besucht und an den besten Universitäten Frankreichs studiert. Trotzdem mischt er sich am liebsten unter den Pöbel, hängt also gerne mit Typen wie mir herum.« Er lacht.

»Was soll ich sagen? Ich bin im Licht geboren, aber etwas treibt mich in den Schatten.«

Ich frage Arnaud, was er studiert hat.

»Alles«, antwortet er, »aber nur weil man ein paar dicke Bücher gelesen hat, muss man ja noch lange nicht schlau sein.« Er zwinkert mir zu.

Lia räumt unsere Gläser ab, Michael steht auf und setzt mich davon in Kenntnis, dass er mal kacken muss.

»Danke für die Info«, sage ich.

Einen Augenblick später verlässt auch Arnaud die Terrasse, und ich bin allein. Ich stehe auf und stütze meine Ellbogen auf dem Geländer ab. Ich bin etwas benommen, bin es nicht gewohnt, so früh am Tag Alkohol zu trinken. Hinter mir wischt Lia den Tisch ab. Sie bewegt sich lautlos wie eine gut trainierte Ninja-Kämpferin. Ich beuge mich ein wenig vor. Tief unter mir verläuft die Straße, an der das Saint-George-Hotel liegt, ich sehe die Statue, die Rafic Hariri darstellt, und die Gedenkskulptur an der Stelle, an der die Bombe explodierte, die den damaligen Ministerpräsidenten tötete.

Arnaud ist zurück und stellt sich neben mich. Er folgt meinem Blick.

»Ah, das Saint-George«, seufzt er, als habe er dort Kindheit und Jugend verbracht, geküsst, getrunken und in den Himmelbetten geliebt.

»Ich zeige dir etwas.« Wir durchqueren die Wohnung und betreten eine nach Westen abgehende Terrasse. Unter uns liegt das Phoenicia-Hotel und dahinter das, was Arnaud mir zeigen will. »Das Holiday Inn war ein Luxushotel«, sagt er, während wir zu dem zerstörten Gebäude hinübersehen. »Es wurde 1974 eröffnet, als noch jede Menge Touristen nach Beirut kamen. Es war die beste Adresse der Stadt, sechsundzwanzig Etagen mit Blick über das Mittelmeer, Restaurant und Nachtklub auf der Dachterrasse. Dann kam der Bürgerkrieg.«

Die Begeisterung in seiner Stimme erinnert mich an einen Geschichtslehrer, den ich mal hatte. Arnaud erzählt, das Holiday Inn habe nur ein Jahr lang existiert. Aufgrund ihrer strategischen Lage und ihrer Symbolkraft wurden die Hotels an der Hafenfront zum Schauplatz blutiger Kämpfe und Zentrum dessen, was später als Battle of the Hotels bekannt wurde. Zuerst schlachteten sich Muslime und Christen gegenseitig ab, dann brachten Christen Christen und Muslime Muslime um, jeder gegen jeden. Heute steht das ausgebombte Hotel als eine Art Kriegsverletzung oder wie ein Mahnmal mitten in der Stadt.

»Ich glaube, ich werde diesen Bürgerkrieg niemals verstehen«, sage ich.

»Wenn du den Krieg im Libanon verstehst, hat man ihn dir nicht richtig erklärt«, sagt Arnaud trocken, geht in die Wohnung und holt ein Fernglas.

»Hier, sieh genau hin«, sagt er und reicht es mir.

Durch das Fernglas kann ich Tausende und Abertausende von Einschlägen erkennen, Löcher so groß, dass sie nur von Granaten stammen können. Alles ist vom Krieg gezeichnet und zerstört. An vielen Stellen ist der Bewehrungsstahl zwischen dem Beton sichtbar. Fast alle Fenster sind glaslose Öffnungen, und man kann ohne Schwierigkeiten durch das Gebäude hindurchsehen. Kleine Bäume und Büsche wachsen in den Zimmern, ein Indiz dafür, dass sich die Natur von der Irrationalität des Menschen nicht beirren lässt. Obwohl das Gebäude Prügel übelster Art einstecken musste und mit blauen Flecken übersät ist, weigert es sich doch, zusammenzubrechen.

»Faszinierend, oder?«, sagt Arnaud mit einem Anflug von Erregung in der Stimme.

Ich muss ihm recht geben. Das schwer verletzte Gebäude übt eine sonderbare Anziehungskraft aus. Wenn es doch nur seine Geschichte erzählen könnte.

»Als ich die Wohnung hier kaufte, habe ich auf dieser Aussicht bestanden. Der Immobilienmakler war wie vor den Kopf gestoßen.« Er zeigt auf das Phoenicia-Hotel und erzählt, dort erhalte man Rabatt, wenn man ein Zimmer mit Blick auf das Holiday Inn bucht, weil alle meinen, die Aussicht sei so hässlich.

Michael kommt wieder auf die Terrasse. »Seid ihr immer noch hier? Wir müssen zusehen, dass ich nicht zu spät zu meinem Termin komme. War schön, dich zu sehen, Arnaud«, sagt er. »Noch dazu unter so angenehmen Umständen.«

»Wir treffen uns bestimmt bald wieder. Und vielleicht bist du dann ja auch dabei, Niels?«

Als wir im Flur stehen, drücke ich ihm die Hand und mich um eine Antwort herum. »Es war schön, dich kennenzulernen.«

»Afrika ist ein verlässlicher Kontinent. Dort findet man immer einen Krieg«, sagt Arnaud mit einem Lachen. »T. I. A.«, fügt er hinzu, kurz bevor sich die Fahrstuhltüren in der Mitte treffen.

16

»Ist er so eine Art Kriegstourist?«, frage ich, während der Fahrstuhl lautlos Richtung Eingangshalle gleitet, und höre den verwunderten Klang in meiner Stimme. Nicht einmal in meinen kühnsten Träumen hätte ich mir vorgestellt, dass jemand so etwas tun könnte: Krieg als eine Form von Unterhaltung.

»Ich kenne viele, die so sind wie er«, antwortet Michael.

Wir verlassen das Gebäude und treten auf die Ahmed Chaouqi Street. Ein paar Bauarbeiter, sechs oder sieben, stehen um eine Betonmischmaschine herum und rauchen, einer hält eine Schaufel in der Hand, die anderen Zigaretten.

»Kriegsgebiete locken viele sonderbare Menschen an«, sagt er. »Auch solche, die einfach nur auf der Suche nach einem Adrenalinkick sind und da ansonsten nichts verloren haben. So wie Arnaud eben. Er kann tun, wozu er Lust hat. Ich glaube, er langweilt sich und braucht ein bisschen Aufregung im Leben, während er darauf wartet, dass sein Vater abkratzt. Er erbt ein Vermögen. Dem Vater gehört irgendeine Riesenfirma, er ist steinreich.«

»Was macht die Firma?«

»Ich weiß es nicht. Geld.« Er reibt Daumen und Zeigefinger aneinander.

»Sie warten im Enab auf uns«, sagt Michael, nachdem er eine SMS auf seinem Handy gelesen hat.

Das hippe Viertel Mar Mikhael pulsiert bereits, obwohl es erst früh am Abend ist. Die Musik aus den Autoradios vermischt sich mit der aus den Cafés, arabische Sängerinnen verknüpfen moderne Beats mit amerikanischem R&B. Junge Männer in Autos sprechen Frauen mit großen Ohrringen und in hautengen Kleidern an. Ihre nackten Füße stecken in hochhackigen Schuhen, und gern gewähren sie tiefe Einblicke in ihren Ausschnitt. Die Stadt ist voll mit schönen Frauen, elegant und operiert, und wir verbringen ein paar Augenblicke damit, sie anzusehen. Zwischen ihnen läuft ein Junge in Chelsea-Trikot und mit an den Knien aufgerissener Jeans herum. Er verkauft Rosen aus einem Korb, einzeln oder bundweise, und betrachtet die Autos der anderen, ihre Handys, ihr Leben.

Eine Treppe führt hinauf zu dem Restaurant, in dem die französische Vergangenheit des Landes deutlich zu sehen ist. Kolonialstil mit Rundbogentüren, Fensterläden, breiten Fassadenrahmen und Steinwänden. Drinnen hängen Kronleuchter von der Decke, stehen Sofas mit bestickten Kissen neben gepolsterten Holzstühlen. Wir folgen dem Ober in einen großen Innenhof voller Gäste und grüner Bäume.

Von einem der Tische winkt uns eine Frau zu. Yara ist so schön wie die Frauen unten auf der Straße. Sie trägt moderne Kleidung, eng anliegend und stilsicher. Michael und sie begrüßen sich auf französische Art mit drei Wangenküsschen. Sie kennen sich aus dem Irak, wo sie eine Zeit lang die dänischen Soldaten begleitet haben. Geboren und aufgewachsen in Glostrup, hat Yara an der Universität Kopenhagen studiert und als Dolmetscherin für die dänischen Truppen im Camp Eden gearbeitet. Jetzt lebt sie hier in dieser Stadt.

Ich stelle mich ihr und einer zweiten Frau vor, die am Tisch sitzt. Fayruz ist etwas älter als Yara und traditionell gekleidet.

Sie trägt Kopftuch und ein grünes Gewand mit aufgestickten Mustern. Als ich ihr die Hand entgegenstrecke, kommen mir plötzlich Zweifel. Vielleicht will sie einem Mann nicht die Hand geben? Sie bemerkt mein Zögern und entkräftet es mit einem warmen Händedruck und einem Lächeln.

Die beiden Frauen bestellen für uns, und kurz darauf ist der Tisch vor uns farbenfroh gedeckt. Wir essen, rauchen Wasserpfeife, und Libanons exotische Küche breitet sich vor mir aus. Hin und wieder vergesse ich völlig, dass ich Teil eines Gesprächs bin.

Während wir essen, erklärt Yara Michael, welche Bilder sich Save the Children von ihm wünscht. Er soll den Alltag der Kinder in Schatila fotografieren, ihren Schulweg, die Unterrichtsräume und die medizinischen Versorgungszentren. Außerdem möchte die Hilfsorganisation, dass er die Einrichtungen und Anlagen im Lager beziehungsweise ihr Nichtvorhandensein dokumentiert, sodass man einen Eindruck von den Verhältnissen bekommt, unter denen die Flüchtlinge leben. Die Bilder brauchen sie, um die Arbeit von Save the Children darstellen, auf die Bedingungen für die Kinder in Flüchtlingslagern aufmerksam machen und Sponsoren gewinnen zu können. Fayruz wird uns Schatila zeigen. Sie unterrichtet dort draußen, ist jeden Tag da und kennt alle. Ihr Englisch ist nicht gut, weshalb Yara mitkommen und dolmetschen wird.

Zurück im Hotel schicke ich eine SMS an Annemette, bevor ich schlafen gehe. »Ich vermisse dich«, schreibe ich, hauptsächlich weil ich denke, dass ich es schreiben muss. Kurz darauf kommt die Nachricht: »Ich dich auch. LG A«.

17

Wir warten in der Lobby, als eine Autohupe drei kurze, unge-
duldige Töne von sich gibt. Yara steht vor dem Hotel, als wir
auf die Straße rauskommen. Fayruz sitzt auf dem Beifahrersitz,
Michael und ich zwängen uns auf die Rückbank des kleinen
Nissan Micra. Michael hat nur ein paar kleine Kameras in einer
Schultertasche bei sich, die er auf dem Schoß hält. Dann beginnt
eine weitere Fahrt durch den atemberaubenden Verkehr. Halb
zu uns gewandt, erklärt Yara, worauf wir beim Besuch des Lagers
achten müssen, während sie gleichzeitig einen jungen Kerl auf
einem Motorroller anschreit, der aus einer Seitenstraße vor ihr
auf die Fahrbahn schießt. Hinten drauf sitzt ein kleiner Junge
und lacht uns an. Wie ein zweiter Michael Schumacher schafft
es Yara auf beeindruckende Weise, den Nissan zu beschleuni-
gen. Und sie ist bei Weitem nicht die einzige Rennfahrerin auf
dieser Strecke.

»Ihr dürft in Schatila nicht fotografieren, solange wir keine
Genehmigung haben. Tut ihr es trotzdem, dann bitte so, dass
es nicht auffällt. Die Bewohner kommen sich sonst wie eine
Touristenattraktion vor.«

Dann klingelt ihr Handy. Sie führt ein kurzes Gespräch,
fuchtelt gleichzeitig drohend in Richtung anderer Fahrer mit

den Armen in der Luft herum und erklärt uns wie eine Art Touristguide, welche Sehenswürdigkeiten gerade draußen vorbeirauschen. Dann tippt sie ein paar SMS, während sie in einen Kreisverkehr donnert und sich auf die innerste Fahrbahn durchschlägt, nur um plötzlich auszuscheren und abzubiegen. Hinter uns jaulen die abgewetzten Bremsen eines Transporters auf, und zorniges Hupen verfolgt uns. Yara ist gänzlich unbeeindruckt. Niemand fährt hier aggressiv, alle gehen nur einfach davon aus, dass die anderen auf der Straße Idioten sind.

Auf dem Weg zum Flughafen liegt Dahiya, die verfallenen Viertel, die wie ein Geschwür an Beirut hängen. Hier leben überwiegend Schiiten, und seit 1949 gibt es in diesem Stadtteil das Schatila-Lager. Damals errichtete das Rote Kreuz eine Zeltstadt für palästinensische Flüchtlinge, die aus ihren Dörfern im nördlichen Israel vertrieben worden waren. Yara übersetzt ins Dänische, was Fayruz auf Arabisch erklärt. In dem Lager, das ungefähr einen Quadratkilometer groß ist, leben offiziell zehntausend Menschen, tatsächlich sind es aber weit mehr. Palästinenser dürfen im Libanon keinen Grund und Boden besitzen, weshalb Schatila nicht in die Breite wachsen kann. Darum baut man in die Höhe. Es gibt eine Menge Branchen, in denen Flüchtlinge nicht arbeiten dürfen, zweiundsiebzig, um genau zu sein, unterstreicht Fayruz, und sie haben kein Stimmrecht und keinen Zugang zu öffentlichen Schulen. UNRWA, eine Organisation der UN, sorgt dafür, dass die Kinder im Lager Unterricht bekommen dürfen.

Vorsichtig frage ich: »Warum werden sie so hart behandelt?«

»Alle hassen sie«, antwortet Yara. »Alle hoffen, dass sie eines Tages zurückgehen.«

Wir erreichen einen Checkpoint, an dem staubige Zementblöcke und Stacheldraht die Straße versperren. Ein bewaffneter Soldat winkt uns durch, und wenig später hält Yara an. Ich sehe durch die Seiten-, dann durch die Heckscheibe.

Das hier ist kein Ort, an dem ich sein möchte. Erst recht nicht allein. Yara, Fayruz und Michael steigen aus. Ich zögere. Wieder fühle ich mich wie ein Leuchtturm, als ich neben dem kleinen Nissan stehe. Michael leuchtet ebenfalls, aber ihm macht es anscheinend nichts aus.

Das Viertel ist ganz anders als das Beirut, das ich bisher gesehen habe. Verarmt, heruntergekommen und deprimierend. Die Gebäude scheinen alle Hoffnung auf eine bessere Zukunft aufgegeben zu haben. Langsam zerfallen sie zu Staub und legen sich rieselnd auf die Erde, ein unendlich langer Selbstmord. Vielleicht reißen sie einige der Bewohner mit in den Tod, die sich wohl irgendwann von ihren Balkonen stürzen.

Ich gehe hinter Michael. Wie in alten Zeiten komme ich nur mit. Damals nannten wir mich Assistent, nur aus Spaß, aber jetzt stelle ich mich tatsächlich so vor. Fayruz und Yara gehen vor uns. Vollgestopfte Kioske, auf Metallstützen errichtet, staubige Läden und Rinnsteine voller Abfall säumen die Straße. Plastikflaschen, zusammengeknüllte Zigarettenschachteln und einzelne Sandalen. Es sind viele Menschen unterwegs, ausschließlich Männer. Das Freitagsgebet ist gerade zu Ende gegangen. Motorroller mit lachenden und bärtigen jungen Männern, die mit den Armen fuchteln, zerteilen die Menschenmenge. Traditionelle Kleidung, aber auch Jeans und T-Shirts und Jungs in Fußballtrikots sind zu sehen. Alle glotzen uns an, und ich versuche, ihre Gemütslage einzuschätzen. Sie wirken nicht feindlich gesinnt, aber sie lächeln auch nicht. Sie behalten uns einfach nur im Auge, während wir aneinander vorbeigehen.

Fayruz biegt in eine überdachte Gasse ein.

»Hier ist der Eingang zum Lager«, sagt Yara und dreht sich halb zu uns um.

Ich dachte, wir seien längst dort, aber jetzt passieren wir ein Tor, hinter dem die Straßen noch schmaler werden. Die Mauern auf beiden Seiten streifen beinahe unsere Schultern.

Ein Regenguss hat überall stinkende Pfützen hinterlassen, und aus einem einsamen Kanaldeckel blubbern Fäkalien nach oben. Die überfüllten Straßen aus Erde, Sand und Steinen verdienen ihre Bezeichnung nicht. Es gibt keinen Asphalt, kein Kopfsteinpflaster, keine richtigen Wege. Hunderte von Stromleitungen sind quer darüber gespannt, wie ineinander verknäulte Spaghetti. Dazwischen verlaufen schwarze Gummirohre, aus denen Wasser tropft und zum Teil auf den Leitungen verdampft. Es hört sich an, als würde man Spiegeleier in einer heißen Pfanne braten. Wir bleiben vor einem Haus stehen, das einer schiefen Hochzeitstorte ähnelt. Sieben Etagen aus minderwertigen Baumaterialien, irgendwie zusammengeklatscht, und eigentlich müsste unten ein großes Schild hängen: Vorsicht, Einsturzgefahr!

Unauffällig macht Michael ein paar Bilder mit seinem Handy, während mir ein paar Einschusslöcher in der Fassade auffallen. Vielleicht kam es hier 1982 zu dem Massaker, bei dem christliche Phalangisten mordeten und vergewaltigten und die israelischen Truppen zusahen.

Wir gehen durch die schmalen Gassen, in denen das Leben pulsiert. Unzählige Motorroller bahnen sich mit hitzigen Beschleunigungen und qualmenden Auspuffrohren ihren Weg zwischen den Fußgängern. Es gibt kleine Geschäfte, verdreckte Werkstätten und Leute, die einfach nur dasitzen. Sie betrachten uns mit gleichgültigen Mienen, mit zusammengekniffenen Augen oder mit Neugierde. Vielleicht denken sie: noch mehr Journalisten, die unsere abgedroschene Geschichte erzählen wollen. Begreift es endlich, sie ist allen scheißegal. Einige spielende Kinder hüpfen zwischen hohen Müllhaufen herum. Alles ist trostlos und erbärmlich. Die Mauern sind mit Graffiti und arabischen Schriftzeichen besprüht, über unseren Köpfen hängen Fahnen. Auf einigen blickt uns Arafat mit Sonnenbrille entgegen. Er gleicht einem Rockstar, und als solchen betrachten die

Palästinenser ihn wohl auch. Auf anderen Fahnen sind andere Männer zu sehen, und Yara flüstert mir zu, sie seien Märtyrer.

Fayruz bleibt vor einer offenen Tür stehen. Ein junger Kerl mit Bartflaum lehnt im Türrahmen und raucht langsam eine Zigarette ohne Filter.

»This way«, sagt sie in ihrem dürftigen Englisch, und wir folgen ihr durch einen langen Gang, der in ein Büro mündet. Seit meiner Ankunft im Libanon ist mir schon mehrfach aufgefallen, dass es hier besonders breitschultrige Männer gibt, und ein solches Exemplar steht nun vor uns. Eine gewaltige Faust wird uns hingehalten.

»Marhaba«, sagt der Mann.

Der schwarze Schaft einer Pistole ragt aus seinem Gürtel, und unauffällig trete ich einen Schritt hinter Michael zurück.

Wir stehen im Büro der Fatah, die als eine Art inoffizielle Polizei so etwas wie eine Aufsicht über das Lager führt, sagt Yara auf Dänisch, damit der Mann nicht versteht, worüber wir sprechen. Während sie redet, betrachte ich ihn unauffällig. Auf einem großen Schreibtisch, der aussieht, als sei er aus Stein gemeißelt, liegt eine schwarz-weiß karierte Schirmmütze. Sie sieht aus wie die Zielflagge der Formel 1, und ich muss an die Fahrt hierher denken. Statt eines Logos prangt oberhalb des Schirms ein Bild von Jassir Arafat, einem der Gründer der Fatah.

Wir nehmen auf einem Sofa Platz. Ein Junge bringt uns Mangosaft und Mützen, die so aussehen wie die auf dem Tisch. Mit einer Handbewegung scheucht der Breitschultrige ihn aus dem Raum und setzt sich hinter den Schreibtisch. Er ist jünger als ich, sein Haar kurz geschnitten, und er trägt Levis und ein T-Shirt. Er sieht aus wie ein Gangster. Vielleicht ist das ein ungerechtes Urteil, aber ich weiß nun mal, was er im Gürtel trägt. Hinter ihm hängen einige Bilder: Jassir Arafat mit seiner klassischen Kufiya um den Kopf, der aktuelle Anführer

Mahmoud Abbas im Anzug und Saddam Hussein in Uniform. Auf beiden Seiten des Schreibtischs stehen zwei große Flaggen: die palästinensische und die gelbe der Fatah.

Früher war Arafat der Feind des Westens, die PLO das Schlimmste, was man sich in Dänemark vorstellen konnte, und die Fatah wurde als ein Haufen von Terroristen angesehen. Und jetzt sitze ich im Büro der Fatah und spüre die Anspannung, die als schwaches Zittern meine Arme hinunterläuft.

Michael nimmt eine kleine Kamera aus seiner Schultertasche, eine Leica M Monochrom, sein Lieblingsmodell, und zeigt sie dem Mann. »We take photo of camp.« Aus irgendeinem Grund begibt er sich sprachlich auf das Niveau seines Gegenübers.

Der Mann nickt. »One second.« Er zieht eine der Schreibtischschubladen auf und nimmt einen Schlüsselbund heraus. »Soon Fadil come. He show you.« Er zeigt auf einen Stahlschrank links des Tisches, der besser in eine Kaserne als in ein Büro passt. Die Schlüssel klimpern, als er aufschließt. Die Schlösser rasseln, und wir können in die Dunkelheit hinter den geöffneten Türen blicken; es ist ein Waffenschrank, voll mit Maschinenpistolen. Er nimmt eine heraus.

»Picture?«

Zuerst will ich sie nicht nehmen, aber er und Michael bestehen darauf. »Komm schon.« Langsam stehe ich vom Sofa auf, und der große Mann reicht sie mir. Sie fühlt sich kalt an, als ich den Griff packe, der perfekt in meine offene Handfläche passt. Ich habe noch nie eine Waffe in der Hand gehabt, nur ein Luftgewehr, und ein seltsames Gefühl ergreift Besitz von mir. Es hat etwas Abstoßendes und gleichzeitig etwas Faszinierendes, eine tödliche Waffe zu halten.

»Here, here«, sagt der Mann und deutet hinter den Schreibtisch. Mit Arafat, Abbas und Saddam Hussein als Zuschauern macht Michael ein paar Bilder von mir. »Jetzt kannst du Ministerpräsident werden«, lacht er.

Ich runzle die Stirn.

»Erinnerst du dich nicht mehr an das Bild mit den Mudschaheddin?« Michael lächelt.

Dann fällt mir der kleine, rundliche Mann mit den Apfelbäckchen, der Kopfbedeckung und der Kalaschnikow ein, unser Ministerpräsident, und mit einer hastigen Bewegung gebe ich dem Mann die Maschinenpistole zurück.

Ein Kerl in rotem Hemd kommt in das Büro. Seine Energie ist ansteckend. Er raucht und redet mit den Armen wie ein Italiener. Ein Tornado, der von einem zum anderen fegt. Schimmerndes Goldarmband und teure Lederschuhe, er macht nicht den Eindruck eines armen Mannes, eher den eines zwielichtigen Typen, der den richtigen Ort für seine Geschäfte gefunden hat, illegal hin oder her.

Fadil wird uns durch das Lager führen. Ist er bei uns, wird uns niemand daran hindern, Fotos zu machen. Zusammen verlassen wir das Büro. Fadil redet mit allen, denen er begegnet, laut und gestikulierend. Es ist unübersehbar, dass man ihm und der Fatah Respekt entgegenbringt. Michael beginnt zu knipsen. Wir besuchen die Schule. Die Kinder stehen auf und begrüßen uns im Chor. Mit der Unterstützung von Fayruz und Yara sprechen wir mit einigen von ihnen. Michael macht Nahaufnahmen und bringt sie mit ein paar Späßen dazu, sich zu entspannen. Wir schneiden Grimassen, lachen, und Fadil stimmt einen Justin-Bieber-Song an. Es gibt keine Spielplätze, keinen Bolzplatz, nichts. Sie leben nur wenige Kilometer vom Meer entfernt, werden es aber wahrscheinlich nie zu sehen bekommen. Sie sind Gäste in einem Land, das ihren Besuch nicht will. Die Lebensbedingungen, die sanitären Anlagen und alles, was ich in Dänemark als selbstverständlich betrachte, sind hier unter aller Würde. Aber trotz dieser Tatsachen ist es lebensbejahend zu sehen, wie sowohl die Kinder als auch die Erwachsenen es schaffen, in all dem einen Sinn zu sehen.

Nachdem wir das Lager einmal durchkämmt haben, verabschieden wir uns von Fadil. Wir kennen ihn erst seit ein paar Stunden, trotzdem sagt er auf eine Art Auf Wiedersehen, als seien wir alte Freunde. Durch die schmalen Straßen gehen wir Richtung Ausgang, und ich spüre einen Anflug von Erleichterung darüber, dass wir gleich wieder im Auto sitzen.

Dann bemerke ich zwei Jungs, die in einer der Gassen Fußball spielen. Sie dribbeln, schießen und treffen ins Tor, obwohl es keins gibt. Dabei kommentiert der Größere, der vielleicht sieben oder acht Jahre alt ist, jede Szene, und ich höre Namen wie Messi, Ronaldo und Zlatan. Dem Kleineren rutscht der Ball unter dem Fuß durch, und er rollt bis zu mir. An einigen Stellen ist das Leder abgerissen. Mit einem kräftigen Tritt befördere ich ihn zu den Jungen zurück, und sie rufen Beckham hinter mir her, als ich mich umdrehe.

Die Straße vor mir ist leer. Kein Michael, keine Yara, keine Fayruz. Nur ein paar Fahnen wehen in der sanften Brise. Die Leitungen über meinem Kopf knistern. Wo sind die anderen? Ich sehe in alle Richtungen. Niemand. Mein Puls beschleunigt heftig. Ich laufe los. Schnell. Bleibe an einer Ecke stehen. Niemand. Laufe wieder. Ruhig, ganz ruhig. Wovor hast du Angst? Hinter der nächsten Ecke steht eine Gruppe Männer. Ihre Unterhaltung verstummt abrupt, als sie mich sehen. Es ist, als würden mich alle anstarren. Keine freundlichen Mienen. Weiter. Brennend heiß spüre ich ihre Blicke im Rücken. Mein Gesicht ist warm und feucht. Warum haben die anderen nicht auf mich gewartet? Ein Motorroller knattert lautstark auf mich zu, und ich weiche aus. Werfe mich in eine Seitengasse. Eine Frau kommt aus einem der Häuser, und ich stoße mit ihr zusammen. Ihr Wäschekorb fällt auf die Erde. Ich entschuldige mich, hebe ein paar der Kleidungsstücke auf und reiche sie ihr. Sie schimpft, droht mir mit geballter Faust. Ich laufe. Was zum Teufel soll ich tun? Eine Gasse sieht aus wie die andere. War ich hier nicht schon? Laufe ich im Kreis? Sind das dieselben Fahnen, dieselben Gebäude? Alles sieht gleich aus. Arafat mit Sonnenbrille, Leitungen wie ineinander verknäulte Spaghetti. Ich bleibe stehen. Keuche. Mein Herz hämmert. Sie haben mich zurückgelassen. Ein Junge sieht mich an. Braune Augen. Ich werde sie nie finden. Er klopft mir auf den Arm. Beine und Gesicht brennen wie Feuer. Schweiß perlt herab, zeichnet Streifen auf mein T-Shirt. »Mister, mister.« Sein Finger zeigt in eine Richtung. Dann sehe ich eine Farbe, die nicht hierher gehört. Eine grüne Tasche auf einem Rücken. Sie biegt in eine schmale Gasse ab. Mein Mund ist trocken, die Beine laufen wie von selbst. Hämmern auf den Boden vor Erleichterung. Michael. Ich zittere vor Aufregung, als ich ihn einhole. Mein ganzer Körper pulsiert. Ich spüre gleichermaßen Freude und Angst. Und Gereiztheit.

»Ach, da bist du ja«, sagt Michael.

»Wo wart ihr denn auf einmal?«

»Wo warst du denn auf einmal?«, gibt er zurück.

Schweigend gehen wir zum Wagen. Yara lässt den Motor an, und wenige Augenblicke später passieren wir den Checkpoint. Auf dem Weg zum Hotel fühle ich mich wie ein Slumtourist, ein Reicher aus dem Westen, der in den Slums von Nairobi oder Mumbai ein paar Dollars auf die Straße wirft, um sich das Gefühl zu verschaffen, er wäre anders und würde etwas bewirken. Aber ich habe keine Dollars auf die Straße geworfen. Sie stecken alle noch in meiner Tasche. Und ich bin wohl nur um meiner selbst willen hier, um etwas zu erleben, und nicht wegen ihnen? Genau wie die Anbieter von Slumsafaris, die ihre Touren unter dem Deckmantel offerieren, den Armen helfen zu wollen, aber ausschließlich an ihr eigenes Bankkonto denken. Einmal las ich einen Artikel über reiche Russen, die sich das Erlebnis kaufen, arm zu sein. Einen Tag, eine Woche oder noch länger leben sie in einem Slum. Alles ist arrangiert. Die Menschen, mit denen sie es zu tun bekommen, sind keine Armen, sondern Schauspieler. Ein paar Sicherheitsleute sind auch dabei, denn die Reichen sollen ja keinen Schaden nehmen. Dann probieren sie aus, wie es ist, Hunger zu haben, für ein, zwei Stunden, oder wie es ist, im Freien zu übernachten. Danach fahren sie nach Hause in ihre Paläste, zeigen die Bilder ihren Freunden und sagen, sie wüssten jetzt, was es heißt, arm zu sein. Und schließlich kaufen sie sich ein neues Auto oder eine Jacht, um ein wenig Abstand zu gewinnen.

Zurück im Hotel sind wir immer noch nicht besonders gesprächig. Es bringt nichts, über Schatila zu sprechen, denn Worte können das Lager nicht beschreiben. Also setzen wir uns an die Bar und trinken. Hinterher liege ich mit weit offenen Augen im Bett. Ich denke an die Kinder, ihr aussichtsloses Leben und daran, dass in derselben Stadt Leute in millionenschweren Autos herumkurven. Und an das Gefühl der Anspannung, als ich die anderen verloren hatte.

18

Am nächsten Morgen finde ich einen Zettel an Michaels Tür, er sei im Café Younes, einer kleinen Kaffeerösterei nahe dem Hotel. Als ich mich zu ihm setze, lädt er gerade einige Bilder für Yara hoch. Das Wi-Fi im Le Commodore ist langsam. Deshalb ist er hier. Er zeigt mir eine Auswahl seiner Fotos. Normalerweise geben Bilder nur einen Bruchteil des Erlebnisses wider, aber Michaels Aufnahmen sind messerscharfe Dokumente. Sie zeigen Gesichter, Zustände und das ganze Lager, so wie ich es mit eigenen Augen gesehen habe. Ich bin von seiner Arbeit beeindruckt und sage es ihm, aber er zuckt nur mit den Achseln.

Ich bestelle eine Tasse Kaffee. Zwei Frauen, sicher Mutter und Tochter, spazieren am Café vorbei. Ihre Nasen sind mit kleinen Bandagen versehen. Michael sieht sie ebenfalls. Saudis, vermutet er. Beirut ist eine Freistatt für Golfaraber. Ihre religiösen Vorschriften hinterlegen sie am Flughafen im Schließfach. Hier können sich die Frauen kleiden, wie sie wollen, und junge Männer werden hierher geschickt, um sich die Hörner abzustoßen, bevor sie heiraten.

»Sie schwimmen im Geld, und bald gehört ihnen die halbe Stadt. Ist der Ausflug zu Ende, fahren sie zurück, die Frauen verschwinden wieder in der Abaya, und die jungen Männer holen den Glauben aus dem Schließfach«, sagt Michael.

Die Stadt ist eine Art Regenerationszentrum für alle möglichen Leute, Menschen aus den Golfstaaten, Kriegsfotografen und dänische Gymnasiallehrer.

Wir werden Beirut heute Abend verlassen und verbringen den Vormittag damit, der Stadt noch ein paar Erlebnisse abzutrotzen. Wir streifen umher und besuchen die Mohammed-al-Amin-Moschee, die neue, große sunnitische Moschee der Stadt. Die Kuppeln leuchten türkis in der Sonne. Sie ist umgeben von christlichen Kirchen mit Glockentürmen und weiteren Moscheen, ein Beweis dafür, dass Religionen nebeneinander existieren können, wenn sie sich Mühe geben. Auf dem Märtyrerplatz steht das Mahnmal zu Ehren derer, die 1916 von ottomanischen Truppen niedergemetzelt wurden. Es ist von Kugeln des Bürgerkriegs durchlöchert. Genau über diesen Platz verlief die Grüne Linie, die Front des Bürgerkriegs. Wir gehen die Damaskus Road entlang, einst die natürliche Grenze zwischen den Kriegsgegnern, auf der westlichen Seite die muslimischen Viertel und auf der östlichen die christlichen. An vielen Häusern hat der Krieg deutliche Spuren hinterlassen.

Wie Yara erzählte, wurden die am schlimmsten zugerichteten Gebäude abgerissen und durch mondäne Bauten ersetzt. Direkt neben den von Gewehrsalven verstümmelten Häusern kann man einen Caffè Latte oder einen Longdrink mit sexy Namen in einem der angesagten Cafés genießen. In der Nähe des Sodeco Square steht ein entstelltes Gebäude aus Kalkstein, Michael nennt es Bakarat Building. Wir schieben die Finger tief in die Einschusslöcher. Die Luft ist angenehm warm, aber die Mauer reibt kalt an meinen Fingern. Ich ziehe sie aus dem Loch, sage nichts, frage mich aber, ob die Kugel wohl auch einen Körper durchlöchert hat, bevor sie in den Stein einschlug. Aufgrund seiner Aussicht wurde das Bakarat Building von Heckenschützen genutzt. Ohne Übertreibung kann man es als abbruchreif bezeichnen.

Als wir wieder im Hotel sind, packen wir unsere Sachen. Ich habe Annemette versprochen, ihr etwas mitzubringen, habe aber bis jetzt noch nichts gefunden. Eine Schirmmütze mit Arafat-Emblem würde wahrscheinlich keine Jubelstürme auslösen. Vielleicht sollte ich einen aus Holz geschnitzten Esel oder eine Wasserpfeife kaufen?

Wir nehmen ein frühes Abendessen im Café Hamra zu uns. Sitzen im Innenhof des Cafés zwischen Palmen und Büschen. Gesättigt legen wir eine Hand auf den Bauch und lassen uns gegen die Rückenlehnen der weißen Plastikstühle fallen, atmen den Rauch der letzten Wasserpfeife ein, die wir uns auf dieser Tour gönnen. Wir schweigen. Allmählich lässt sich das Erlebte in mir nieder.

Wir trinken unser Almaza aus und fahren zum Le Commodore zurück. Keiner von uns bringt es über sich zu feilschen, als der Taxifahrer zwanzig Dollar verlangt. Am Flughafen schieben wir wortlos unsere Gepäckwagen vor uns her, ich kaufe Wein und Michael Süßigkeiten für seine Kinder.

Als wir im Flugzeug sitzen, sehe ich zu den Häusern hinüber, die die Berge hochklettern, und denke an die Menschen, denen wir begegnet sind: gestern Arnaud, Yara, Fayruz, Fadil. Morgen Annemette, Mathias, Lars.

19

Es ist Viertel nach zwei, als ich die Haustür hinter mir zumache. Ich stelle meinen Rucksack in den Flur und lausche einen Moment. Alles ist still. Nur die vertrauten Geräusche des Hauses geben sich die Ehre, das leise Brummen des Kühlschranks, das Windspiel, das schwache, undefinierbare Summen, das beim Kauf des Hauses eingepreist war. So leise kann Beirut gar nicht sein.

Der Spiegel neben der Garderobe bestätigt meine Anwesenheit. Lange sehe ich mich an, suche nach Veränderungen oder kleinen Abweichungen. Bin ich derselbe Mann, der nach Beirut geflogen ist?

Ich krame meinen Kulturbeutel aus dem Rucksack. Alles geht ganz still vor sich. Ich putze die Zähne und schäle mich aus meinen Sachen. Als ich das Schlafzimmer betrete, bemerke ich Annemettes Duft. Ich lege mich zu ihr, küsse sie sanft im Nacken und sehe ein, dass ich sie vermisst habe, nicht sehr, aber doch vermisst. Sie murmelt ein Hallo. Ich will ihr ein wenig erzählen, bevor ich morgen den großen Reisebericht abgebe, aber sie ist schon wieder weit weg und schläft tief und fest.

Mein Kopf kommt nicht zur Ruhe. Er bearbeitet, analysiert und filtert. Die gestochen scharfen Leuchtziffern des Weckers irritieren mich. Ich kann nicht anders als auszurechnen, wie wenig Stunden Schlaf mir bleiben, bevor ich zur Arbeit muss. Irgendwann sacke ich endlich weg.

Als ich aufwache, reibe ich mir die Augen und ziehe die Beine an. Außerhalb der Decke wartet die Kälte. Ich schiebe das Aufstehen vor mir her und lausche Annemettes Morgenroutine. Die digitalen Zahlen ziehen mir schließlich das Plumeau weg, und ich verlasse das Bett. Im Badezimmer läuft das Radio. Ich pinkle, während ich der ruhigen Stimme des Nachrichtensprechers zuhöre. Schon bevor wir geflogen sind, hatten in Tunesien Volksaufstände Präsident Ben Ali gezwungen, die Macht abzugeben, und jetzt erfahre ich, dass der Zorn des Volkes über die libysche Wüste hinweg, wo niemand es wagt, sich gegen Gaddafi zu erheben, nach Ägypten geweht ist. Auf dem Tahrir-Platz fordern die Massen den Rücktritt Hosni Mubaraks, und auch im Jemen und im Oman ist Volkes Stimme lauter geworden.

Das Duschbad spült die Müdigkeit nur äußerlich ab, und der Spiegel verrät, dass sich Ränder unter meinen Augen eingegraben haben. Hat sich womöglich der Gedanke an einen Arbeitstag im Laufe der kurzen Nacht unter die Haut gegraben?

»Hej, Paps.«

Trotz der Müdigkeit verspüre ich Freude, und Mathias' Anblick verstärkt das Gefühl. Seine Nähe, die Leichtigkeit in seiner Stimme, der Duft seines Deodorants zusammen mit dem Dunst aus der Duschkabine, der das Badezimmer einnebelt. Ist er doch nicht so apathisch, wie ich manchmal denke? Verbirgt sich hinter den hormonell bedingten Stimmungsschwankungen trotz allem ein sensibler junger Mann?

»Alles okay?«, frage ich.

»Tja.« Sein Spiegelbild leuchtet förmlich vor Konzentration, während er sorgfältig seine Frisur stylt.

»Auf dem Küchentisch liegt Toblerone. Die große Packung ist für dich.«

»Danke. Wir sehen uns.«

Ich höre ihn nach unten in sein Zimmer gehen. Der kurze Austausch hebt meine Stimmung noch mehr, und ich spule den Augenblick zurück und lasse ihn wieder ablaufen. Er hat mich angesprochen und nicht umgekehrt, oder? Er hat gesagt »Wir sehen uns«, als würde er sich tatsächlich darauf freuen, oder? Ich ziehe ein Hemd an, was ich normalerweise nicht tue, betrachte mich im Spiegel und überlege einen Moment lang, ob ich mir einen Bart stehen lassen soll.

Annemette stellt gerade ihren Teller und ihre Kaffeetasse in die Spülmaschine.

»Und? War's schön?«, fragt sie, ohne sich umzudrehen.

»Sehr«, antworte ich und will anfangen zu erzählen, schaffe es aber nicht, bevor sie mich auf die Wange küsst.

»Tschüss, Schatz, du kannst mir heute Abend alles erzählen.«

Mit einer Tasse Kaffee in der Hand setze ich mich an den Küchentisch. Durch das Fenster kann ich in den Garten sehen, den Schnee, der auf der Wiese liegt, die Vögel, die sich am Futterbrett gütlich tun, die gedeckten winterlichen Farben. Hier ist es zu still. Und die wenigen Geräusche, die es gibt, trauen sich kaum, zu sein. Das Gurgeln der Kaffeemaschine, das sich wie ein leiser und undefinierbarer Monolog aus einer TV-Serie anhört, das leise Klimpern des Windspiels. Oft sehne ich mich danach, allein zu sein. Wenn es dann passiert, wird mir klar, wie wenig ich mir inzwischen selbst zu bieten habe. Mein Leben ist oberflächlich, ohne Tiefe. Ich stehe auf, ich bin, ich komme nach Hause. Abends sehe ich mir Dinge im Fernsehen an, die mich eigentlich nicht interessieren; einen Reisebericht über einen Segeltörn, bei dem die Hauptperson darauf besteht, Skipper genannt zu werden, ein Programm, in dem B-Promis Sendezeit bekommen, wenn sie so tun, als wollten sie eine

Villa am Strand kaufen, und erklären, wie sie sie einrichten werden, eine Kochsendung, bei der ich sofort wieder vergesse, ob man das Gericht besser mit Sanddorn oder doch lieber mit Christusdorn garniert, was der neueste Schrei sein soll.

Ich denke an die Aussicht von Arnauds Terrasse und die Tropfen, die an der gekühlten Weinflasche hinunterliefen. Ich denke an den Geschmack von Wasserpfeifentabak. Dann sehe ich auf die Uhr; es ist Zeit.

Als ich nach Hause komme, schlafe ich eine Stunde. Annemette ist zur Elternversammlung in der Schule, also mache ich mir Spiegelei auf Schwarzbrot. Hinterher sehe ich mir die Bilder an, die ich auf unserer Tour gemacht habe, die Corniche, das Holiday Inn, das Saint-George-Hotel, die Mohammed-al-Amin-Moschee, und ich durchlebe alles noch einmal. Als Annemette später zur Tür hereinkommt, bin ich regelrecht aufgekratzt.

Ich will sie umarmen, aber sie ist müde. »Lass uns einfach chillen, ja?«

Auf dem Sofa zieht sie die Strümpfe aus und seufzt. »Jetzt brauche ich ein Glas Wein.«

Am Flughafen habe ich ein paar Flaschen libanesischen Wein gekauft und entkorke eine davon. Wir probieren ihn.

»Ich wusste gar nicht, dass es da unten Wein gibt.«

»Sie machen fantastischen Wein«, sage ich. Wir genießen unser Glas schweigend, denn ich spüre, dass es das ist, was sie gerade braucht. Etwas Ruhe im Kopf, dann ist sie auch gleich so weit, sich meine Geschichte anzuhören.

»Und wie war Beirut?«

Ich beginne zu erzählen. Sie nickt geistesabwesend, und ich bemerke, dass sie an mir vorbei auf die Uhr am Fernseher sieht.

»Jetzt kommt ein guter Film«, sagt Annemette.

»Okay«, antworte ich.

Eine Viertelstunde später ist sie eingeschlafen.

20

Zwei Tage nach meiner Rückkehr kommen Gäste zum Abendessen, die Annemette eingeladen hat. Frank, Selfmade-Immobilienmakler mit inzwischen drei Büros, Hauptsitz in der Herlev Hovedgade, geht mir noch mehr auf die Nerven als gewöhnlich. »Sie machen Pause, wir finden ihr zu Hause« lautet der Slogan, der auch auf seinem Kragen steht. Vielleicht hätte er in jemanden investieren sollen, der etwas von Rechtschreibung versteht, statt in türkisfarbene Poloshirts. Er ist der Typ, der sich *Ratgeber Geld* mit einer Schüssel Popcorn auf dem Schoß ansieht und den *Aktionär* auf dem Klo liest. Alles, was ich weiß, weiß er auch, und zwar besser. Er hält mich für ein Weichei, und ich ertrage ihn nur, weil Lisbeth Annemettes beste Freundin ist.

Nach dem Hauptgericht hilft Lisbeth Annemette, alles in die Küche zu bringen, und ich schenke Frank und mir Wein nach. Als das Thema Fußball ausdiskutiert ist, gerät unsere Unterhaltung ins Stocken. Widerstrebend quälen sich die Sätze über den Tisch, bleiben hängen und verschwinden erst wieder, wenn zögernd neue Worte hervorgebracht werden. Wart ihr Weihnachten zu Hause? Wo wollt ihr in den Sommerferien hin? Habt ihr die Hauskredite umgeschichtet, als die Zinsen günstig waren?

Während wir Annemettes selbst gemachtes Orangensorbet genießen, starten sie und Lisbeth ihren üblichen Wettbewerb: Mein Kind ist besser als dein Kind. Sie steigern sich zunehmend. Mathias und Anders sind gleich alt. Mathias' Talent auf dem Fußballplatz gleicht Anders' am Klavier aus. Ihr Schlagabtausch setzt sich fort, und ich schenke Portwein ein. Annemette lügt. Das Bild, das sie von Mathias zeichnet, stimmt nicht mit der Wirklichkeit überein. Laut ihren Äußerungen kann er alles, kommt bestens in der Schule zurecht, aber die Wahrheit ist, dass wir seit Langem nicht mit ihm gesprochen haben. Wir wissen nichts über ihn. Außer, dass er ein stinkend fauler Teenager ist, der einen ordentlichen Tritt in den Hintern braucht. Er glaubt, er sei als Minijobber mit Lohnkostenzuschuss in unserer Familie angestellt, eine Art Lebenseingliederungsprojekt. Und seine Mutter bestätigt die Beschäftigungsbedingungen Tag für Tag. Lisbeth gewinnt den Wettbewerb, als sie mit Katrine auftrumpft. Sie ist vierzehn und Schülersprecherin. Nicht einmal mit Cecilie können wir sie schlagen, und Annemette sieht ihre Niederlage ein und räumt die Teller ab.

Ich schaue diskret auf die Uhr, aber Frank bemerkt es.

»Tolle Tour? Oder Tortur?« Er kichert über sein Wortspiel, noch bevor er es zu Ende gebracht hat.

Ich zucke mit den Achseln.

»Lisbeth und ich waren mal in Marokko, schmeckte alles nach Zimt da unten. War das erste und das letzte Mal. Alles Banditen da unten.«

Er erzählt eine Geschichte von einem Teppichhändler, und ich achte darauf, an den richtigen Stellen zu nicken.

»Beirut, ist das nicht ein bisschen weit weg von zu Hause für dich?«

Ich setze mein Ich-weiß-nicht-recht-Gesicht auf und denke, dass er so ziemlich der Letzte ist, mit dem ich meine Erlebnisse teilen will. Er würde sowieso nichts verstehen.

»Was zum Henker willst du in einem Land, in dem Bürgerkrieg herrscht?«

Mit meiner Gymnasiallehrerstimme erkläre ich ihm, dass der Bürgerkrieg seit 1990 zu Ende ist; die meisten Dänen glauben irrtümlicherweise immer noch, im Libanon gebe es nichts als Tod und Zerstörung. Es herrscht Frieden im Land, es ist ein schönes Land, und abends in Beirut fühlte ich mich sicherer als abends in Kopenhagen. Während ich rede, checkt Frank etwas auf seinem Handy.

Wir sehen uns viel zu selten, wir sollten uns bald mal wieder treffen, bestätigen wir uns alle vier später im Flur. Ich sage zu Annemette, dass ich den Abwasch übernehme.

Bevor ich ins Bett gehe, packe ich meine Tasche für den nächsten Tag. Damals, als ich frisch von der Uni kam, war ich inspiriert und voller Tatendrang. Ich wollte meinen Schülerinnen und Schülern etwas beibringen, wollte bilden und ausbilden. Jetzt ist alles Routine. Ich halte mich sklavisch an die Lehrbücher, aber die Vorbereitung auf Beirut hat etwas in mir wachgerüttelt. Plötzlich fühle ich wieder den Drang, mein Wissen an junge Menschen weiterzugeben.

Im Arbeitszimmer fahre ich den Computer hoch. Sehe auf die Uhr. Halb eins. Dann fange ich an und spüre die Vorfreude, meinen Schülern etwas Neues, gut Vorbereitetes zu präsentieren. Sie werden davon profitieren, schließlich leben sie von der Begeisterung ihres Lehrers. Es ist nach drei, als ich mich neben Annemette ins Bett lege.

21

»Aber wir sollten doch die vierunddreißig Seiten über den dänischen Wohlfahrtsstaat lesen, oder?«

»Das bringt eh nichts. Der Wohlfahrtsstaat wird abgewickelt, in ein paar Jahren gibt es ihn nicht mehr.« Mein letzter Kommentar überrascht nicht nur mich selbst.

»Legt die Bücher weg, wir machen etwas anderes.« Ich lächle über das ganze Gesicht, um sie davon zu überzeugen, dass das neue Thema spannender ist als die Seiten über den dänischen Wohlfahrtsstaat. Ich hänge eine Karte auf. »Weiß jemand, wo Kairo liegt? Marwan, du darfst nicht vorsagen.«

Kurz bevor es klingelt, fragt einer der Jungen, der meist nur die anderen mit seinen Kommentaren zum Lachen bringen will: »Wo ist eigentlich unser Lehrer abgeblieben, dieser Niels, Sie erinnern sich?«

Hinterher kann ich es selbst sehen: Die ganze Stunde lang bin ich wie ein übermotivierter Fitnesstrainer vor der Tafel herumgehüpft. Aber nur so packt mich die Inspiration. In den nächsten Wochen verfolgen wir die Entwicklung in Tunesien und Ägypten genau. Zusätzlich zur *Information* abonniere ich noch ein paar Zeitungen, informiere mich im Internet und nutze die Frühstückspause, um mich auf den neuesten Stand zu bringen. Dasselbe tun wir in der Klasse. Ein paar Mal entdecke ich Michaels Copyright unter den Bildern. Er ist dort. Und er hat mir Bilder aus Kairo vom Tahrir-Platz geschickt. Ich zeige sie den Schülerinnen und Schülern und erzähle ihnen von seiner Arbeit als Fotojournalist. Sie hören interessiert zu, schneiden Zeitungsartikel aus, die wir im Klassenzimmer aufhängen. Tunesien, Ägypten, Libyen, Mohamed Bouazizi, der Anfang Januar 2011 seinen Brandverletzungen erlag, ohne zu ahnen, dass sein Handeln weltweite Konsequenzen haben würde. In Algerien, Marokko, Ägypten, Jemen, Bahrain, Libyen, Syrien fordert das Volk jetzt ebenfalls Demokratie. Angespornt vom Mut der Tunesier, die ihren Präsidenten zwangen, die Macht abzugeben, wagen auch die Ägypter den Aufstand gegen Hosni Mubarak. Tagelang donnern Schlachtrufe über den Tahrir-Platz, die den Rücktritt des Präsidenten und freie Wahlen verlangen. Mubarak geht und überlässt der Armee die Macht. Am Tag danach bringt Marwan Kuchen mit in die Schule.

Während die Ägypter seinen Abgang feiern, bricht die Revolution im Nachbarland Libyen offen aus. Demonstrationen gegen Gaddafis Regierung in der zweitgrößten Stadt Bengasi schwappen in den östlichen Teil des Landes. Es kommt zu gewaltsamen Zusammenstößen mit vielen Toten, aber rasch gewinnen die Revolutionäre die Kontrolle über große Teile des östlichen Libyen. Das inspiriert die Menschen in Zintan, Sawiya und Tripolis im Westen, und das Land gerät in einen veritablen Bürgerkrieg.

»Geht nach Hause und sagt euren Eltern, sie sollen den Fernseher einschalten. Es wird Geschichte geschrieben.«

Leider verliert das Projekt zusehends an Schwung. Allmählich hat die Klasse kein Interesse mehr daran, und einige sagen, es komme ihnen so vor, als mache ich das Ganze nur für mich selbst. Ein paar der ehrgeizigen Mädchen fragen, ob der

Stoff überhaupt auf dem Lehrplan steht und wir nicht bald mit einem neuen Thema anfangen müssten.

Irgendjemand informiert Lars, und ich werde in das Büro des Konrektors gerufen.

»Du weißt doch, wie der Hase läuft, Niels«, sagt Lars in aufgesetzt kollegialem Ton. »Du musst deinen Kernstoff durchbringen, damit die Schülerinnen und Schüler die fachlichen Zielvorgaben erreichen können. Und die stehen im Lehrplan. Du kannst nicht so viel Zeit mit einem Randthema verschwenden«, mahnt er freundlich, als wolle er die Machtverhältnisse zwischen uns unterstreichen.

Während er redet, vibriert das Handy in meiner Tasche. Ohne dass Lars es bemerkt, werfe ich einen kurzen Blick darauf. Eine SMS von Michael. »Bin in Libyen. Bald zurück in Kopenhagen. Sehen uns.«

22

In der Husumgade sind alle Parkplätze belegt, aber ich finde eine Lücke in der Bjelkes Allé. An der Ecke stehen zwei kleine Jungs hinter einem Maschendrahtzaun. Sie ziehen und reißen daran, dass es nur so scheppert. Sie erinnern an Tiere im Käfig, sind aber wohl nur zwei Jungs im Kindergarten. In der Stefansgade kommen mir Kinderwagen wie eine neue Rockerformation entgegen, flankiert von Christianiarädern, die die nächste Stufe der Evolution erreicht und sich zu Umzugswagen entwickelt haben. Junge Mädchen ziehen mit ihrer besten Freundin und junge Männer mit ihrer Liebsten zusammen. Es wird gewagt geparkt, es gibt Schulkinder und Pizza mit Ananas und Fossilien aus der Vergangenheit wie einen Waschsalon und das Café Lille Peter, es wird konsumiert und wiederverwertet, Pumaschuhe laufen neben Holzclogs, Hip-Hop und Hidschab, Eis und Haschisch sind im Angebot, Eigentumswohnungen, die Eltern an ihre studierenden Kinder vermieten, und Reste von sozialem Wohnungsbau.

Michaels Wohnung gleicht einem Museum oder zumindest der Heimatstube eines Mannes, der noch nicht gestorben ist. Dekoriert mit Fotografien vom Boden bis zur Decke. Die Geräusche von Nørrebro dringen herein, und ich höre, wie die Kühlschranktür aufgeht und wieder zufällt, während ich die Bilder studiere. Schiffswracks an einem Strand in Bangladesch, riesige verrostete Tanker und Frachter, zwischen denen Kinder knietief im Maschinenöl waten, auf der Suche nach Verwertbarem, während sich ihre Haut von den Armen schält. Ich frage mich, wer zuerst stirbt. Die Schiffe oder die Kinder? Ein Zeltlager in Darfur, ein unterernährtes Baby auf einer Bambusmatte, Kindersoldaten im Südsudan, dänische Soldaten in Helmand, verlassene Fischerboote an einem Strand in Somalia, Aufnahmen aus Kaschmir, Bosnien, Liberia und von unserem Besuch im Lager Schatila.

Und dann ist da dieses Bild aus Izmit, für das er mit einem der begehrtesten Preise seiner Zunft ausgezeichnet wurde, einem Visa d'Or. Es zeigt eine Familie. Hinter ihr sind die Reste ihres Hauses zu sehen, Staub und Trümmer. In den Armen hält der Vater seine tote Tochter. Ihr Bein ist direkt unterhalb der Hüfte zerschmettert. Sein Gesicht ist tränenüberströmt. Neben ihm steht wie versteinert seine Frau mit aufgerissenen, blutigen Händen. Gemeinsam haben sie die Tochter ausgegraben. Der Sohn trägt einen Verband um den Kopf, Blut läuft darunter hervor, läuft über sein Auge und seine Wange. Aus dem anderen Auge laufen Tränen und zeichnen weiße Streifen in das staubige Gesicht.

Michael steht hinter mir. Zwei Flaschen Bier stoßen leise klirrend aneinander, und er hält mir eine davon hin. »Nahaufnahmen wirken nur, wenn man hinter dem Grauen einen Funken Hoffnung erahnen kann. Ich habe Tausende toter Menschen fotografiert. Das berührt mich längst nicht mehr. Weinende Kinder dagegen, Kinder, die ihre Eltern, ihre Geschwister, einen Arm oder ein Bein verloren haben. Das drückt direkt auf die Tränendrüsen.« Er nimmt einen Schluck und gibt ein zufriedenes Seufzen von sich. »Ich war schon immer ein Abenteurer, das weißt du ja. Das hier sind meine Abenteuer.« Er zeigt auf all die

Bilder, die uns umgeben. »Am Anfang fühlte ich mich wie ein Dieb. Ich dachte, ich stehle ihnen etwas, wenn ich sie fotografiere. Jetzt ist es das, was ich kann.« Ich bemerke einen Ausdruck in seinem gezeichneten Gesicht, den ich nicht deuten kann. Das rastlose Flackern des Blicks, das kleine, schnelle Lächeln, das sofort wieder verschwindet, das alles kenne ich, seit seine Mutter starb. Damals gingen wir noch aufs Gymnasium. Jetzt ist es nur deutlicher zu sehen. Vielleicht ist es Desillusion, weil er weiß, dass seine Bilder keinen Krieg aufhalten können. Aber sie sollen dem Betrachter Fragen stellen. Keine Antworten geben. So hat er es einmal formuliert. Ein guter Kriegsfotograf fährt da hin, von wo andere fliehen. Ein guter Kriegsfotograf richtet den Blick auf den Konflikt und wendet sich nicht ab. Er richtet die Linse auf die Zivilisten, denn sie sind immer die Opfer. Immer sind sie es, die ihr Zuhause, ihre Heimat verlieren, die sterben, hungern oder vertrieben werden. Das will Michael den Dänen zeigen, das soll die ganze Welt sehen. Die Leute sollen nachdenken, verstehen und Verantwortung übernehmen. Er selbst trägt eine große Last auf seinen Schultern, und ich glaube, es quält ihn, die Kriegsgebiete dieser Welt als Arbeitsplatz zu haben.

Eins der Bilder an der Wand unterscheidet sich von den anderen. Merkwürdig grobkörnig, matt und unharmonisch in den Farben. Zwei Körper ohne Gesichter liegen dicht beieinander, wie in einer Umarmung.

»Sie hießen Admira Ismic und Bosko Krkic, sie liebten sich«, sagt Michael.

»Wo wurde es aufgenommen?«

»In Sarajevo, 1993. Man hatte ihnen versprochen, sie könnten sicher und unbehelligt die Sniper Alley passieren, Sarajevos berüchtigte Hauptstraße, und die Stadt verlassen. Hand in Hand liefen sie Richtung Vrbanjabrücke. Auf der anderen Seite wartete die Freiheit. Bosko wurde zuerst getroffen. Er war auf der Stelle tot. Der Schuss, der Admira Sekunden später von den

Beinen riss, verwundete sie tödlich. Auf allen vieren kroch sie noch zu Bosko, streichelte und umarmte ihn, bis sie ein paar Minuten später selbst ihren letzten Atemzug tat. Tagelang lagen sie so da, in den Armen des anderen, mitten im Niemandsland. Mark Milstein hat sie unsterblich gemacht. Sie werden Romeo und Julia von Sarajevo genannt. Niemand weiß, wer sie erschossen hat.« Michael macht eine lange Pause. »Diese Bilder sind es, die mich inspirieren.« Er zählt eine Reihe Fotografen auf: Robert Capa, Dickey Chapelle, Mathew Brady, Joe Rosenthal, Philip Jones Griffiths, Don McCullin.

»Hast du in Libyen ein paar gute Bilder gemacht?«

»Das kann man wohl sagen.«

»Wie war es in Libyen?«, frage ich.

»Ziemlich crazy.«

»Wo bist du gewesen?«

»In Bengasi. Da ging es richtig ab. Einmal abends habe ich einen Joint geraucht, mit einem Kollegen von Al-Jazeera. Danach habe ich geschlafen wie ein Murmeltier. Ich bin wach geworden, als das ganze Hotel wackelte. Der Putz rieselte von der Decke auf meinen Schlafsack, wie Schnee. Eineinhalb Stunden lang schlugen Artilleriegranaten in der Stadt ein. Häuser stürzten ein, ich konnte Rauch riechen und hörte die Einschläge, wie eine permanente Explosion. Dann rollten Gaddafis Panzer vom Süden und Westen her in die Stadt. Sie schossen auf alles, Aufständische, Zivilisten, Wohnhäuser, Läden, legten einfach alles in Schutt und Asche.«

»Hattest du keine Angst?«, werfe ich ein und trinke einen Schluck Bier. Ich höre mich an wie ein Kind, dem man eine Gespenstergeschichte erzählt. Und ich wünsche mir, dass er ja antwortet, denn dann kann ich ihn vielleicht verstehen.

»Ja, zum Teufel. Ich überlegte, wie ich aus der Stadt herauskommen könnte. Einen ausländischen Journalisten aufseiten der Aufständischen würden sie garantiert hinrichten. Aber gleichzeitig ...« Michael zögert einen Augenblick. »Gleichzeitig faszinierte mich meine Angst. Das klingt vielleicht verrückt, aber Angst kann eine wunderschöne Sache sein. Vollkommen und rein.«

Es ist in keiner Weise mit meinem Erlebnis in Schatila zu vergleichen, aber ich habe eine Ahnung von dem, was er meint.

»Von meinem Fenster aus konnte ich ein Jagdflugzeug am Himmel über Bengasi sehen«, fährt Michael fort. »Es stürzte ab und explodierte in einem schwarzen Rauchpilz, als es aufschlug. Unten auf der Straße jubelten ein paar Männer, brüllten Allahu Akbar. Später fanden sie heraus, dass es eins ihrer Flugzeuge war.

Gaddafis Truppen waren nur ein paar Kilometer vom Stadtzentrum entfernt. Die Übermacht war so groß, dass ich dachte, jetzt ist alles aus. Ich stand am Fenster und starrte auf die brennende Stadt. Aber dann kam alles anders. Französische Bomber donnerten über uns hinweg, und plötzlich standen die Panzer in Flammen. Wären die Bomber nicht gewesen, wäre Bengasi an diesem Tag gefallen, und wäre Bengasi gefallen, wäre der Krieg vorbei gewesen. Die Bomben der NATO haben die Wende im Krieg herbeigeführt.«

Er trommelt auf den Tisch, kann die aufgestaute Ungeduld nur mühsam kontrollieren, und es scheint, als habe er vergessen, dass ich hier bin. Ich spüre die Anspannung und die Ruhelosigkeit in seiner Stimme. Er erzählt, dass er eine weitere Tour nach Bengasi plant, schon bald.

Michaels Wohnung ist praktisch eingerichtet. Sie ist wie ein Atelier und ähnelt einem Laden, in dem man Kameras aller Art kaufen kann. Im Flur steht der Rucksack, gepackt und zur Abreise bereit, und ich denke, dass er immer dort steht. Michael ist stets auf dem Sprung. Ich weiß nicht, wie oft er seine Kinder sieht, aber in der Wohnung gibt es nicht viel Spielzeug. Ein einsamer Puppenwagen mit Blümchenmotiv steht in einem der Zimmer. Die blassen Beine einer Puppe hängen träge heraus und geben verglichen mit den ausdrucksstarken Fotos an den Wänden ein absurdes Bild ab.

Er spricht nie von anderen Freunden in Dänemark. Die Kollegen hingegen, denen er auf seinen Touren begegnet, lobt er in höchsten Tönen, bezeichnet sie als professionell, bewundernswert und mutig. Was Arnaud angeht, spricht er von einer Schicksalsgemeinschaft. Ihre Geschichten verbinden sie.

»Kommst du mit nach Libyen?«

Zuerst denke ich, er macht sich einen Spaß, also lächle ich nur. Er hat ja eben erst vom Krieg dort erzählt, und es klang ganz und gar nicht so, als sei das etwas für mich.

»Ich meine es ernst. Die Front verläuft jetzt ein ganzes Stück von Bengasi entfernt. Es ist, als ob du in Kopenhagen sitzt und die Front ist in Vejle.«

Er erzählt von der Atmosphäre und der Intensität, und es klingt sehr verlockend und gleichzeitig nach dem genauen Gegenteil. Außerdem muss ich mich um meine Arbeit kümmern. Und um die Familie.

»Wie gefährlich ist es?«, frage ich.

»Ich werde schon auf dich aufpassen.« Michael versichert mir, dass er mich natürlich nie irgendwohin mitnehmen würde, wo es gefährlich ist, aber ich weiß, dass er in der Regel eben genau dorthin geht, wo es am gefährlichsten ist. Es nützt ja nichts, im Hotel zu sitzen.

Ich versuche, mir einen Überblick zu verschaffen. »Und was ist die gefährlichste Situation, in die wir geraten können?«

»Kidnapping. Aber niemand bezahlt für einen Freiberufler, und in Libyen wird auch niemand entführt. Sie lieben uns aus dem Westen, weil die NATO Gaddafi Bomben aufs Haupt wirft.«

Als ich Michaels Wohnung verlasse, wundere ich mich über mich selbst, denn ich überlege tatsächlich, ihn zu begleiten. Du musst verrückt sein, Niels, sagen meine und Annemettes Stimme im Chor.

23

»Es ist, als ob du in Kopenhagen sitzt und die Front ist in Vejle.«
    »Das kann nicht dein Ernst sein.« Annemettes Stimme ist scharf. Ihr Blick streift unstet durch die Küche, weicht meinem aus. Als sie die Kühlschranktür schließt, baue ich mich vor ihr auf. Mit einer Körpertäuschung gleitet sie an mir vorbei.
    »Michael fährt zum dritten Mal da runter, er kennt sich aus. Glaubst du etwa, er würde mich irgendwohin schleppen, wo es gefährlich ist?«
    »Verdammt, Niels.« Annemette nimmt eine Schachtel Eier aus dem Kühlschrank.
    »Du hattest mit Beirut doch auch kein Problem.«
    »Da ist ja auch kein Krieg.«
    Sie knufft mich in die Seite, während ich mich von dem minimalen Risiko erzählen höre. Die schusssichere Weste und den Helm, die Michael mir leihen will, erwähne ich nicht. Auch nicht seine kleinen Ratschläge, wie zum Beispiel, keine synthetische Kleidung anzuziehen, sondern Baumwolle, weil das im Falle eines Feuers besser ist. Oder dass ich neutrale Kleidung mitnehmen soll, damit deutlich erkennbar ist, dass ich zu keiner der Kriegsparteien gehöre. Und an das Erste-Hilfe-Set zu denken, das man immer bei sich haben sollte.

Mit kurzen, hektischen Bewegungen schlägt sie Eier in eine Schüssel und muss ständig kleine Schalenstücke herausfischen. Ich spüre ihre Irritation wie Wärme, die aus einem offenen Backofen kommt.

Ich gebe auf, klemme meine Zeitung unter den Arm und gehe auf die Toilette, nicht weil ich muss, sondern um allein zu sein. Während des Essens spricht sie nicht mit mir und versteckt sich den Rest des Abends hinter einem Roman. Als ich ins Bett gehe, tut sie so, als würde sie schlafen. Ihre Atmung und die zuckenden Augenlider verraten sie. Sie wartet darauf, dass ich auf andere Gedanken komme und mich anders entscheide.

Am nächsten Tag rufe ich in der großen Pause Michael an. Eigentlich will ich nicht sagen, was ich sage.

»Ich glaube, du musst dich ohne mich auf die Socken machen.«

Am anderen Ende ist es eine Weile still. Dann höre ich, wie er die Lippen befeuchtet. »Okay.«

»Annemette hält das Ganze für eine ziemlich schwachsinnige Idee.«

»Und sie hat das zu entscheiden?«

»Nein, natürlich nicht, aber ...«

»Wenn sie dich unterbuttert, dann mach's wie ich. Trenn dich von ihr. Sei frei. Du kannst bei mir wohnen, wenn wir zurück sind. Ich habe reichlich Platz.«

»Nein, vielen Dank.« Ich werde nicht bei Michael einziehen. Denn ich will Annemette nicht verlassen. Wenn ich an die Scheidung meiner Eltern denke, bin ich wieder das Kind mit Tränen in den Augen, das Kind, das stumm im Bett liegt, das Kind, das sich die Ohren zuhält. Danach hatte meine Mutter ständig Rotweinitis, lag leichenblass auf dem Sofa und starrte an der Flasche vorbei auf das blasse Viereck an der Wand, wo das Hochzeitsfoto gehangen hatte. Und mein Vater benahm sich wie ein Vollidiot, knutschte dauernd mit dieser anderen Frau herum, die nicht meine Mutter war, Kirsten. Eine Woche bei ihr, eine bei ihm und wieder zurück. Dem will ich die Kinder nicht aussetzen, obwohl sie ja schon groß sind. Und außerdem liebe ich Annemette auch zu sehr.

In der Mittagspause gehe ich rauf ins Lehrerzimmer und packe mein Fresspaket aus. Schweigend esse ich. Ich schaffe es heute nicht, den Unterhaltungen der Kollegen zu folgen. Alle am Tisch beschweren sich über irgendetwas, aber niemand tut was. Ich auch nicht. Es ist, als drehten sich die Gespräche im Kreis.

Mit stolzer Miene nimmt Lars am Tisch Platz. Er wird demnächst einen 24-Stunden-Lauf absolvieren. Die anderen sagen »Wow« und »Na dann«, und ich denke »Idiot«, weil ich von seiner Frau Helle, die Deutsch unterrichtet, weiß, dass er viel zu wenig Zeit mit seinen Kindern verbringt.

Den Rest der Pause sitze ich auf einer Bank vor dem Haupteingang. Ich muss in Ruhe nachdenken. Ich atme ein paar Mal tief in den Bauch hinein, um den Kopf freizubekommen. Erwäge Für und Wider einer Tour nach Libyen. Für: Ich habe Lust, noch einmal einen Trip zu machen, nur noch dieses eine Mal, dann habe ich es ausprobiert. Wider: Es kann gefährlich werden, und was wird Annemette sagen? Und wenn ich nicht fahre? Dann wird dieses triviale Leben weitergehen, bis sie mich unter die Erde bringen. Auf meinem Grabstein könnte dann stehen: *Wenn man immer dasselbe tut, dann passiert immer nur dasselbe.* So weit meine Gedanken, und ich entscheide mich. Noch einmal rufe ich Michael an. Ich bin überzeugt, dass sich Annemette schon wieder beruhigen wird, dass sie mich mit der Zeit verstehen wird. Das hoffe ich jedenfalls.

Ich beschäftige die Klasse mit Gruppenarbeit und gehe zum Rektor. Ich habe immer noch einige Überstunden gut, die abgebaut werden müssen. Erland nickt. Ich erzähle von der geplanten Tour und versichere ihm, dass es nur ein paar Tage sein werden.

»Du weißt schon, dass der Zeitpunkt alles andere als günstig ist.« Erland lächelt verständnisvoll, und ich sehe ihm an, dass eine Ablehnung im Bereich des Möglichen liegt. Sehnsüchtig sieht er aus dem Fenster, nur einen Augenblick lang, bevor er wieder zu unserem Gespräch zurückkehrt. »Okay, Niels.«

Erland hat nichts zu verlieren. In ein paar Jahren wird er mit Blumensträußen, Wein und Lobeshymnen zugeschüttet werden, und es scheint, als habe er das Rentnerdasein schon eingeläutet. Er geht selbst gern auf Reisen. Er und Anni haben das meiste von der Welt schon gesehen. Und wenn Erland tatsächlich in Pension geht, schauen sie sich den Rest auch noch an. Deshalb kann er mich verstehen.

»Aber ausgerechnet Libyen?«

»Ein Lehrer für Gesellschaftswissenschaften muss sich schließlich auf dem Laufenden halten.«

LIBYEN

24

Es ist noch Morgen, als wir am internationalen Flughafen in Kairo unser Gepäck vom Band nehmen. Draußen vor der Ankunftshalle sitzen wir auf unseren Rucksäcken und warten. Ein Mechaniker, den Michael während der Revolution gegen Mubarak am Tahrir-Platz getroffen und bei dem er übernachtet hat, hat versprochen, uns abzuholen und an die libysche Grenze zu bringen. Michael raucht, und ich schreibe eine kurze SMS an Annemette, dass wir gut gelandet sind. Sie antwortet mit einem Smiley. Ein roter Kia Picanto bremst vor uns, und die Scheibe auf der Beifahrerseite gleitet nach unten. Ein junger Mann mit dichten Locken schiebt den Oberkörper aus dem Fenster und ruft uns in holprigem Englisch etwas zu. Michael tritt seine Zigarette mit dem Schuh aus und lacht den Mann an, der aus dem Wagen steigt. Sie begrüßen sich herzlich.

Dann bemerkt er mich und streckt die Hand aus. »Ich heiße Eslam.«

»Islam?«

»Eslam, wie Eslam Jawaad.«

»Eslam wer?«, frage ich.

»Jawaad. Der Hip-Hopper. The Mammoth Tusk.«

»Ich heiße Niels.«

Wir setzen uns ins Auto. Eslam fummelt an seinem Handy herum und verbindet es per Stick mit dem Radio. Dann dreht er sich um und zwinkert mir zu.

»Spotify.«

Eingehüllt in Eslam Jawaads straighten Hip-Hop verlassen wir den Flughafen. Im Schritttempo quälen wir uns durch Kairo. Hinter den Scheiben sehe ich eine lärmende und schmutzige Stadt, eine Metropole übelster Sorte. Wie in Beirut ist der Verkehr anarchisch. Heute ist es genau drei Monate her, seit wir aus dem Libanon zurückgekommen sind.

Wir überqueren den Nil. Ich betrachte den mythischen Strom mit einer Mischung aus Ehrfurcht und Abscheu. Fließende Geschichte und gleichzeitig einfach nur völlig verdrecktes Wasser auf dem Weg ins Mittelmeer. Große und kleine Ausflugsboote liegen vertäut an einem Kai, hinter dem hohe Gebäude aufragen. Ihre Dächer zieren blitzende Reklametafeln: Samsung, Kia, Sodic. Als wir durch Kafr Ghatati fahren, kann ich durch das Seitenfenster die Spitzen der Pyramiden erkennen. Selbst aus dieser Entfernung ist die Cheopspyramide beeindruckend.

In Kairo führen alle Wege in die Wüste, aber die Wüste führt nirgendwohin. Wir sind jetzt schon seit ein paar Stunden unterwegs. Vor uns liegen endlose Flächen Sand. Die Eintönigkeit wird nur dann und wann von einem Straßenschild unterbrochen. Als ich zum ersten Mal eins sehe, muss ich lachen, aber etwas später verstehe ich den Sinn der dreieckigen Warnschilder mit der Abbildung eines Kamels. Das prächtige und gleichzeitig komische Tier mit dem schiefen Unterkiefer, das unablässig zu äsen scheint, und dem etwas einfältigen Ausdruck kann hundertfünfzig Liter Wasser auf einmal trinken. Der Gedanke drückt auf meine Blase, und Eslam muss anhalten. Ich färbe den Sand dunkel, und wir fahren weiter. Wie Lastwagen aus dem Tierreich schaukeln die Kamele über die asphaltierte

Straße vorwärts und sehen aus, als hätten sie sich geweigert, an der Evolution teilzunehmen. Dabei ist genau das Gegenteil der Fall. Sie sind unglaublich anpassungsfähig.

Unser Gepäck nimmt viel Platz in dem kleinen Wagen ein. Ich sitze auf der Rückbank mit einem Rucksack auf dem Schoß und denke an die lange Strecke, die vor uns liegt. Insgesamt eintausenddreihundert Kilometer. Zum Glück übersteigt die Temperatur kaum zwanzig Grad, sodass die Hitze nicht zu unserem Reisebegleiter wird. Ich habe mich vorbereitet, habe Pillen gegen Reisekrankheit und Kotztüten dabei, was ich Michael verschwiegen habe.

»Spotify is your friend«, ruft Eslam vom Fahrersitz, und wir brettern zu den Klängen von Meat Loaf wie ein kleiner roter Skarabäus durch die Wüste.

»I would do anything for love, but I won't do that.«

Vor uns erstreckt sich die Straße wie eine Landebahn in einer Mondlandschaft. Ich spüre den rauen Asphalt, die Reibung, ein Zittern der Kiefermuskeln. In der Wüste gibt es weder Gerüche noch Laute, nur Weitläufigkeit. Zu Hause ist die Welt nicht groß, aber hier draußen ist sie enorm. Das blaugrüne Wasser des Mittelmeers taucht am Horizont auf. Wir haben El-Alamein erreicht, eine kleine Stadt, in der während des Zweiten Weltkriegs einige blutige Schlachten geschlagen wurden.

Wir fahren weiter nach Westen, mit der Wüste zur Linken und dem Meer zur Rechten. Gegen Abend kommen wir in Sidi Barrani an, das etwa hundert Kilometer vor der Grenze zu Libyen liegt. Wir beschließen, in dem kleinen Fischerdorf zu übernachten, aber das einzige Hotel ist bereits überbucht. »Flüchtlinge aus Libyen«, erklärt uns die Frau hinter dem Empfangstresen in müdem Tonfall. Ich lasse den Blick durch die überfüllte Lobby schweifen. Überall stapeln sich Taschen, Koffer, Stoffbeutel und erschöpfte Menschen.

Wir essen in Riyadhs Restaurant. Danach will Eslam im Auto schlafen. Michael und ich nehmen unsere Schlafsäcke und gehen zum Strand, aber die Küste ist abgesperrt: militärisches Gebiet. Vielleicht ist das der Grund dafür, dass dieser wunderschöne Abschnitt nicht mit Hotels zugepflastert ist. Nur einmal war der Ort eine Touristenattraktion. Während der totalen Sonnenfinsternis 2005 pilgerten wahre Menschenströme hierher.

Wir legen uns auf Bänke im staubigen Wartesaal des Busterminals. Ich denke an morgen, und Unsicherheit packt mich. Wer bin ich, wenn ich nach Libyen komme? Wie werde ich reagieren? Ich versuche, die Gedanken auf Abstand zu halten, indem ich mich mit Fußball beschäftige. Bevor ich endlich einschlafe, habe ich die elf besten europäischen Spieler aller Zeiten zu einem Team formiert.

Am nächsten Tag erreichen Michael, Eslam und ich nach etwas mehr als einer Stunde Fahrt die Grenze. Auf dem Weg dorthin sehen wir Menschenschlangen auf beiden Seiten der Straße. Sie schleppen Habseligkeiten, ziehen Koffer hinter sich her, tragen Kinder auf dem Arm. Ein alter Mann mit weißer Kopfbedeckung zerrt eine Ziege an einem Seil hinter sich her. Alle lassen die Köpfe hängen, sie gleichen Wiedergängern, obwohl sie nicht durchsichtig sind.

»Ägypter. Sie wollen nach Hause«, sagt Eslam und fügt hinzu: »Und Libyer, die von zu Hause weg wollen.«

Das letzte Mal, als Michael in Libyen war, hat er ebenfalls bei Sallum die Grenze überquert. Seit Februar sind auf dieser Route scharenweise Flüchtlinge nach Ägypten gekommen. Vor dem Grenzübergang herrscht großes Gedränge. Menschen, Lastwagen, Pickup-Trucks, Lieferwagen, PKW, Motorräder, alle beladen mit Gepäck. Leute schlafen am Straßenrand. Vielleicht sind sie die ganze Nacht über die staubigen Straßen entlanggestolpert. Aus dem Kofferraum eines Kombis gibt ein junger Mann gratis Wasser aus, und über allem weht die ägyptische Flagge. Eslam versucht, sich durch die Menschenmenge zu hupen, aber die Leute haben in letzter Zeit größere Gefahren überstanden als einen kleinen roten Kia Picanto. Eslam gibt auf, und wir steigen aus.

»Ruft mich an, wenn ihr zurück nach Kairo wollt.«

Wir stehen mit unserem Gepäck auf der Straße und sehen ihm nach. Ich glaube, er fährt gern Auto, er mag den Sand der Wüste, der an den Fenstern vorbeizieht. Mit lauter Musik von Kairo nach Sallum und jetzt wieder zurück. Wir sehen, wie er anhält und eine Familie anspricht. Die Augen der Mutter sind matt vor Müdigkeit, der Kopf eines Kindes liegt auf ihrer Schulter. Misstrauisch sieht sie Eslam an. Ich höre, wie er ein und denselben Satz mehrfach wiederholt, auf Arabisch.

Ihre Augen leuchten auf, als Eslam ihnen in den Wagen hilft. Sie kriecht mit ihren völlig erschöpften Kindern auf den Rücksitz. Die wenigen Habseligkeiten, die sie bei sich haben, passen problemlos in den kleinen Kofferraum. Als der Kia Richtung Kairo verschwindet, höre ich Meat Loafs Stimme aus dem halb offenen Seitenfenster schmachten.

Ich sehe mich unter den vielen Menschen um. Die, die über die Grenze kommen, sehen erleichtert und müde aus, die, die sich schon länger hier aufhalten, blicken missmutig drein. Während ich sie betrachte, wird mir zum ersten Mal wirklich klar, was wir gerade tun. Wir reisen in ein Land, aus dem alle fliehen. Jetzt ist der Augenblick, in dem ich umkehren sollte, jetzt ist der Augenblick, in dem ich Michael alles Gute wünschen und ihm sagen sollte, dass ich nur bis zur Grenze mitgekommen bin, jetzt ist der Augenblick, in dem ich nach Hause zu Annemette fahren sollte.

»Bereit?«, fragt Michael.

Meine Gedanken schlagen gegen die Schädeldecke wie der Puls eines Tangos. Unser Ziel ist furchterregend. Ich habe

mich entschieden mitzukommen, und es ist zu spät, umzukeh-
ren. Wir schnallen unser Gepäck auf den Rücken, Rucksäcke,
Schlafsäcke, Kamerataschen. Als wir zum Grenzübergang
gehen, verändert sich Michaels Persönlichkeit um eine halbe
Umdrehung. Jetzt ist er hoch konzentriert und professionell.
Jetzt hat er einen Auftrag zu erledigen.

»Fucking 'ell.«

Eine laute Stimme neben mir lässt mich zusammenzucken.
Ein Mann klopft Michael kräftig auf die Schulter, sodass er
um ein Haar die Balance verliert. Ein Lächeln, das beinahe
von einem Ohr zum anderen reicht, bringt die etwas zu harten
Schläge wieder ins Gleichgewicht.

»David, David Hanley«, ruft Michael überrascht.

Die beiden Männer umarmen sich wie zwei Fußballer, die
gerade ein wichtiges Spiel gewonnen haben. Michael und David
Hanley reden, lachen und rauchen Zigaretten, die sie mit einem
Sturmfeuerzeug anzünden. Ich lehne höflich ab. Stehe neben
Michael wie ein Kind neben seinem Vater, der zufällig einen
alten Freund getroffen hat.

»Neuer Assistent?« David nickt in meine Richtung.

»Jep, und ein guter Freund«, antwortet Michael. In Schatila
trug ich den Titel Assistent nur pro forma. Hier wird er immerhin
dadurch legitimiert, dass ich helfe, Michaels Ausrüstung zu
schleppen, und damit zeige, dass meine Anwesenheit in Libyen
ihren Zweck hat. Michael ist am besten, wenn er allein arbeitet,
meine wichtigste Aufgabe besteht also darin, ihm nicht im Weg
zu stehen. Ich habe meine Kamera mitgebracht. Michael hat
mich instruiert, wie ich die bestmöglichen Aufnahmen machen
kann. Haben wir die Grenze überquert, bleibt keine Zeit, mir
solche Dinge zu zeigen.

David muss auch nach Bengasi, also einigen wir uns darauf,
zusammen zu fahren. Von dort aus will er weiter zur belagerten
Stadt Misrata. Wie Michael ist er freiberuflicher Fotojournalist. Er

ist im Auftrag des Roten Kreuzes unterwegs und soll die medizinische Versorgung während der Belagerung dokumentieren. David Hanley ist groß und blond. Eine lange, breite Nase dominiert das Gesicht, wird aber von dem Lächeln übertrumpft, das permanent vorhanden zu sein scheint. Er redet laut, Londoner Englisch, und lacht zwischen den Worten. Seine Zähne sind weiß, sehr weiß, und mir fällt ein Schild ein, das ich an einer Zahnarztpraxis in Beirut gesehen habe: Dental Surgeon – Implant Hollywood Smile. Aber in seinen staubigen Sachen wirkt Hanley ganz und gar nicht wie ein eitler Typ. Die Farbe der Zähne muss echt sein.

Wieder setzen wir uns Richtung Grenzübergang in Bewegung, der aus ein paar sandfarbenen Häusern besteht. Wir treten unter ein großes Portal, auf dem »Sallum Land Port« steht. Ein Mann, durch Krafttraining gestählt und breitschultrig, kontrolliert unsere Pässe. Seine Kleidung ist eine Kombination aus verschiedenen Uniformen. Seit die Aufständischen die Grenzkontrollen übernommen haben, braucht man kein Visum mehr. Stolz erklärt er, dass der Stempel, den er in unsere Pässe drückt, ganz neu ist.

25

»Jetzt bist du in Libyen, mein Freund.« Michael klopft mir auf die Schulter.

Ich blicke über die Wüste, eine sandige, steinige Unendlichkeit. Zweiundvierzig Jahre lang war diese Grenze geschlossen. Niemand kam ohne Genehmigung der Staatsmacht nach Libyen hinein und niemand heraus. Und jetzt stehen wir in Muammar al-Gaddafis Land, des Diktators, der schon seit meiner Kindheit in dänischen Zeitungen präsent ist. Lockerbie, die Bombe in der Diskothek in Westberlin, der Oberst als Feind des Westens, der Oberst als Freund des Westens, Gaddafi als panafrikanischer König. Auf Bildern ähnelt er einem abgehalfterten Rockstar, und als solcher führt er sich ja auch auf. Ich denke an die Fahnen in Schatila, an Arafat mit Sonnenbrille.

Alle drei blicken wir hinauf zur Spitze des Fahnenmasts, wo die libysche Flagge vor einem klaren blauen Hintergrund weht. Sanft greift der Wind hinein, als wüsste er, wie alt und porös sie ist. Es ist nicht Gaddafis grüne, sondern die alte libysche Königsflagge in Rot, Schwarz und Grün mit Halbmond und Stern. Sie ist nicht vom Himmel gefallen wie der Dannebrog, sondern wurde vom Nationalen Übergangsrat zur Flagge der Aufständischen gemacht.

Auf der Straße kommen uns Menschen entgegen. Alle schleppen irgendetwas.

»Asalaamu alaikum«, sagt David im Vorbeigehen zu einigen von ihnen. »Wa alaikum salam«, antworten sie.

Am Straßenrand wartet eine Reihe Autos. Die Fahrer hoffen darauf, Geld zu verdienen, indem sie ausländische Journalisten nach Bengasi bringen. Auf der Motorhaube eines Wagens hockt, gegen die Windschutzscheibe gelehnt, ein Mann im Schneidersitz. Er trägt die Tarnuniform eines Soldaten und wirkt entspannter als all die anderen Männer. Statt eines Helms hat er ein Bandana um den Kopf gewickelt. Er sieht gepflegt aus, der Bart ist frisch gestutzt und scheint nur ein dunkler Schatten zu sein. Der Mann wirkt nicht wie jemand, der direkt von der Front kommt.

Als er uns entdeckt, springt er von seinem Wagen. Mit harten Schlägen auf den Rücken umarmt er Michael und David. Ich strecke die Hand aus, werde aber auf die gleiche herzliche Weise begrüßt. David schwingt sich ins Führerhaus zu Hamid, wie der Mann heißt, und Michael und ich werfen unser Gepäck auf die Ladefläche des abgehalfterten Toyota Hilux und klettern hinterher. Dort oben steht ein hohes Stativ, aus ungleichen Stangen zusammengeschweißt. Fragend zeige ich darauf.

»Für ihr Maschinengewehr«, sagt Michael, als wir uns daran vorbeizwängen.

Hamid reicht eine Packung Zigaretten durch das Rückfenster, in dem die Scheibe fehlt. Wir haben fast sechshundert Kilometer vor uns. Michael legt sich mit dem Kopf auf seinen Schlafsack und schließt die Augen. David schläft bereits, aber ich will die Landschaft sehen, die vorüberzieht. Wir fahren durch die Kyrenaika, eine der fruchtbarsten und abwechslungsreichsten Regionen Libyens. Im Laufe der Geschichte herrschten hier Berber, Ägypter, Griechen, Perser, Römer, Türken, Italiener und seit 1969 Oberst Muammar al-Gaddafi. Wir kommen durch Dörfer und Städtchen, in denen die Stromleitungen wie schlaffe Fäden über der Straße hängen und kleine Palmen mit struppigen Trieben vor kleinen Moscheen mit Kuppeldach und einem einsamen Minarett stehen. Überall sehe ich die Flagge der Aufständischen.

Unaufgefordert erzählt Hamid mir, dass er in Bengasi einen kleinen Laden hatte, bevor der Krieg ausbrach; Computer, Drucker und Handys. Jetzt ist er Lotse für ausländische Journalisten, hilft ihnen bei allem Möglichen, Transport, Unterbringung, Verpflegung, und bringt sie an die Front. Sowohl Michael als auch David haben schon bei ihren letzten Touren mit ihm zusammengearbeitet.

»Sie verlassen sich auf mich«, sagt er mit einem breiten Grinsen im Gesicht, das das Bandana weiter in die Stirn schiebt.

Die Reifen des Wagens fressen sich in den Asphalt der Straße und pulverisieren Kilometer für Kilometer. Wir erreichen Tobruk, noch eine Stadt, von der man in Dänemark nur im Zusammenhang mit den Schlachten im Zweiten Weltkrieg gehört hat. Ansonsten kennt niemand dieses Wüstenland, das zu Hause als Reiseziel nicht existiert. Auch für mich gab es nur griechische oder Kanarische Inseln und türkische Küstenlandschaften.

Am Horizont können wir Bengasi erahnen. Hamids Begeisterung ist bewundernswert. Vor ihm liegt seine Heimatstadt, in Trümmern. Trotzdem spricht er von ihr, als spielten die Zerstörungen für ihn keine Rolle. Vielleicht ist es eine Möglichkeit, das Grauen zu überleben? Er versichert mir, die Stadt sei sicher, die Front irgendwo zwischen Brega und Ajdabiya, ungefähr zweihundertfünfzig Kilometer weit weg.

Wir fahren am Flughafen vorbei. Gaddafis Streitkräfte haben ihn im März bombardiert, aber er scheint nicht besonders lädiert zu sein. Was man von dem Panzer, der an einer der Zufahrtsstraßen steht, nicht behaupten kann. Er ist ausgebrannt, rußgeschwärzt, verbeult und sieht aus, als habe ein Resteverwerter für fahrbare Untersätze in seinem Lager keinen Platz mehr für ihn gefunden. Der Turm liegt daneben. Wie ein Strauß, der versucht, unsichtbar zu sein, steckt der Lauf der Kanone im Sand. Überall bohren sich tiefe Bombenkrater neben ausgebrannten Autos in Sand und Straßen. Wir kommen an einem Wohngebiet vorbei. Es könnte genauso gut in Brøndbyøster, Ishøj oder Hundige liegen, aber es liegt in Bengasi. Deshalb sind die Häuser von Kugeln und Granaten durchlöchert. Es wackelt auf seinem Fundament, ist aber erbaut, um Widerstand zu leisten, weshalb es noch steht. Die Balkone hängen an den Gebäuden wie Früchte an Bäumen, in den Parabolantennen sind Löcher so groß wie Teetassen zu sehen. Aus einem der Häuser sind Backsteine herausgebrochen und haben eine große Öffnung in der Wand zurückgelassen, als habe sich das Haus über sich selbst erbrochen. Bengasi ist Libyens zweitgrößte Stadt, eine moderne Metropole, die der Krieg in die Knie gezwungen hat.

Ich versuche, mir Kopenhagen als Kriegsgebiet vorzustellen. Brennende Vorstädte, das Domus Vista von Artillerie zusammengeschossen, die Frontlinie verläuft durch Hvidovre, Rødovre und Herlev, der Keller unter Christiansborg wurde zum Feldlazarett umfunktioniert, Flüchtlingsströme am Strandvejen, unterwegs nach Norden, das Field's als Sammelpunkt für Flüchtlinge, die über den Øresund wollen.

26

Wir erreichen den Hafen, an dem das Uzu-Hotel zur Lagune hin liegt. Hier steigen die Journalisten aus dem Ausland ab. Die Lobby pulsiert. Schultertaschen und Kamerataschen mit Aufdrucken: BBC, Al-Jazeera, CNN, AP, Reuters, The Guardian, deutsche Fernsehsender und Zeitungen, spanische, italienische und französische. Ich erkenne den dänischen Korrespondenten, diesen hochgewachsenen Kerl, der immer mit hochgekrempelten Ärmeln aus den verschiedenen Kriegsgebieten berichtet. Er trinkt Mineralwasser aus einer Plastikflasche und spricht mit einem Fotografen. Michael und David begrüßen ihn wie auch die meisten anderen. Ich werde als Kameraassistent vorgestellt.

Fast alle Journalisten hier sind zusammen durch den Arabischen Frühling getourt. Zuerst Tunesien, dann Ägypten und weiter ins nächste Land.

Es herrscht eine lockere Stimmung im Hotel, und ich entspanne mich ein wenig. Ein großes, gerahmtes Bild von Gaddafi in babyblauer Uniformjacke, die Brust mit Orden behangen, liegt auf dem Boden. Jemand hat sein Gesicht zerschnitten, sodass er an einen Boxer nach einer Niederlage erinnert. Michael wendet sich an die Rezeption, um unseren Zimmerschlüssel zu holen, und währenddessen gehe ich mit Hamid nach draußen und hole das Gepäck vom Wagen. Auf der Terrasse sendet ein Fernsehteam gerade live. Ein Laptop und anderes technisches Gerät sorgen dafür, dass die Bilder nach Europa gelangen.

»Sag Michael, dass ich euch morgen um neun abhole.«

Ich betrachte Hamid, als er zum Auto geht. Ich habe ihn erst heute kennengelernt, finde ihn aber schon jetzt durch und durch sympathisch. Sein Land befindet sich im Krieg mit sich selbst, aber er kann immer noch lachen, wirkt unbekümmert und erzählt Witze über Gaddafi, den er für eine abgetakelte Ausgabe von Lionel Ritchie hält. Ich sehe ihn lächeln, ohne dass es jemandem gilt. Es ist eine wertvolle Eigenschaft, die Welt in kleine, sorgenfreie Zonen einteilen zu können. Das menschliche Gehirn imponiert mir, es ist ein Meister der Verdrängung. Ökonomische Krisen, Hungersnöte, Liebeskummer, sogar Krieg, alles kann für eine Weile verdrängt werden.

Ich bemerke, dass ich allein herumstehe, und eile wieder in die Lobby, um nach Michael Ausschau zu halten. Er steht mit Arnaud und einem Mann zusammen, den ich nicht kenne.

»Monsieur Niels«, ruft Arnaud, mit dem charakteristischen Zischen auf dem letzten Buchstaben meines Namens. Er begrüßt mich mit einem Wangenkuss, als seien wir seit Jahren befreundet. Hier draußen ist er anders gekleidet. Die teuren Marken wurden durch Kakihemd und -hose ersetzt, er trägt robuste Stiefel und eine Thermoweste mit unzähligen Taschen, alles sehr praktisch und mit starken Nähten ausgestattet. In dieser Montur kann er Berge besteigen, Kälte und Hitze trotzen, die Wildnis besiegen oder einen Krieg überleben. Er gleicht einer Mischung aus Indiana Jones und dem Mann mit dem gelben Hut aus *Coco, der neugierige Affe*.

»Schön, dich zu sehen, Arnaud.« Ich drehe mich zu Michael um. »Hamid holt uns morgen ab.«

»Können wir mitkommen?« Arnaud sieht Michael erwartungsvoll an.

»Wenn ihr mir nicht vor die Linse lauft«, antwortet Michael.

Arnaud und der Mann, der sich als Nenad Dragonovic vorstellt, wohnen im teureren Hotel Tibesti auf der anderen Seite der Lagune. Nenad ist Bosnier, was er mir zweimal in geschliffenem Englisch erzählt, als möchte er bei mir alle Zweifel daran ausräumen. Arnaud klopft mir auf die Schulter und sieht mich eindringlich an, als seien wir beide Anhänger ein und desselben Kults. Als wolle er sagen: Jetzt bist du einer von uns, Niels.

Ihr Hotel ist von unserem Balkon aus zu sehen. Seine Farblosigkeit verliert sich im Wasser der Lagune. Wir bezahlen siebzig Dollar pro Nacht für ein Zimmer in einer Unterkunft, die im Osteuropa der 1980er-Jahre höchstens zwei Sterne bekommen hätte. Knarrende Betten, ein speckiger Teppich, ein Fernseher aus der Zeit vor der Erfindung des Flachbildschirms, nackte Wände, klinisches Licht. Michael sitzt auf dem Bett und überprüft seine Ausrüstung, bereitet alles für morgen vor. Ich sehe über das spiegelglatte Wasser zur Hafeneinfahrt hinüber. Kräne, kleine, ans Ufer gezogene Boote und ein Fußballstadion.

Zusammen mit David und ein paar anderen englischen Journalisten nehmen wir ein uninspiriertes Abendessen im Café Jasmine des Hotels zu uns. David lacht über alles, was wir anderen sagen, und lächelt über alles, was er selbst sagt. Es ist schwer zu verstehen, dass ein Mann mit einem so freundlichen Gemüt und so überbordender Lebensfreude die Randgebiete dieser Welt aufsucht, um die Schlechtigkeit der Menschheit zu dokumentieren.

Nach dem Abendessen gehe ich ins Bett und spüre einen merkwürdigen Druck auf der Brust. Michael liegt neben mir und dreht mir seinen tätowierten Rücken zu. Er atmet tief. Man kann seine Biografie an den Gemälden auf seinem Körper ablesen. Sie befinden sich an den Armen, den Beinen, auf dem Rücken und der Brust. Es sind Festschriften, ein Fotoalbum, Kunst und Erzählungen aus seinem Leben. Team 9 sagt das eine Schulterblatt zu der mexikanischen Totenmaske auf dem anderen. Ich weiß, dass er in Afghanistan gewesen ist, und er hat gesehen, wie jemand gestorben ist. So erzählen alle Tattoos eine Geschichte, halten Ereignisse aus seinem Leben fest. In ihnen steckt die Substanz, die den Tattoos meines Schwiegersohns fehlt. Die Hüfte ziert ein kleiner Kirchturm, dessen Steine erkennbar sind. Auch jedem seiner Kinder ist ein kleines Kunstwerk gewidmet. Eine Poul-Pava-artige Zeichnung für seine jüngste Tochter ist auf dem Unterarm zu sehen, mit einem Herz auf der Mitte des Bauchs lächelt sie mich an.

Ich schalte meine Nachttischlampe aus. Plötzlich packt mich ein Gefühl der Einsamkeit. Ich denke an die Lieben daheim, Annemette, Cecilie und Mathias. Es gibt keinen Zweifel: Ich bin ein ziemliches Wagnis eingegangen, und ich muss vorsichtig sein und Michael das Reden überlassen. Hier gibt es keine netten Guides, die man fragen kann. Ich lausche in die Nacht. Sie ist still. Ich hatte erwartet, dass in meiner ersten Nacht in Libyen ferner Geschützdonner und Explosionen den Klangteppich meines Schlafs bilden würden. Natürlich weiß ich, dass die Front ein ganzes Stück weit weg ist. Nur deshalb traue ich mich, hier zu sein. Langsam beruhigen sich meine Gedanken, und ich schlafe ein.

Mit einem Ruck fahre ich hoch und sitze aufrecht im Bett, ein Kreischen und Krachen in den Ohren. Ist der Krieg nach Bengasi zurückgekommen? Die Decke in dem Bett neben mir bewegt sich mit einem Rascheln. Michael öffnet ein Auge. Ich höre, was er sagt, habe aber meine Zweifel. Er ist weit herumgekommen und hat so viel erlebt, dass er alle Geräusche kennt.

Draußen auf dem Balkon ist der Krach anmaßend. Die Nacht steht wie eine schwarze Wand vor mir. Meine Augen gewöhnen sich an das Dunkel, und dann sehe ich Scheinwerfer leuchten. In den Lichtkegeln vor dem Hotel kommt die Straße zum Vorschein. Autos rasen wie Raketen durch die Nacht. Sie donnern in unglaublicher Geschwindigkeit die Hafenfront auf und ab. Ihre Bremsen kreischen, die Reifen heulen auf, und Gummi verbrennt, bis sie platzen. Eine Menge junger Menschen hat sich hier versammelt. Michael hat recht. Es sind nur Halbstarke, die den Parkplatz in den Avedøre Holme verwandelt haben. So etwas hätte es unter Gaddafi nicht gegeben, aber jetzt existiert keine Polizei, die dem Treiben ein Ende setzen könnte. Der Krach ist ohrenbetäubend. Ein Aufruhr der Jugend mitten in der Rebellion.

27

Als ich das nächste Mal die Augen aufschlage, steht Michael draußen auf dem Balkon. Ich kann ihn vom Bett aus sehen. Wie er so mit Gaffa-Tape und Kabeln hantiert, gleicht er einem Roadie, der einen Soundcheck vorbereitet. Sein Mund bewegt sich, er singt. Er hat seinen Nachttisch nach draußen gestellt. Ich ziehe mir eine Hose an und gehe zu ihm.

Als er mich in der Tür erblickt, hört er auf zu singen. »Schicke nur schnell ein paar Bilder von unserer Tour nach Hause«, sagt Michael. Auf dem Tischchen stehen sein tragbarer Computer und sein BGAN-Satellitenterminal. Auf dem Bildschirm erkenne ich Fotografien der Hundertschaften von Flüchtlingen am Grenzübergang, den alten Mann mit der Ziege, Mitarbeiter humanitärer Hilfsorganisationen und Hamids unbekümmertes Lächeln.

Ich packe meine Kamera ein. Im Vergleich zu der von Michael wirkt sie wie ein Spielzeug. Wie Arnaud trägt Michael praktische Kleidung. Geräumig und mit jeder Menge Taschen. Vor dem mannshohen Spiegel am Kleiderschrank bringt er seine Frisur in Ordnung. Über seine Schulter sehe ich mich selbst. In meinen neuen Klamotten von Abenteuer & Sport ähnle ich dem Anführer einer Pfadfindergruppe mehr als jemandem, der in einem Kriegsgebiet herumläuft.

Eine Stunde später stehen Michael und ich unten vor dem Uzu-Hotel. Im Vergleich zu den halsbrecherischen Geschwindigkeiten der Nacht sehen wir Hamid in gemächlichem Tempo die Hafenfront entlangzockeln. Im Gegensatz zum Rest der Stadt fährt er wie ein Großvater, ein Großvater in Tarnuniform und mit Bandana. Er hat es nicht eilig. Hamid steigt aus und bietet uns Kaffee aus einer silberfarbenen Thermoskanne an. Asma, seine Frau, hat Fresspakete für uns vorbereitet, erzählt er. Sie liegen auf dem Vordersitz.

Arnaud und Nenad kommen aus unserem Hotel, als sie den Wagen hören. Michael, David und ich klettern auf die Ladefläche und helfen den anderen hinauf. Eine Frau kommt auf uns zu. Sie ist klein, hat schulterlanges schwarzes Haar, das augenscheinlich gefärbt ist. Der Gurt einer Schultertasche klemmt zwischen ihren Brüsten.

»Hej Michael. Wollt ihr an die Front?«, fragt sie.

»Nur eine Tour durch Bengasi.« Michael bemüht sich, es nach einem banalen Ausflug klingen zu lassen. Er sieht sie nicht an, während er spricht, und für mich steht fest, dass er sie nicht mitnehmen will. Und ich glaube, ich weiß auch bereits, warum.

»Kann ich mitkommen?«

Michael zuckt mit den Achseln. Sie klettert zu uns herauf, ohne dass ihr einer der anderen behilflich ist. Ich bin der Einzige, den sie nicht kennt. Sie reicht mir eine zerbrechlich wirkende Hand.

»Tara Collins.«

Während wir auf einer holprigen Straße, deren Belag vom Krieg ramponiert ist, Richtung Zentrum trödeln, beobachte ich Tara. Ihr Gesicht ist schön, aber ihre Miene wirkt missmutig, sobald sie sich unbeobachtet fühlt. Sie sieht sehr englisch aus: weich und rund. Sie ist Anfang dreißig, vermute ich. Dann schaue ich Nenad an und erinnere mich dunkel an einen jugoslawischen Fußballspieler gleichen Namens. Nenads Gesicht ist zerknittert wie ein ungebügeltes Hemd. Über den Wangenknochen ist die Haut so dünn, als würde sie jeden Moment reißen. Obwohl es über zwanzig Grad warm ist, trägt er dünne fingerlose Wollhandschuhe, aus denen die Kuppen und gelbbraune Nägel herausschauen.

Hamid bringt den Wagen vor einem Trümmerhaufen aus gelbem Staub und Gesteinsbrocken zum Stehen. Er streckt den Arm aus und zeigt auf ein Haus, das vollkommen zerstört ist. Ein umgekippter Bürostuhl streckt die Beine in die Luft, Reste von Regalen und ein Schild mit arabischen Schriftzeichen sind zu sehen. Das war Hamids Laden. Daneben liegen verstreut die verfaulten Waren eines Gemüsehändlers. Die Plastikkörbe, in denen sie aufbewahrt wurden, sind geschmolzen. Wir steigen aus. David und Michael scheinen von ein und demselben Punkt angezogen zu sein. Ich höre ihre Kameras im Takt klicken, nähere mich ihnen, meine Kamera in der Hand. Inmitten all der Trümmer liegt ein roter Schuh, ein Converse.

»NATO.« Hamids Stimme ist brüchig.

Ist es das hier, was unsere Regierung im Namen der Dänen beschlossen hat? Treffen die Bomben im Eifer, dem Land zu helfen, einen Diktator loszuwerden, vielleicht die Falschen? Waren es dänische Bomben? Wem gehörte der Schuh? Sind Regierungssoldaten in roten Converse vorstellbar?

Ich versuche, den Gedanken abzuschütteln, als wir uns wieder auf die Ladefläche setzen. Wie ein durchgedrehter Bulldozer ist der Krieg durch die Stadt gewalzt. Nichts hat er verschont, dennoch scheinen die Bewohner sich an ihn gewöhnt zu haben. Sie tragen Einkaufstüten, trinken Kaffee in provisorisch eingerichteten Cafés, und die Kinder spielen, als hätten sie noch nie einen feindlichen Panzer gesehen. Auf eine Hauswand hat jemand »Win or die« geschrieben. Eine großflächige

Karikatur von Oberst Gaddafi nimmt den Rest der Mauer ein. Ausländische Fotografen verewigen das Graffiti von allen Seiten mit gewaltigen Objektiven, iPhones oder Flip Cams. Sie sind überall in der Stadt. Genau wie die lokalen Milizen, die in den Straßen patrouillieren. Hamid überholt einen offenen Jeep, der voll besetzt ist mit bewaffneten Aufständischen in Tarnuniform. Sie grüßen uns mit dem V-Zeichen.

Wie Beirut erzählt Bengasi seine eigene Geschichte. Einen Kriegsfilm, einen Horrorschocker, einen lebensbejahenden Roman, eine Liebesgeschichte zwischen den Menschen und ihrer Stadt. Ich mache Bilder von allem und spüre ein Ziehen aus Anspannung und Angst im Bauch. Und einen Rausch aus Glück. Gleichzeitig bin ich erleichtert, als wir zum Hotel zurückfahren. Ich habe mich dasselbe getraut wie die anderen, bin nicht zurückgefallen. Ich habe es geschafft.

Oben im Zimmer streift Michael die Schuhe ab und befördert sie mit einem Fußtritt gegen die Wand. Der dumpfe Schlag lässt mich zusammenzucken. »Hier kannst du verdammt noch mal keine Bilder machen, ohne dass dir irgendein Idiot im Weg rumsteht. Praktisch alle Aufnahmen sind Scheiße.«

Und er hat recht. Es ist, als habe sich das versammelte Journalistenkorps der ganzen Welt plötzlich in Bengasi eingefunden. Es lässt die Stadt klein werden. Alle sind auf der Jagd nach denselben Geschichten.

Er wirft sich aufs Bett. »Verfluchte Amateure. Sie belegen irgendeinen beschissenen Fotokurs und glauben, der Arabische Frühling würde ihr Durchbruch. Sie hoffen auf das eine Bild, das ihre Karriere in Gang bringt. Aber das kriegt man nicht mit einem VHS-Kurs und einem iPhone.«

Seine Worte bringen mich zu einem Entschluss: Ich werde nicht derjenige sein, der Michael im Weg steht. Ich werde ihm keinen Grund geben, sich aufzuregen. Ich werde meine Kamera ganz unten im Rucksack verstauen, und da wird sie bleiben. Im Vergleich mit seinen Bildern sind meine ohnehin erbärmlich.

Während Michael weiter vor sich hin grummelt, gehe ich ins Bad. Nachdem ich mich frisch gemacht habe, gehen wir nach unten. In der Lobby stoßen wir auf David und suchen nicht weit vom Hotel entfernt ein Restaurant auf, das Bier auf der Getränkekarte hat. Tara sitzt bereits an einem der Tische, und in ihren schwarzen Sachen sieht sie von Weitem wie eine Witwe aus, aber eine, die problemlos einen neuen Mann finden wird. Wir setzen uns zu ihr. Michael stürzt das erste Bier in einem ähnlichen Tempo hinunter wie meine Schüler am Gymnasium. Seine Übellaunigkeit hält auch während des Essens an, und ich kann ihm keinen Vorwurf machen. Es ist sein gutes Recht, wütend zu sein. Der größte Teil des Arbeitstags war verschwendete Zeit.

David Hanley hört ihm zu und nickt zustimmend: »Das kotzt einen richtig an.«

Beide wünschen den Neuen die Pest an den Hals, während wir fertig essen.

»Ich muss an die Front«, sagt Michael.

»Ihr könnt morgen mit mir nach Misrata kommen. Hierbleiben bringt sowieso nichts«, wendet sich David an uns alle.

Ich sehe Michael sofort an, dass ihn das Angebot reizt. Er brennt vor Ungeduld. Die Bilder, die er haben will, sind hier nicht zu finden. Wir hatten im Vorhinein besprochen, dass ich nur bis Bengasi mitkomme, aber auch ich gerate in Versuchung. Aber es wäre verrückt und würde alle Versprechen brechen, die ich Annemette gegeben habe. Und ginge weit über das hinaus, was ich mich traue.

Michael dreht sich zu mir. »Du bleibst einfach hier im Hotel, kein Problem, das verstehe ich voll und ganz.«

28

Der Morgen bricht an. Ich lehne mich über die Reling und blicke auf das blau schimmernde Meer. Die Luft ist warm, und hinter uns sprudelt ein breiter Streifen Kielwasser. Vor ein paar Stunden leistete Tara mir noch Gesellschaft. Gemeinsam hingen wir über dem Bootsgeländer, würgten und spuckten wie Kurzwellenradios und entleerten unseren Mageninhalt. Uns war alles egal, das Einzige, was etwas bedeutete, war, sich besser zu fühlen.

Als Tara und ich nichts mehr hatten, das wir von uns geben konnten, erholten wir uns auf Deck zwischen Fischernetzen, Persenningen und Plastikflaschen mit Wasser. Wir hatten beide nicht die Kraft aufzustehen. Unter uns trockneten die Holzplanken, und es war richtiggehend angenehm. Seit wir uns vor dem Uzu-Hotel das erste Mal begegnet waren, hatten wir nicht mehr miteinander gesprochen, aber jetzt schien es, als könnten die Worte der Seekrankheit Einhalt gebieten. Wir teilten uns eine Flasche Wasser, das in unsere leeren Bäuche rann. Tara erzählte, sie komme aus einer englischen Arbeiterfamilie am Stadtrand von London und wohne jetzt in einem kleinen Apartment im Zentrum. Mehr als hundertfünfzig Tage im Jahr sei sie unterwegs, weshalb ihr Zuhause oft unbewohnt sei. Wie Michael und David arbeitet sie als freiberufliche Journalistin und finanziert ihre Touren, indem sie ihre Artikel an sämtliche Medien verkauft, die sich dafür interessieren. Ich wagte mich vor und fragte, warum eine junge Frau wie sie unbedingt nach Misrata will. Erst nachdem ich die Frage gestellt hatte, merkte ich, wie diskriminierend sie klang. Als sei Krieg Männern vorbehalten.

»Ich versuche, wieder reinzukommen in die Wärme.« Sie reichte mir die Wasserflasche und anschließend den Schraubverschluss. »Aber ich muss härter arbeiten als andere.«

»Weil du eine Frau bist?«

»Weil ich draußen in der Kälte stehe«, antwortete sie.

Jetzt hat sich alles beruhigt, das Meer, mein Magen. Ich habe ein Sandwich gegessen und etwas Wasser getrunken. Hätte ich gewusst, wie viel Zeit ich seekrank auf diesem jämmerlichen Fischerboot zubringen müsste, wäre ich nicht mitgekommen. Das Meer sah so ruhig, beinahe einladend aus, als wir vor knapp vierundzwanzig Stunden von Bengasi aus losgestampft sind. Aber ich wurde eines Besseren belehrt, und wie ein alter, wortkarger Seebär bin ich nun mit den Launen der See vertraut.

Zuerst nahm das Boot direkten Kurs nach Norden, obwohl Misrata im Osten liegt. Weg von der Küste und weg von Gaddafis Artillerie. In internationale Gewässer.

Außer dem Kapitän und ein paar Besatzungsmitgliedern sind wir zu acht an Bord: ich, Michael, David, Tara, Arnaud, Nenad und zwei spanische Journalisten. Ich weiß nicht, warum Michael Arnaud und Nenad akzeptiert, wenn er doch von Amateuren die Nase voll hat. Oder warum er mich mitnimmt.

Unter mir gleitet das Meer vorbei, hinter mir höre ich Davids ruhige Stimme. »Die anderen sitzen unten in der Kajüte. Sie fragen, ob du was essen willst.«

Ich schüttle den Kopf und frage leise: »Warum ist Michael eigentlich immer zusammen mit Arnaud und Nenad unterwegs?«

»Ich glaube, er fühlt sich sicher, wenn sie dabei sind. Jeder von ihnen weiß, wie der andere sich verhält.« Er zeigt über meine Schulter hinweg. »Siehst du das Schiff da draußen?«

Tatsächlich kann ich eine Silhouette erahnen, die einem Kriegsschiff ähnelt.

»Das ist die italienische Küstenwache. Sie wissen genau, was wir an Bord haben. Es ist verboten, Waffen zu transportieren, aber weil sie gegen Gaddafi eingesetzt werden, drücken sie beide Augen zu.«

»Haben wir etwa Waffen an Bord?«

»Waffen, Munition, Medizin.« Er lacht unbekümmert. »Wir werden in Atome zerlegt, wenn Gaddafi uns trifft.«

Ich drehe mich um und schaue Richtung Land. David bemerkt die Unsicherheit in meinem Blick und klopft mir auf die Schulter. »Normalerweise schießen sie immer daneben«, sagt er, und sein Mund lächelt dabei.

Misrata ist von allen Seiten umstellt, nur auf dem Seeweg kann man sich der Stadt nähern. Wir sitzen auf einer Zeitbombe, auf dem Weg in eine belagerte Stadt. Ich bin nur deshalb an Bord, weil ich mich dafür entschieden habe. Niemand zwingt mich, hier zu sein. Ich bin unterwegs in die raue, ungefilterte Wirklichkeit. Wirklicher als Bengasi. Und unvorhersehbarer. Was will ich hier? Ich bin nicht Michael und werde nie wie er.

Ich spüre ein Zittern, als sich Misrata über dem Vordersteven abzeichnet. Vor dem Krieg war sie Libyens drittgrößte Stadt und galt als das Handelszentrum des Landes. Wegen des Hafens und der Raffinerien hat sie sowohl für Gaddafi als auch für die Aufständischen strategische Bedeutung. Der Krieg ist hier anders. Gewaltsamer und intensiver. In Bengasi, Brega oder

Ajdabiya können sich die Aufständischen zurückziehen, wenn es notwendig ist. Die Front ist dort nicht so kompliziert, denn es gibt nur den Weg an der Küste entlang. Entweder rücken sie vor oder sie ziehen sich zurück. In Misrata sind sie umzingelt und gezwungen, sich zu verteidigen oder zu sterben. Die Verteidigung der Stadt besteht aus unorganisierten Milizen. Im Großen und Ganzen hat niemand eine militärische Ausbildung absolviert. Vor dem Krieg haben sie auf dem Markt Gemüse und Gewürze verkauft, sie waren Bäcker, Anwälte, Handwerker oder handelten mit Computern, so wie Hamid. Sie sahen zum Himmel hinauf, zum Mond und zu den Sternen, entdeckten die Sternbilder oder hingen ihren Träumen nach. Sie hielten nicht nach Granaten oder Leuchtspurgeschossen Ausschau. Keiner von ihnen kann sich jetzt noch an diese Zeit erinnern. Es gibt sie nicht mehr, sie wurde zerbombt. Ihre Waffen haben sie von Regierungstruppen erobert oder selbst gebaut, aber sie haben keine Erfahrung damit, sie zu benutzen. Ihnen steht ein mit modernen Waffen ausgerüsteter Feind gegenüber: Sturmgewehre, Panzer, Maschinengewehre, Mörser, RPGs, Artillerie. Nichtsdestotrotz ist es den Aufständischen Ende Februar gelungen, Gaddafis Truppen aus Misrata zu treiben. Im März kamen sie zurück und belagern seitdem die Stadt, in die wir gerade einfahren. Der Krieg ist auch für die Aufständischen neu. Sie sind erst seit ein paar Monaten Soldaten und bereits Veteranen.

Der Kapitän gibt der Besatzung Befehle. Sie hisst die Flagge der Aufständischen, damit wir nicht vom Ufer aus beschossen werden. Ich hoffe, das kleine Stück Stoff ist auf die Entfernung erkennbar. Wenn nicht, ist die Seekrankheit mein geringstes Problem. Langsam gleitet unser Boot in den Hafen. Es ist still. Nur ein paar schmale Rauchsäulen weit weg zeugen von Kampfhandlungen. Der Hafen sieht aus wie jeder andere auch, hohe Kräne, Lagerhäuser, Docks und See-Container.

Fischerboote und eine kleine Autofähre liegen vertäut an einem Kai.

Wir springen an Land und helfen uns gegenseitig mit den Kamerataschen und dem Gepäck. Ein Lastwagen fährt vor, und uniformierte Männer beginnen damit, längliche Holzkisten unter einer der Persenninge auf Deck hervorzuholen und aus dem Lastraum nach oben zu schaffen.

Ich sehe über die Stadt, und da spüre ich es: Wir sind am Ende der Welt angekommen, hier hört sie auf. Dort in der Stadt ist nichts. Was zum Henker tust du hier, Niels?

29

Vor der Autofähre herrscht ein wirres Durcheinander an Menschen. Männer mit Verbänden, Frauen und Kinder, Afrikaner und Asiaten, die sicher nach Libyen gekommen sind, um zu arbeiten. Tragen mit Verletzten werden auf das Autodeck gebracht. Alles geht friedlich und harmonisch vor sich und sieht nicht nach Krieg aus. Es tröstet mich, dass allgemeingültige Regeln zivilen Zusammenlebens nicht außer Kraft getreten sind. Was hatte ich mir vorgestellt? Den Wilden Westen? Schusswechsel am Kai?

Ich stehe hinter Michael und David, während sie ein paar Worte mit einem Mitarbeiter des Roten Kreuzes wechseln. Michael hält ihnen eine geöffnete Packung Zigaretten hin. »Ich rauche nicht«, sagt der Mann vom Roten Kreuz auf Englisch, nimmt sich eine Zigarette und zündet sie mit seinem Feuerzeug an. Es sind nicht viele Journalisten in der Stadt, erzählt er. Die Aufständischen wissen, dass sie dokumentieren, was los ist, und damit den Krieg für die Welt sichtbar machen, sodass die NATO ihre Anstrengungen verstärkt. Deshalb sorgen sie gut für sie. Aus dem gleichen Grund wollen die Regierungstruppen, dass die Journalisten aus der Stadt verschwinden.

Wir müssen uns nur im Rebel Media Center melden, dann werden sie sich schon um uns kümmern. Wir brauchen uns gar nicht auf den Weg ins Center zu machen. Ein Mann im verwaschenen Liverpool-Trikot kommt auf uns zu und sagt »Willkommen in Misrata« in einem Englisch, das meilenweit vom Scouse der Beatles-Stadt entfernt ist. Er bringt uns in eine Art Büro und fragt, für welche Medien wir arbeiten. Ich werde als Michaels Assistent vorgestellt, und Arnaud und Nenad tischen eine Lüge auf, sie seien Journalisten vom *Le Figaro*. Einzig Michael kann einen Presseausweis vorweisen. Wir anderen haben nur unsere Pässe.

Ich halte mich im Hintergrund und überlasse Michael und David das Reden. Nenad wirkt desinteressiert, fummelt geistesabwesend an den Schultergurten seines Rucksacks herum. Arnaud wirft ihm einen Blick zu, und wie ein kleiner Junge, der von seiner Mutter zur Ordnung gerufen wird, hört er auf.

»Wir sind euch gern bei allem behilflich«, sagt der Mann im Liverpool-Trikot. »Unterbringung, Lotse, Sicherheit, Transport. Habt ihr schon eine Unterkunft?«

»Noch nicht«, antwortet David.

»Kein Problem, wir haben ein Safehouse, wo wir schon ein paar andere Ausländer untergebracht haben. Ich fahre euch hin.«

Wir steigen in einen ramponierten Minivan, der innen ausschaut, als würde er auch als Krankenwagen benutzt werden, und fahren los. Nicht weit vom Hafen befindet sich ein großes Zeltlager voller dunkelhäutiger afrikanischer Männer, durchsichtiger Plastikkanister und Wartezeit. Es gibt keinen jovialen Platzwart, so wie auf einem dänischen Campingplatz, es werden keine bauchigen Gasflaschen verkauft und auch keine kalorienreichen Süßigkeiten. Die Afrikaner sind nicht zu ihrem Vergnügen hier.

Wir fahren durch den Krieg oder das, was von ihm übrig ist. Er versteckt sich nicht vor uns. Hier draußen ist die Welt ungeschminkt. Entlang der Straßen sehen wir ausgebombte Häuser, die Wände, die noch stehen, sind von Kugeln durchlöchert, und Mörsergranaten haben den Asphalt aufgerissen. Die Palmen sind struppig, als habe jemand sie durch einen Reißwolf geschickt. Abgerissene Stromleitungen hängen bedrohlich über den staubigen Straßen, und ich denke an Schatila. Aus Wagen ohne Fensterscheiben winken uns junge Männer begeistert zu.

David sagt dem Fahrer, er solle anhalten. Die jungen Aufständischen, die wohl zwischen achtzehn und zweiundzwanzig Jahre alt sind, posieren vor der Kamera, und er und Michael knipsen, was das Zeug hält. Ihre Kleidung scheint von den Kriegsfilmen inspiriert zu sein, die sie gesehen haben. Mit Maschinenpistolen in beiden Händen sitzen sie auf den Motorhauben, und ich bezweifle, dass sie wissen, wie man sie benutzt. Einer trägt einen Patronengurt quer über die Brust geschnallt, ein anderer, breitschultriger Kerl ein großes Messer mit gezackter Klinge in einem Futteral am Oberschenkel. Sie strahlen Unbesiegbarkeit aus. Es wirkt nicht aufgesetzt, denn sie sind von ihrem Sieg überzeugt. Trotzdem hat die Szene etwas Falsches an sich, als sei der Krieg ein Spiel, aus dem sie aussteigen können, wenn ihre Mutter sie zum Abendessen reinruft.

Michael und David klatschen sich mit den jungen Männern ab, High five, und wir fahren weiter. Nachdem wir einen Checkpoint passiert haben, halten wir vor unserem Safehouse. Trotz des Namens fühle ich mich hier in keiner Weise sicher. Ich sehe mich in der Straße um. Es ist beruhigend, dass die meisten Häuser noch intakt sind. Sie stehen da wie vor dem Krieg, nur ihre Bewohner fehlen. Früher lebten knapp eine halbe Million Menschen in Misrata, jetzt sind die meisten geflohen. Vereinzelte Gesichter erscheinen in den Fenstern, als sie uns hören. Ein Kind lacht mich an und schlägt dann die Hände vor den Mund.

Im Erdgeschoss gibt es vier Zimmer. Zwei große zum Schlafen, einen Aufenthaltsraum und eine Küche. Die oberen Etagen sollen wir besser nicht benutzen, wegen der Artillerie. Ich hätte nicht gedacht, dass ein Safehouse in Reichweite feindlicher Granaten liegen kann.

Wir verteilen uns auf die beiden Schlafräume. Michael rollt seinen Schlafsack auf einer der freien Matratzen aus. Ich tue dasselbe. Ein paar libysche Rebellen sitzen an einem Tisch und rauchen. Sie nicken uns freundlich zu, grüßen, lächeln. Neben mir legen Arnaud und Nenad ihre Rucksäcke ab. Tara und David schlafen in dem anderen Raum.

Am Fußende meiner Matratze stehen ein paar Maschinenpistolen, und für einen kurzen Augenblick raubt mir ihr mattschwarzer Stahl jegliche Energie. Sogar hier, in diesem Zimmer, das uns in den nächsten Tagen zum Schlafen dient, kann es zu Beschuss kommen. An der Wand hängt eine gerahmte Fotografie, sicher die Familie, die hier wohnte, bevor das Haus ein Safehouse wurde. Zwischen dem Ehepaar, das jünger als Annemette und ich zu sein scheint, stehen drei Kinder. Zwei Großeltern-Paare sind ebenfalls zu sehen. Wo sie alle jetzt wohl sind? Der Junge, dem der Vater den Arm um die Schultern gelegt hat, als bestehe eine besondere Vertrautheit zwischen den beiden, ähnelt Mathias. Eine heiße Welle durchläuft meinen Körper, als ich an ihn denke.

David kommt ins Zimmer und sagt, dass er in zwei Stunden fährt, falls wir mitkommen wollen. Ich weiß nicht, wovon er spricht. Die anderen nicken nur. Ich will nicht fragen. Mein Magen knurrt. Die Übelkeit ist verschwunden und hat einem lärmenden Loch Platz gemacht. Ich versuche, nicht ans Essen zu denken. Ich habe Cupnoodles in meinem Rucksack, ansonsten weiß ich nicht, ob es hier etwas gibt. Ich gehe in die Küche in der Hoffnung, etwas Wasser zu finden, um den Hunger zu zügeln. Ein drahtiger Mann erhitzt Wasser auf einem kleinen Gaskocher. Er ist einer dieser Typen, bei denen man den Eindruck hat, dass sie niemals fallen können. Sehnige Beine und ein kontrolliert muskulöser Oberkörper. Er ist größer als ich, wirkt aber kleiner. Dem Aussehen nach zu urteilen könnte er Däne, Deutscher oder vielleicht Engländer sein. Das Haar schimmert rötlich, als fiele Abendlicht darauf. Das Gesicht ist scharfkantig und lässt ihn vierschrötig erscheinen.

»Hello, mate.«

Die Wortwahl verrät ihn. Er ist Australier, heißt Josh und sagt, er schlafe in dem anderen Zimmer.

»Bist du auch Fotograf, wie die anderen?«, fragt er.

»Nein. Woher in Australien kommst du?«

»Sydney.«

Das Einzige, was ich über Sydney weiß, ist, dass die Oper von dem dänischen Architekten Jørn Utzon entworfen wurde. Ich sage, dass ich aus Dänemark komme.

Er nickt, als sei er beeindruckt. »Gutes Land.« Josh erzählt, er sei schon oft in Kopenhagen gewesen, habe am Kopenhagen-Marathon teilgenommen. Gedankenverloren fährt er sich mit der Hand durchs Haar. »Ich muss los. War schön, dich kennenzulernen.«

»Gleichfalls.«

Später begegne ich Josh auf dem Flur und wundere mich darüber, dass er Laufsachen anhat. Gehört er vielleicht zu der Sorte Menschen, die sich in Dänemark stets so kleiden, als kämen sie gerade vom Joggen oder seien auf dem Weg zum Ashtanga Yoga oder zum Zumba?

Ich lege mich auf die Matratze, immer noch müde von der langen Bootstour und der Seekrankheit. Michael und Arnaud schlafen, Nenad hat sich Mini-Kopfhörer in die Ohren gesteckt und liest einen Comic. Auf dem Titelblatt sind Superhelden zu sehen. Ich döse ein, treibe im Grenzland zwischen Schlaf und Bewusstsein.

Plötzlich schrillt Lärm durch die Luft, die Matratzen vibrieren wie bei einem Erdbeben. Ich spüre einen Basston in meiner Brust und richte mich ruckartig auf. Eine donnernde Explosion, die Scheiben wackeln. In der Küche fällt irgendetwas klirrend zu Boden. Erschrocken sehe ich zu den Libyern hinüber, die immer noch an ihrem Tisch sitzen. Sie spielen Karten. »Not far away«, sagt einer von ihnen.

Michael stützt sich auf einen Ellbogen und reibt sich die Augen. Dann legt er sich wieder hin und schläft weiter.

Einer der Aufständischen, die Haare zum Pferdeschwanz gebunden, bemerkt meine Angst. Er spricht ein nahezu fehlerfreies Englisch und erklärt mir, dass die Regierungstruppen den Hafen mit Mörsern und Grad-Raketen beschießen. Manchmal zielen sie zu kurz. Er zeigt an die Zimmerdecke. »So wie jetzt.«

»Von wo schießen sie?«

»Sie haben den Flughafen besetzt.« Außerdem nennt er den Namen einer Stadt, der wie Taverna klingt. Als ob er ahnt, dass ich Neuankömmling bin, fügt er hinzu: »Du lernst das schon noch. Der Krieg hat seinen eigenen Rhythmus. Wir greifen morgens an. Sie antworten am späten Nachmittag.« Erneut zeigt er nach oben. »Und danach sind wir wieder dran.«

Er scheint völlig ruhig zu sein. Entweder hat er sich damit abgefunden, dass er hier sterben wird, oder man kann sich tatsächlich an die Ungewissheit gewöhnen. Die Rebellen stehen auf, nehmen ihre Maschinenpistolen und verlassen den Raum. Eine weitere Explosion erschüttert das Haus, und ich denke an Josh, der irgendwo da draußen ist. Ich kenne ihn nicht, bin aber dennoch beunruhigt.

Nach einer Weile taucht er auf, mit hochrotem Kopf, nach Luft ringend. Plötzlich nimmt er seinen CamelBak ab und schleudert ihn wütend zu Boden. »Fuuuuuck«, brüllt er so laut, dass die anderen kurz die Augen aufschlagen. »Musste mich mit achtzehn Kilometern begnügen, weil diese bescheuerten Aufständischen zu blöd sind, ihre Stellung in der Tripoli Street zu halten.«

Ich will fragen, nehme mich aber zurück. Ich warte, bis die Schlagader an seinem Hals weniger stark pulsiert. Er zieht das Trikot aus. Seinen Rücken bedeckt ein Adler-Tattoo. Die ausgebreiteten Flügel erstrecken sich über die Schulterblätter und die Oberarme. Die Schwanzfedern sind sehr detailliert dargestellt.

Ich betrachte die Tätowierung.

»Verleiht mir Flügel, Mann«, sagt er.

Ich kann den Groll in seiner Stimme hören. In den Worten steckt etwas Kindliches und gleichzeitig etwas Imponierendes. Er glaubt daran.

»Was machst du eigentlich in Misrata?«

»Mich austesten.«

Josh ist dreimaliger australischer Meister und zweimaliger Weltmeister im Zwanzigfach-Ironman. Da ich von der Disziplin noch nie etwas gehört habe, jedenfalls nicht in dieser Variante, erklärt er sie mir. Sechsundsiebzig Kilometer schwimmen, dreitausendsechshundert Kilometer Rad fahren und achthundertvierundvierzig Kilometer laufen. Ich lache und sage, dass ich diese Strecken in meinem ganzen Leben noch nicht zurückgelegt habe. Für ihn ist das hier ein ganz natürlicher Schritt. Nur so kann er sich noch herausfordern, sagt er. Er läuft Marathon in Kriegsgebieten. »Wart's ab, irgendwann wird das olympisch, und dann gehöre ich zu den Besten der Welt.« Zum ersten Mal breitet sich ein Lächeln auf seinem sonst so ernsten Gesicht aus.

Er fragt mich, warum ich hier bin.

»I am here with a friend«, antworte ich und denke, dass es wie eine hohle Phrase klingt, die man allenfalls in der Diskothek von sich gibt. Plötzlich erscheint der Grund meines Hierseins nicht weniger wahnwitzig als seiner. Ich bin nicht anders als Arnaud und Nenad.

»Well«, sagt er, und ich weiß, was er mit diesem Wort zum Ausdruck bringen will: jedem sein Vergnügen.

»Sorry«, sagt Josh, als sein Handy klingelt, und wendet sich ab. »Hey, Debs.«

Ich höre ihn nach den Kindern fragen, als sei er auf Geschäftsreise in Süddeutschland oder mit den Kumpels auf Tour zum Fußballspiel nach London. Sie sprechen ruhig miteinander. Offenbar teilt sie seine Enttäuschung über den Verlauf des Tages. »Ja, hoffentlich läuft's morgen besser«, sagt er. »Love you.«

30

David will, dass wir nach Al-Hekma mitkommen, Misratas einzigem funktionstüchtigem Krankenhaus. Ich kann mir lebhaft vorstellen, welche Anblicke uns dort erwarten, kann mir den Gestank und die Schreie vorstellen. Ich will nicht mit. Andererseits habe ich auch keine Lust, ohne die anderen im Safehouse zu bleiben. Ich zögere, während Michael seine Kameras zusammenpackt, und sehe zu Arnaud hinüber. Er macht keinerlei Anstalten, sich von seiner Matratze zu erheben.

»Kommt ihr mit?«, fragt Michael, über jeder Schulter eine Kamera baumelnd.

Arnaud rümpft die Nase. »Ich bleibe hier. Ich muss das nicht sehen.«

Ich schüttle ebenfalls den Kopf. Nenad schläft.

»Alright«, sagt Michael leichthin.

Ich höre, wie er mit David spricht, als sie das Haus verlassen. Es liegt etwas Erwartungsfrohes in ihren Stimmen. Ich schaue auf meine Hände. Sie zittern. Ich hätte wohl doch in Bengasi bleiben sollen.

Arnaud sieht mich an, ein wenig zu lang und zu eindringlich. Etwas in seinem Gesichtsausdruck sagt: »Jetzt sind nur noch wir drei hier.«

Ich wende den Blick ab. Nenad brummt im Schlaf wie ein alter Generator. Seine Hände liegen zu Fäusten geballt auf seinem Bauch. Sie sind groß. Ich stelle mir vor, wie sie eine Schaufel packen, wie sie unermüdlich Kohlen schaufeln oder Hühnern den Hals umdrehen. Arnaud spricht immer für sie beide. Nenad sagt nie etwas. Stille umgibt ihn, als sei sie eine Grundvoraussetzung für seine Existenz. Er scheint ein gequälter Mann zu sein.

Wieder sehe ich Arnaud an, der mich immer noch betrachtet. Im Gegensatz zu Nenad, dessen Gesicht Ähnlichkeit mit einer Drahtbürste hat, ist er stets frisch rasiert.

»Du willst nicht hier sein.«

Ein Achselzucken soll mir einen Moment Pause verschaffen, damit ich mir eine Antwort auf seine Worte zurechtlegen kann. Er schaut mich an, als wisse er mehr über mich als ich selbst. Erkennt man so deutlich, dass ich Angst habe? Hier, wo ich jetzt bin, kann ich das Geschehen nicht beeinflussen. Es liegt nicht in meiner Hand. Bestenfalls werde ich den Kontrollverlust als eine Befreiung erleben, wahrscheinlich aber als das Gegenteil.

»Ich wäre wohl besser in Bengasi geblieben«, sage ich, bemüht, meiner Stimme einen ruhigen Ton zu verleihen.

»Das stand dir ja frei.«

»Hast du keine Angst?«

»Wir sind nur ein paar nassforsche Pfadfinder. Oder vielleicht sind wir Pioniere? Bald werden die Leute mit Kameras um den Hals und Sonnenhüten auf den Köpfen den Kriegen hinterherreisen.« Das schiefe Lächeln verrät, dass er selbst nicht daran glaubt. »Wir leben im postintelligenten Zeitalter. Also warum nicht Dummheiten machen zum eigenen Vergnügen? Das ist längst legal.«

Nachdenklich sieht er mich an. Er macht keine Witze, das merkt man ihm deutlich an. Die großen braunen Augen blicken gutmütig, vertrauenerweckend. »Du hast mir damals in Beirut von deiner Arbeit erzählt. Du bist Lehrer, oder?« Ohne meine Antwort abzuwarten, fährt er fort. »Man muss arbeiten, wenn schon nicht aus Neigung, dann wenigstens aus Verzweiflung, denn es hat sich gezeigt, dass arbeiten weniger langweilig ist, als sich auszuruhen. Sagt jedenfalls Baudelaire. Alle haben ihr Leben so eingerichtet, dass sie auf den unvermeidlichen Infarkt hinarbeiten. Was wollen sie erreichen? Die Japaner haben für diese Art von Idiotie sogar ein Wort erfunden. Karoshi. Es bedeutet Tod durch Überstunden.«

Nach einer kurzen Pause nimmt Arnaud den Faden wieder auf. »Vielleicht sterben wir heute, vielleicht im Jahr 2054, aber so oder so, überall auf der Welt liegt die Sterblichkeitsrate bei einhundert Prozent. Das ist unbestritten. Also warum zu Hause hocken, wenn alle Hoffnung draußen ist.«

Es dauert einen Moment, bis mir die Doppeldeutigkeit seiner Worte aufgeht. Seine verbalen Kapriolen bringen mich durcheinander. Ich weiß nicht, worauf er mit seinem Monolog hinauswill, aber dennoch ergibt das, was er sagt, einen Sinn. Dann spüre ich seine Hand, die mir dreimal wohlmeinend auf die Schulter klopft.

»Man hat nur die ersten paar Tage Angst, danach gewöhnt man sich daran. Nimm zum Beispiel Nenad. Er hat keine Angst mehr, nie, hat weit Schlimmeres erlebt als das hier. Er wurde 1972 in Srebrenica im damaligen Jugoslawien geboren. Heute liegt die Stadt in Bosnien.«

Ein Blick auf den schlafenden Mann lässt mich daran zweifeln, dass er vier Jahre jünger sein soll als ich.

»Hast du vom Srebrenica-Massaker gehört?«

Ich nicke und spüre bereits das Drama, das seine Geschichte für mich bereithält.

Srebrenica in der Republik Srpska in Bosnien-Herzegowina war ein verträumtes Städtchen in den Bergen mit einem Flüsschen und einer kleinen Kirche, die ein gutes Postkartenmotiv abgab.

Touristen kamen zur Kur, und in den Minen der Umgebung wurden Gold, Salz und Zink abgebaut. Arnaud muss dort gewesen sein oder zumindest einiges über die Stadt gelesen haben, sonst könnte er sie nicht so detailliert beschreiben.

»Dann kam der Krieg«, sagt er und sieht den schlafenden Nenad mit sanftem Blick an.

Seine Stimme ist leiser geworden. Mehr als achttausend Bosnier aus der Stadt und ihrer Umgebung wurden ermordet. Nenad verlor fast seine gesamte Familie, seinen Vater, seine Schwester und seinen Zwillingsbruder. »Er vergötterte Predrag.«

»Hat er dir das alles erzählt?«

»Wenn Nenad betrunken ist, dann redet er.« Arnaud schaut hinüber zu dem Bosnier. »Danach hat er sich irgendwie durchgeschlagen, hat sich vor dem Krieg versteckt und davor, zum Militär eingezogen zu werden. Sein Traum, Schauspieler zu werden, wurde unter Trümmern begraben.«

»Und warum ist er jetzt hier?«

»Er kann nicht anders. Er ist nur dort lebendig, wo Unruhe und Chaos herrschen.«

Als habe er gespürt, dass die Rede von ihm war und die Geschichte zu Ende ist, schlägt Nenad die Augen auf. Er blinzelt ins Licht und stützt sich auf den Ellbogen. Aus seiner Tasche nimmt er etwas, das wie eine Tube Mayonnaise aussieht.

»Und er würde sterben für Käse aus der Tube.«

Ich betrachte den großen Mann, der den Kopf in den Nacken legt und Käse aus der Tube drückt. Ein langer Streifen windet sich in seinen Mund. Arnauds Worte und Nenads Geschichte haben Eindruck auf mich gemacht. Gleichzeitig beschleicht mich ein Gefühl der Verlorenheit, weil Michael nicht hier ist.

Am Abend sehen Michael und David die Bilder auf ihren Computern durch. Tara schreibt einen Artikel über die

Scharen von Flüchtlingen am Hafen und über die, die noch im Laufe des Tages angekommen sind, schickt Texte und Bilder an Nachrichtenagenturen. Ich spüre, dass Michael und David etwas erlebt haben, das sie nicht mit uns teilen wollen. Mit brüchiger Stimme erwähnen sie Tara gegenüber einen Tim und einen Chris. Taras Gesicht zieht sich zusammen.

Obwohl ich es nicht will, kann ich nicht anders und blicke den beiden Fotografen über die Schulter und höre, wie sie sich austauschen. Die Notaufnahme ist ein weißes Zelt auf einem Parkplatz. Drinnen herrscht drangvolle Enge, Verwundete überall. Schussverletzungen, Granatsplitter, abgerissene Arme und Beine und Kinder mit Augen voller Tränen. Scheinbar kilometerlang blutverschmierte Bandagen, aber auch Gaddafi-Soldaten, die gefoltert wurden und am Leben gehalten werden, damit man sie wieder verhören kann. Einen Augenblick lang muss ich wegsehen.

Michael und David diskutieren die Bilder. Ich bewundere ihre Fähigkeit, auszublenden. Als Profis verfügen sie über einen Filter, der sie von der Wirklichkeit der Fotografien abschirmt. Sie besprechen die Motive, wählen aus und verschicken. Die grauenvollsten Aufnahmen sortieren sie aus; sie anzusehen, kann sowieso niemand ertragen.

Eines der Bilder, das Michael gemacht hat und über das sie reden, zeigt eine ältere Frau, die auf einer verlassenen Straße liegt. Aus einer Schusswunde in ihrem Bauch läuft Blut. Ein Heckenschütze, höre ich David sagen.

»Perfekte Komposition«, sagt Michael. »Der Körper im Goldenen Schnitt und der Arm auf der Diagonalachse, als würde er auf etwas außerhalb des Bildes zeigen. Das Blut schafft den Kontrast zum Grau der Kleidung.«

Manchmal fällt es mir schwer zu sagen, ob er sich als Kriegsfotograf oder als Künstler sieht.

An diesem Abend kann ich nicht einschlafen. Ich denke an die Bilder und die Kinder darauf. Und Nenad schnarcht. Als ich endlich zur Ruhe komme, träume ich intensiv von Misrata. Langsam gehe ich durch die Stadt. Sie ist voller Menschen, aber niemand nimmt Notiz von mir. Ich sehe sie so, wie sie vor dem Krieg ausgesehen haben könnte. Minarette, die hoch über den Moscheen aufragen, grüne Parks und Plätze, die Offenheit in der Stadt und zwischen den vielen unterschiedlichen Baustilen schaffen, die die Kolonialherren wie Denkmäler hinterlassen haben. Der Duft von Gewürzen erfüllt die Luft, die Sonne zittert, und die weiß getünchten Wände blenden meine Augen.

31

Den ganzen Morgen über bereitet Michael mich vor. »Wenn du auch nur den leisesten Zweifel hast, solltest du auf keinen Fall mitkommen.« Ich bin überzeugt. Wenn die anderen sich trauen, traue ich mich auch. Der Gedanke, allein im Haus zurückzubleiben, gefällt mir ebenso wenig. »Okay«, sagt Michael resignierend. »Du musst nur ständig auf der Hut sein, jede Sekunde.« Und um seine Worte zu unterstreichen, hebt er den Zeigefinger. »Handle nie gegen dein Bauchgefühl. Niemals.«

Sein Blick ruht auf mir, bis ich zustimmend nicke. Unterdessen begehrt mein Magen gegen das ungewohnte Essen auf, das der Mann mit dem Pferdeschwanz für uns zubereitet.

»Ein paar grundlegende Dinge. Geschützfeuer incoming oder outgoing? Incoming verursacht einen Knall, wenn das Geschoss die Schallmauer durchbricht. Weißt du, wie sich eine Mörsergranate anhört?«

Ich schüttle den Kopf. Der Alltag eines Gymnasiallehrers ist wenig ereignisreich. Man duckt sich nicht vor Mörsergranaten, sondern vor der Einteilung als Spätaufsicht bei Oberstufenfeiern, Modulen am Freitagnachmittag und Kennenlernwochenenden der Jahrgangsstufe elf.

»Wenn sie ganz nah kommen, kreischen sie, als würden sie die Luft zerschneiden. Dann wirft man sich auf den Boden.«

Er legt sich auf den Boden und macht sich schmal wie ein Brett. »Den Einschlag federt man mit dem Körper ab, so gut es geht. Die Splitter einer Mörsergranate spritzen in einem schrägen Winkel nach oben weg, nicht waagerecht, wie die meisten glauben. Im Liegen ist das Risiko, getroffen zu werden, also am geringsten, selbst wenn man ziemlich nah an der Einschlagstelle ist.« Er kommt hoch auf die Knie. »Ich achte immer darauf, auf welchem Untergrund die Granate einschlägt. Trifft sie auf Asphalt oder eine Mauer, ist die Explosion unvorhersehbar, die Splitter fliegen weiter und prallen irgendwo unkontrolliert ab. Sand dagegen absorbiert die Wirkung.«

»Und danach?« Die Frage klingt dumm. Was, wenn es kein Danach gibt?

»In der Regel feuern sie mindestens drei Granaten ab, meistens mehr. Sie haben immer einen vorgeschobenen Beobachtungsposten, der sie korrigiert. Auf diese Weise schießen sie sich ein. Deshalb heißt es abhauen, sobald du wieder diesen dumpfen Laut hörst, wenn die Granate das Rohr verlässt. Aber im Normalfall muss man sich wegen Mörsern keine großen Sorgen machen. Sie sind ungenau. Mit der Artillerie sieht das schon anders aus. Außerdem ist immer wichtig, wer schießt: ausgebildete Soldaten oder Amateure? Ich achte auch immer darauf, ob noch andere Leute in der Nähe sind, Frauen, Kinder vielleicht? Dann kann man das Bedrohungsniveau besser einschätzen.«

Hier sind keine Frauen oder Kinder. Wir liegen auf dem Dach eines Hotels und blicken über die Stadt. Ich mache Urlaub in der Hölle. Von hier oben sieht Misrata wie eine Geisterstadt aus, eine Stadt, gegen die Bengasi wie ein Kopenhagener Stadterneuerungsprojekt anmutet. Ob ihre Bewohner in Europa unterkommen? Im Süden kann ich nichts als zerstörte

Gebäude, ausgebrannte Autos und Lastwagen erkennen. Ein überlegener Feind hat eine Großstadt als Geisel genommen und belagert sie, sie ist ein modernes Leningrad oder Sarajevo. Die Rebellen stehen mit dem Rücken zur Wand, die Gewehre des Feindes sind auf ihre Stirn gerichtet, aber sie lassen den Mut nicht sinken, denn sie haben keine Angst zu sterben. Die Stadt ist zu einem Symbol für den Kampf eines Volkes gegen einen Diktator geworden, und dank Leuten wie Michael, David und Tara hat ihre Geschichte den Weg in die Nachrichtenströme des Westens gefunden. Alle lieben solche Geschichten, alle lieben den trotzigen Kampf des Unterlegenen. Und alle hassen Diktatoren. Der Hafen Gasr Ahmed ist die Lebensader von Misrata. Wird die einzige Versorgungslinie abgeschnitten, fällt die Stadt. Und fällt die Stadt, ist auch die Jagd auf Ausländer wie uns eröffnet.

David und Michael scheinen die Ruhe selbst zu ein. Al-Jazeera ist auch hier, und sie haben Sicherheitsleute dabei. Ein Stück weit hinter uns liegt der Hafen. Er ist mein Orientierungspunkt, weil er unseren einzigen Fluchtweg darstellt. Ich wäre lieber dort in der Nähe. Mein Körper ist aus dem Gleichgewicht geraten. Ein unfreiwilliges Zittern durchströmt mich. Mein Blick folgt dem Verlauf der Tripoli Street, die sich vom Zentrum Richtung Süden erstreckt, wo sie die Küstenstraße kreuzt; ungefähr da ist die Front. Den Aufständischen ist es gelungen, Gaddafis Streitkräfte in Bedrängnis zu bringen, und während der letzten Tage ist es zu heftigen Zusammenstößen gekommen. Die Regierungstruppen wirken erschöpft, während der Kampfgeist der Rebellen Tag für Tag wächst. Sagt jedenfalls unser Lotse, der Mann mit dem Pferdeschwanz, während er auf die Tripoli Street zeigt. Währenddessen packen die Leute von Al-Jazeera ihr Zeug zusammen. Sie wollen an den Hafen, um ein Feature zu drehen. Einen Augenblick lang streift mich der Gedanke, nach einer Mitfahrgelegenheit zu fragen, aber es ergibt sich keine Möglichkeit. Dann höre ich, wie unterhalb des Hotels ihre Autos starten.

»Können wir dahin kommen?«, fragt David und zeigt in Richtung der Front. Ich bemerke die Rastlosigkeit in seiner Stimme und erinnere mich an Michaels Worte: »Die Langeweile ist der größte Feind des Fotografen. Sie lässt dich übermütig werden.«

»Sicher«, antwortet der Mann mit dem Pferdeschwanz, aber zuerst will er uns etwas zeigen.

Wir halten vor einem hohen Gebäude, das schlimm zugerichtet ist. Es wird Tamim genannt, wie er uns erklärt, weil hier vor dem Bürgerkrieg die gleichnamige Versicherungsgesellschaft ihren Sitz hatte. Wir gehen die neun Stockwerke hinauf bis zum Dach. Ich bin der Letzte in der Reihe und höre Tara stöhnen, die als Erste oben angekommen ist. Michael und David sind bereits dabei, Fotos zu machen. Nenad betrachtet die blutige Szenerie, ohne eine Miene zu verziehen, während uns der Mann mit dem Pferdeschwanz voller Stolz ansieht.

»Heckenschützen«, sagt er.

Die beiden Leichen riechen noch nicht. Zum ersten Mal sehe ich den Feind aus nächster Nähe. Ich sehe zwei Tote und sehe sie als Feind, aber sie waren nicht mein Feind. Ich sehe auf zwei ausgelöschte Leben, zwei Schicksale, zwei Menschen, die wahrscheinlich irgendwo vermisst werden, nur nicht hier. Wären die Blutflecken auf der Kleidung und ihre unnatürliche Körperhaltung nicht, könnte man meinen, sie würden friedlich schlafen. Aber hier sind sie keine Menschen, hier sind sie Muammar al-Gaddafi in höchst eigener Person. Und natürlich mussten sie sterben, denn sie waren Mörder, aber so nennt man das nicht, wenn jemand eine Uniform trägt.

Die zwei hatten sich hier oben als Heckenschützen eingerichtet, Schlafsäcke, Matratzen, ein Gaskocher und ein Eimer in der Ecke für die Notdurft. Über ihnen summen Fliegen.

Überall liegen Patronenhülsen, Hunderte, vielleicht sogar mehr als tausend. Der Mann mit dem Pferdeschwanz stupst mit dem Fuß den Arm des einen Toten an. Dann demonstriert er den Schusswinkel vom Rand des Dachs, von wo sie vierundzwanzig Stunden am Tag auf alles geschossen haben, was sich bewegte: Rebellen, Frauen, Kinder, Sanitäter. Die Rebellen haben ihre Präzisionsgewehre, die Ferngläser, die Funk- und die Nachtsichtgeräte an sich genommen.

Als wir das Gebäude verlassen, sehe ich eine Gestalt auf uns zulaufen. Das Tempo ist gemäßigt, der Mann ist nicht auf der Flucht, die Schritte sind kontrolliert. Die Person wird größer und entpuppt sich als Josh.

»Hey, man.« Seine Stimme klingt fröhlich, als er an uns vorbeiläuft. »Siebenundzwanzig«, ruft er uns über die Schulter zu.

»Siebenundzwanzig?«, fragt Michael.

»Siebenundzwanzig Kilometer«, antworte ich. »Er ist siebenundzwanzig Kilometer gelaufen. Jetzt braucht er nur noch fünfzehn.«

»Verrückter Hund.« Nickend stimmen wir anderen seinem Kommentar zu.

Dann fahren wir auf die Tripoli Street und in Richtung Front.

32

Die Luft vibriert. Die Straßen gleichen einem Labyrinth. Die Rebellen haben sie mit See-Containern oder sandgefüllten Barrikaden blockiert. Eine Mörsergranate hat den Bürgersteig aufgerissen. Es sieht aus wie ein Kaiserschnitt. Nenad signalisiert uns mit einer Handbewegung die Gefahr. Hier draußen besitzt er eine Art sechsten Sinn, über den wir anderen nicht verfügen. Ob es auf Erfahrung oder seine Kindheit und Jugend am Balkan zurückzuführen ist, kann ich nicht einschätzen. Er erzählt nie etwas.

Erst klingen die Schüsse ungefährlich. Sie sind nicht laut genug, als dass man es tatsächlich mit der Angst zu tun bekommt. Die Maschinenpistolen knattern wie Spielzeugwaffen. Aber je näher wir kommen, umso mehr Schwere liegt in den Schüssen. Allmählich klingen sie bedrohlich, dann tödlich; gleich sind wir auf der Tripoli Street.

Nahe einer ausgebombten Autowerkstatt kommen wir an ein paar Rebellen vorbei. Sie rufen uns »Victory« hinterher. Keiner von uns kennt die jungen Journalisten, die bei ihnen sind, offenbar auch Freiberufler. Sie wollen sich uns anschließen, aber Michael ruft ihnen zu, sie sollen sich zum Teufel scheren.

»Es ist brandgefährlich, sie dabeizuhaben. Sie wissen nicht, wovor sie Angst haben müssen«, sagt er zu mir.

Neben einem großen Möbelhaus steht ein von den Regierungstruppen aufgegebener LKW. Gestern kam es hier und beim angrenzenden Gemüsecenter zu Kämpfen. Wir sind nicht die Ersten, die den LKW bemerken. Der Laderaum steht offen. Dahinter ist eine hohe Mauer mit rußschwarzen Einschusslöchern zu erkennen, die Granaten hinterlassen haben, so groß, dass man mit einem PKW hindurchfahren könnte. Auf dem Boden verstreut liegen grüne Uniformen und zerrissene Pappkartons.

»Souvenirs.« Arnaud hebt einen Helm auf und schiebt den Zeigefinger durch ein ausgefranstes Loch, das ein Projektil hineingebohrt hat. Er lässt ihn fallen, und Staub wirbelt auf.

»Machen wir, dass wir wegkommen. Es könnte eine Falle sein.« Michael zieht mich am Arm. »Vielleicht kennen sie die Koordinaten, vielleicht sitzt irgendwo ein Späher mit Fernglas und Funkgerät.« Sein Blick sucht die höchsten Gebäude in der Umgebung ab. Ich spüre seine Worte in der Brust und ihren Ernst in der Magengegend. Ich habe hier keinen Job, den ich erledigen muss, so wie er; ich muss nur dafür sorgen, zu überleben. Mein erster Gedanke ist »Renn«. Loslaufen, mich einfach von meinen Beinen wegtragen lassen, aber wohin? In welche Richtung? Kühlen Kopf bewahren, sage ich mir wieder und wieder. Komm schon, Niels. Denk an das, was Michael dir beigebracht hat.

Der Mann mit dem Pferdeschwanz und Michael laufen los, langsam und kontrolliert. Wir anderen folgen ihnen. Ich blicke über die Schulter zurück. Jetzt haben auch die Rebellen und die beiden Journalisten, an denen wir eben vorbeigekommen sind, den LKW entdeckt. Sie ziehen Uniformjacken an und setzen Helme auf, lachen, als würden sie ein Rollenspiel aufführen. Dann kann ich sie nicht mehr sehen.

Wir biegen um eine Ecke. Die Tripoli Street ist wie ein Kriegsfilm. Der Krieg wird Häuserblock für Häuserblock ausgetragen, eine Straße für jedes Gefecht. Der Feind ist hier ganz nah, und jetzt muss ich ihn als solchen betrachten, denn er schießt in meine Richtung. Wir stehen im Epizentrum der Auseinandersetzungen. Alles in mir schreit weg, nur weg von hier. Ich zittere vor Angst. Ein Pickup-Truck fährt mit hoher Geschwindigkeit rückwärts. Von seiner Ladefläche feuert ein Maschinengewehr hackend Projektile ab. Ich rutsche aus, falle, liege auf der Erde, festgenagelt von dem Kriegslärm um mich herum, nur zu einem Gedanken fähig: verschwinden. Mich unter ein Auto rollen. Warten, bis der Krieg in die nächste Straße gezogen ist. Ein stechender Schmerz jagt durch meine Hand, als Michael mich auf die Beine zieht. »Bleib einfach dicht an mir dran.«

Hinter einem verkohlten Autowrack stehen Rebellen und feuern mit Maschinenpistolen. Sie schießen, ohne aus ihrer Deckung zu kommen, ohne zu sehen, wen oder was sie treffen. Sie kämpfen gegen Gaddafis Soldaten, in Poloshirts, Holzfällerhemden, Sandalen und Jeans. Einer von ihnen trägt Converse. Es sind Männer jeden Alters. Als sie uns sehen, lachen sie, als sei das Ganze ein Spiel. Wie sollen sie jemals eine Armee besiegen können?

Wir folgen dem Mann mit dem Pferdeschwanz durch ein Haus. Ich sehe nur Michaels Rücken, darf ihn nicht aus den Augen verlieren. Will einfach nur da sein, wo er ist. »Rabbit holes«, sagt der Mann mit dem Pferdeschwanz. Sie haben Löcher in die Wände gehauen, sodass sie ungesehen von Haus zu Haus huschen können. In diesem Moment wird mir klar, dass die Aufständischen einen Vorteil haben: Sie sind mit der Stadt vertraut, sind hier aufgewachsen, kennen jede Straßenecke und jede Gasse. Die Stadt gehört ihnen, und eher werden sie sterben, als sie aufzugeben.

Durch eine Öffnung in der Mauer vor uns können wir nach draußen sehen. Eine Reklametafel mit Werbung für Pepsi-Cola ist von Projektilen durchlöchert, am Stadtrand sind Palmen erkennbar. Sie wirken fehl am Platz. Palmen stehen für Frieden und Beschaulichkeit, klares Wasser, eine sanfte Brise, ein exotisches Reiseziel. Nicht für den Krieg. Aber hier ist der Frieden zu Staub zerbombt, die Beschaulichkeit in Stücke gesprengt.

Unten an der Küstenstraße stehen einige Hochhäuser, die Wohnungen beherbergen, und eine verlassene Autowaschanlage. Wir sehen Regierungstruppen. Sie kommen nicht auf uns zu, sie ziehen sich zurück, klettern auf Lastwagen und fahren aus der Stadt. Mit seinem Handy schickt der Mann mit dem Pferdeschwanz die Koordinaten, wo sich Gaddafis Truppen aufhalten, ins Hauptquartier der Rebellen. Auf dem gleichen Weg, auf dem wir gekommen sind, rennen wir aus dem Haus.

Dann höre ich das Geräusch, vor dem Michael mich gewarnt hat und das ich fürchten muss. Das grauenvolle Kreischen. Incoming. Ich blicke nach oben, kann aber nichts ausmachen, sehe nur die Farben eines unschuldigen Himmels. Dann verlangsamt sich alles: die Bewegung meiner Arme, die ich über dem Kopf zusammenschlage, mein Gesicht, das sich zusammenzieht, mein Körper, der wie angewurzelt dasteht, viel zu groß, als dass er Deckung finden könnte. Die Luft donnert. Die Erde bebt wie unter Pferdehufen. Ich höre den Einschlag und spüre ihn in derselben Sekunde. Es ist, als würden meine Ohren aufgeblasen und platzten wie ein Ballon. Der Luftdruck lässt meine Kleidung flattern. Meine Gelenke sind blockiert, und ich stehe in einer Wolke aus Staub. Mitten in einer Welle aus infernalischem Krach. Ich fühle keine Schmerzen. Entweder bin ich sehr lebendig oder sehr tot. Dann übernimmt die Stille. Langsam wie Staub lässt sie sich nieder. Wie eine Filmrolle, die gerade wieder anläuft, erwacht die Welt um mich herum wieder zum Leben. Von überall höre ich Rufe, aber keine hohen, schrillen Schreie, niemand scheint sich in unmenschlichen Schmerzen zu winden. Ich sehe Bewegung. Dann höre ich Michaels Stimme neben mir. Ruhig und gedämpft. »Bist du okay, Niels?« Er dreht mich zu sich herum und legt die Hände auf meine Schultern. »Es ist dir nichts passiert.«

Meine Atemzüge sind schwer wie Beton, ich muss sie aus dem Bauch nach oben hieven. »Ich bin okay«, sage ich. Nicht, weil ich es weiß, sondern weil ich es hoffe. Ich sehe in Michaels regungslose Miene. Alles, was er mir über Einschläge erzählt hat, was ich tun soll und wie ich mich zu verhalten habe, war mit der Granate wie weggewischt. Ich hatte alles vergessen. Vergessen, mich platt auf die Erde zu werfen, habe dagestanden wie eine Palme, die jemand in den Boden gerammt hat. Sein Blick sagt mir, dass ich es schon noch lernen werde.

David lacht. »Fuck, das war verdammt knapp.« Und dann lachen wir alle vor Erleichterung. »Verflucht, das ist verrückt.«

Der Mann mit dem Pferdeschwanz gestikuliert. »Sehen wir zu, dass wir verschwinden. Es kommt nie nur eine Granate.«

Wir laufen los. Das Geschoss ist unmittelbar vor dem LKW eingeschlagen, den Gaddafis Männer zurückgelassen haben. Als sich der Staub gelegt hat, können wir die Körper sehen, oder das, was von ihnen übrig ist. Die grünen Uniformjacken sind dunkelrot, die Helme liegen zwischen Armen und Beinen verstreut. Der eine der beiden Journalisten ist noch am Leben. Er stöhnt. Ich kann nicht erkennen, ob ihm ein Arm fehlt oder ein Bein oder beides. Er ist ein Klumpen Fleisch. Undeutlich dringen seine Worte zu uns herüber. Es ist Deutsch, und ich meine, das Wort Hilfe herauszuhören und dass er ständig so etwas wie »Blum« wiederholt. Schluchzend stößt er es hervor, er hat einen Schock, die Augen blicken irre, und er verschwindet aus der Welt und kehrt zurück, während einige Rebellen zu ihm hinstürzen und seinen Kopf stützen.

Ich halte mir eine Hand vor die Augen.

»Was habe ich gesagt?«, konstatiert Michael trocken. Es bedeutet ihm nichts, dass er recht hatte.

Krankenwagen werden gerufen. Der erste bremst in einer Staubwolke. Auf dem Beifahrersitz hocken zwei Kinder, kaum zehn Jahre alt. Sie schauen durch die Windschutzscheibe auf die zerfetzten Männer. Noch bevor er etwas sagt, kann ich Davids Wut auf seinem Gesicht ablesen. »Bist du wahnsinnig? Deine Kinder hierherzubringen?«

»Das Risiko, dass sie zu Hause sterben, ist genauso hoch wie hier. Und hier weiß ich wenigstens, was mit ihnen passiert.« Der Fahrer eilt zu dem jungen Deutschen. Er hat keine Zeit für derlei Diskussionen.

»Wir müssen hier weg. Sie schießen auch auf Krankenwagen. Und sie wissen, dass sie auf dem Weg hierher sind.«

Zurück im Safehouse sind wir merkwürdig exaltiert. Wir haben überlebt. Alle reden durcheinander, wie eine Jugendmannschaft, die gerade ein Fußballspiel gewonnen hat. »Habt ihr gesehen, wie ich gestürzt bin? In dem Haus? Wisst ihr noch, als Josh vorbeigekommen ist? Irrer Typ.« David lacht am lautesten, und der Mann mit dem Pferdeschwanz scheint einem Actionfilm entsprungen zu sein. An der Front haben alle die Luft angehalten, zurück in Sicherheit lassen sie sie wieder raus. Ist die Angst Vergangenheit, verwandelt sie sich in eine packende Geschichte, und das wissen sowohl die Journalisten als auch die Rebellen. Sie müssen nur am Leben bleiben, damit die Geschichte erzählt werden kann.

Ich erlebe das Gerede als eine Möglichkeit, das Grauen auf Distanz zu halten, und für einen Augenblick ist der zerschmetterte Deutsche vergessen. Das Haus ist voller Menschen, auch Leute, die wir nicht kennen. Sie feiern den Rückzug wie einen großen Sieg. Die Stimmung ist gelöst, und mir imponieren diese Männer und ihre Fähigkeit, tagsüber in den Krieg zu ziehen und abends bei einer Tasse Tee zu plaudern. Was mich betrifft, so ist meine Erleichterung riesig. Ich hatte genug Spannung für ein ganzes Leben. Es fühlt sich gut an.

Einige der Leute, die ich nicht kenne, halten mich für einen Journalisten. Auf Englisch erzählen sie. Von ihren Träumen, ihrer Sehnsucht nach Freiheit, davon, dass sie so frei sein wollen wie ich. Ich nicke und tue so, als sei ich tatsächlich Reporter. Soll ich ihnen ihre Illusionen nehmen?

Als es ruhig wird im Haus, gehen alle zu ihrer abendlichen Routine über. Ein Splitter hat sich tief in meine Hand gebohrt. Lass ihn drin, sagt Michael, aber geduldig nimmt Tara sich der Sache an. Es liegt etwas Mütterliches in dem, wie sie sich konzentriert um mich kümmert. Und ich denke, ein Kind wird es eines Tages gut bei ihr haben. Ich fluche, und sie lächelt. Nicht entschuldigend, weil sie mir wehgetan hat, sondern weil sie findet, ich hätte mir den Schmerz verbeißen können.

Michaels und Davids Bilder sind hochdramatisch, sie spiegeln die Gefahr, zeigen die Wirklichkeit und den großen Mut. Ich durchlebe die Explosion noch einmal, sehe den Tod und den schwer verwundeten Deutschen. Mein Gedächtnis wird niemals in der Lage sein, das Erlebnis zu löschen. Ich brauche die Fotos nicht.

Drei von Davids Bildern lösen ungläubiges Staunen bei Tara aus. Das erste zeigt einen mit »MAT-120« beschrifteten schwarz-gelben Zylinder, das zweite ein propellerartiges Ding. Auf dem letzten Bild ist es umgedreht zu sehen und gleicht noch am ehesten einer Augenpfanne.

»Ist es das, was ich glaube?« Tara zieht die feinen Augenbrauen hoch in die Stirn. Ich merke ihr an, dass die Motive Abscheu bei ihr auslösen, weiß aber nicht warum.

»Deshalb habe ich die Bilder gemacht.«

»Wo hast du sie gemacht?«

»In Al-Schawahda, nicht weit vom Krankenhaus.«

Ich will gerade fragen, als Arnaud mir zuvorkommt. »Was ist das?« Der Franzose kneift die Augen zusammen und beugt sich näher zu dem Bildschirm.

»Streubomben«, antwortet David und dreht sich zu uns um. »Auf hundert Opfer einer Streubombe kommen sechs Soldaten. Der Rest sind Zivilisten.«

Als ich mich spät am Abend auf meine Matratze lege, ist mein Kopf voller Streubomben. Michael hat mir Bilder gezeigt. Immer Zivilisten, immer Unschuldige. Zerfetzte, aufgeschlitzte, verbrannte Erwachsene und Kinder.

Morgen werden wir von hier verschwinden. Wenn ich an all das hier denke, den Tod, die Leichen, die Explosionen, dann sehne ich mich nach meiner Familie, vermisse es, zu Hause zu sein. In Sicherheit.

33

Frühmorgens stehen wir am Hafen. Der Sonnenaufgang färbt die Wolken rotgelb. Ein Fischerboot gleitet lautlos durch das Wasser. Ein paar Männer fangen die Vertäuung auf, die von einem starken Arm auf den Kai geworfen wird. Wie alle anderen Städte schläft Misrata nachts wie ein Kind. Still und unschuldig. Erste Geräusche sind zu hören, aber es sind weder Schüsse noch Explosionen. Vielmehr sind es die Geräusche einer erwachenden Stadt. Wir haben uns von den anderen verabschiedet. Der Mann mit dem Pferdeschwanz hat Michael und mich zum Hafen gebracht.

Mein Körper ist randvoll mit Freude und einer fast schon kindlichen Erleichterung darüber, Misrata verlassen zu können. Als ich nach unten auf das Deck klettere, knicke ich um. Einer der Fischer fängt mich auf, und ich klammere mich an die Arme des großen Mannes, der mich vorsichtig auf den Boden setzt. Ich stoße einen kurzen Schrei aus, als mein Fuß die Planken berührt, und verfluche mich selbst. Ich war so dicht dran, so zu sein wie die anderen.

Die Überfahrt nach Bengasi verläuft ereignislos. Unterwegs denke ich an die Menschen, denen ich begegnet bin. »Nichts kann uns aufhalten, keine Panzer und keine Bomber.« Es ist naiv und bewundernswert. Ich habe ihren Geist und ihren Mut gesehen, deshalb glaube ich an sie.

Heute fühle ich mich gut, keine Spur von Seekrankheit. Michael schläft die meiste Zeit. Ich habe den Fuß auf eine Fischkiste gelegt. Er pocht. Vielleicht eine leichte Verstauchung. Ich bin von mir selbst genervt. Ich war so dicht vorm Ziel, so kurz davor, in ein paar Tagen im Sommerfuglevænget vorm Spiegel zu stehen und mir sagen zu können: Bist ein zäher Knochen, Niels.

Ich lege den Kopf in den Nacken und sehe hinauf zum Himmel. Als ich das letzte Mal an Deck eines Boots lag, leistete Tara mir Gesellschaft – und der Geschmack von Erbrochenem.

Als Michael aufwacht, merkt er, dass ich ihn ansehe. »Ist was?«

»Ich musste gerade an Tara denken.«

»Und? Was ist mit ihr?«

»Warst du mal mit ihr im Bett?« Ich weiß nicht, warum ich frage, es ist mir nicht wichtig. Er zuckt mit den Achseln.

»Wolltest du sie deswegen nicht dabeihaben, als wir sie vorm Uzu-Hotel in Bengasi getroffen haben?«

»Kann sein.«

Vom Kai aus winkt uns Hamid mit beiden Armen über dem Kopf zu. Ob er wusste, wann wir anlegen, oder ob er schon den ganzen Tag hier steht, weiß ich nicht. Er begrüßt uns herzlich, fast leidenschaftlich. Im Auto redet er ununterbrochen. Er hatte wohl nicht damit gerechnet, dass wir wiederkommen.

»Ihr müsst heute zu uns nach Hause zum Abendessen kommen«, insistiert er.

Da es unser letzter Abend in Libyen ist, will seine Frau Asma für uns kochen. Aber zuerst fährt er uns zum Uzu, wo Michael ein Treffen mit Piet Luivens verabredet hat, einem Beobachter von Human Rights Watch.

Hamid wartet im Auto, während wir ins Hotel gehen und Piet Luivens' Zimmer aufsuchen. Wir zeigen dem Holländer die drei Fotos.

»Das sind Streubomben.« Er hat keinen Zweifel. Mit sich selbst spricht er Niederländisch, tippt auf der Tastatur seines Computers herum und sagt dann mit ernster Stimme: »Sie dürfen niemandem etwas über Ihre Entdeckung verraten, unter keinen Umständen.« Seiner Einschätzung nach handelt es sich um in Spanien produzierte Streubomben. Die spanische Regierung hat sie nicht zerstört, als sie verboten wurden, sondern sie stattdessen an Gaddafi verkauft. Er wird nach Misrata gehen und sich die Sache genauer ansehen. Als wir das Zimmer verlassen, steht er in der Tür und legt einen Zeigefinger quer über die Lippen.

Unten auf dem Parkplatz sitzt Hamid auf der Motorhaube seines Wagens, den Rücken an die Windschutzscheibe gelehnt. Genau wie bei unserer ersten Begegnung. Sein Gesicht strahlt Ruhe aus und wird von der Sonne beschienen. Ein zufriedenes Lächeln, die Augen geschlossen, der Krieg ist für einen kurzen Moment vergessen. Ich bringe es nicht über mich, ihn zu stören, aber Michael zögert nicht.

»Können wir?«

Langsam öffnet er die Augen. Wir steigen ein und fahren zu ihm nach Hause, in eine kleine Wohnung in einem niedrigen Gebäudekomplex. In der Tür empfängt uns Asma. Ein paar kleine Kinder verstecken sich neugierig hinter ihr. Das Kopftuch verbirgt nicht die feinen Züge ihres Gesichts. Ihr Lächeln leuchtet wie die Sonne, die vollen Lippen haben nichts gemein mit den Botox-unterspritzten der Mädchen in Beirut.

Der kleine Flur bietet kaum Platz für uns alle, und entschuldigend sage ich zu Hamid: »Wir wollen uns nicht aufdrängen.«

Bewusst überhört er meine Worte, und kurz darauf sitzen wir in einem engen Raum. Ein Teppich mit schwindelerregenden

172

Mustern teilt ihn in Wohn- und Esszimmer. Leitungen klettern die Wände empor, vom Hitachi-Fernseher, von der Lampe über dem Sofa, von der Klimaanlage. Hamid serviert Maghrebi, einen grünen Minztee. Seine Mutter sitzt in einem Schaukelstuhl und klatscht jedes Mal verzückt in die Hände, wenn sie etwas erzählt. Wir sind ihre Retter. Wir sind die Männer mit den Bomben, die ihre Stadt gerettet haben. Wir sind die NATO. Hamid übersetzt, bis er aufsteht und das Zimmer verlässt. Sie schmatzt zufrieden und redet einfach weiter auf Arabisch auf uns ein. Ich muss ein Lachen unterdrücken. Sie kommt mir vor wie eine liebenswerte Figur in einer altmodischen Komödie.

Ich kann Asma sehen, die sich in der Küche zu schaffen macht. Hamid ist ihr behilflich, und mir fällt auf, wie er sie um die Hüfte fasst und ihr etwas ins Ohr flüstert. Sie lacht in seine Schulter und kümmert sich weiter um die Zubereitung des Essens. Als ich Hamid das erste Mal sah, war er ein Fremder. Oft vergisst man, dass alle anderen auch ein Innenleben führen wie man selbst: Gedanken, Sorgen, Eigenheiten.

Die Kinder stellen die Gerichte auf den Esstisch, und wir nehmen Platz. Ich bin beeindruckt von dem Entgegenkommen und der Selbstverständlichkeit, mit denen die Familie uns Fremden begegnet, und mir fällt etwas ein, das Arnaud einmal zu mir gesagt hat: Die Ungastlichen leben alle im Westen. Ich habe keine Ahnung, was wir essen, aber es schmeckt hervorragend. Ich erkenne einige der Zutaten und Gewürze wieder. Lamm, Kichererbsen, Fisch, Eier, Couscous. Ich nicke Asma anerkennend zu, sie spricht kein Englisch. Hamid sitzt am Tischende, ein glücklicher Gastgeber mit einem Lächeln, das bis zum Haaransatz reicht. Während des Essens spüre ich wieder die Erleichterung darüber, lebendig aus Misrata herausgekommen zu sein. Voller Bewunderung denke ich an Tara und David, die noch in der Stadt geblieben sind. Ihren Selbsterhaltungstrieb, ihren Sinn für Gerechtigkeit und ihr Pflichtgefühl, den Krieg dokumentieren zu müssen.

Als wir mit dem Essen fertig sind, bedanken wir uns bei Asma und stehen auf. Hamids Mutter drückt uns voller Wärme an sich und küsst uns mit ihren trockenen Lippen auf die Wangen. In ihren alten Augen steht das Wasser. Die Kinder sind jetzt mutiger und rufen uns Bye-bye hinterher, was ein Echo im Hausflur erzeugt.

Hamid fährt uns zurück zum Uzu-Hotel, und am nächsten Tag zur ägyptischen Grenze.

»Solltet ihr jemals nach Dänemark kommen, steht euch unser Zuhause offen«, sage ich und umarme ihn.

34

Ein sechsstündiger Flug mit Zwischenlandung, gleichzeitig eine Reise von einer Welt in die andere oder von einem Planeten zum anderen. Bengasi scheint unendlich weit weg, als ich wieder am Flughafen in Kopenhagen stehe. Nichtsdestotrotz sind die Ereignisse der Tour extrem präsent. Es wird mir schwerfallen, Worte für das zu finden, was ich erlebt habe. Für die neuen und verstörenden Eindrücke, brutal und unbeschreiblich.

Michael schiebt seinen Trolley vor sich her. In der Ankunftshalle erwartet ihn eine junge Frau. Ihr nussbrauner Pferdeschwanz ist fest gebunden, und ihre knappe Bluse spannt über dem Busen. Im Bauchnabel schimmert ein Piercing, und man könnte meinen, dass sie noch keinen Führerschein hat. Aber sie ist mit dem Auto gekommen, um ihn abzuholen.

Michael küsst sie lange und feucht. »Das ist Lærke.«

»Niels«, sage ich.

Durch eine Klasse Gymnasiasten hindurch gehe ich Richtung Bahnhof. Bestimmt waren sie in Florenz, Prag oder Budapest. Ich kenne den Lehrer. Nicht persönlich, aber diesen polyhistorischen Typus, der die ganze Woche über die kulturellen Besonderheiten der Stadt referiert hat. Den Gesichtern seiner Schülerinnen und Schüler ist anzusehen, dass sie ihm schon lange nicht mehr zuhören.

Ich freue mich nicht darauf, Annemette wiederzusehen. Bevor ich abgereist bin, hat sie mich ignoriert, als wohnte ich nicht mehr in unserem Haus. Sie war wohl enttäuscht darüber, dass ich lieber in ein gefährliches Kriegsgebiet wollte, als bei ihr zu bleiben. Ich hätte ihr eine Nachricht schreiben und sie bitten können, mich vom Flughafen abzuholen. Aber ich habe es nicht getan, also nehme ich die S-Bahn. Die Leute wirken trist, ihre Blicke sind leidender und toter als die der Menschen, denen ich in Libyen begegnet bin.

Als ich zur Tür hereinkomme, ist Annemette gerade im Keller. Sie hockt vor der Waschmaschine und hat die Lesebrille in die Stirn geschoben.

»Hallo«, sage ich.

»Hallo«. Sie stopft Wäsche in die Trommel. »Hast du was Dunkles, das gewaschen werden muss?«

Ich fange an, meinen Rucksack auszuräumen. »Hast du schon zu Abend gegessen?«

»Schon vor ein paar Stunden. Sei so nett und schalte das 40-Grad-Programm ein, wenn du fertig bist, ja?« Im Vorbeigehen gibt sie mir einen Kuss auf die Wange. »Hattest du einen angenehmen Flug?« Bevor ich antworten kann, ist sie weg.

Später sitzt sie auf dem Sofa und liest ein Buch. Ich lasse mich in meiner Ecke des Sofas nieder. Sehe hinaus in die Dunkelheit des Abends. Als sie mir endlich Aufmerksamkeit schenkt, geht es um ein Geburtstagsgeschenk für Cecilie. Da ich kein Interesse für das Thema zeige, faucht sie mich an.

»Sie ist auch deine Tochter!«

»Kannst du nicht einfach was für sie kaufen? Ein Gutschein ist doch immer gut«, sage ich, um mich wenigstens ein bisschen zu beteiligen. In diesem Moment schaffe ich es einfach nicht, mich mit so etwas zu befassen.

»Einen Gutschein?« Annemette verlässt das Zimmer, ohne mich weiter einzubeziehen.

Ich brauche einige Zeit, um nach Hause zu kommen, bin mit den Gedanken noch in Libyen. Ich bin Zeuge geworden von etwas, das weit wilder war, als ich es mir vorgestellt hatte. Alle Gedanken, die ich mir im Vorhinein gemacht hatte, halten dem Vergleich mit dem, was passiert ist, in keiner Weise stand. Ich weiß nicht mit Sicherheit, warum ich mitgekommen bin. Ich weiß nur, dass ich wieder loswill. Wegen der Arbeit, dem gebuchten Urlaub in der Türkei und weil diese Art von Touren nicht gerade billig ist, könnte sich erst im Herbst wieder eine Möglichkeit bieten. Annemette hat nie etwas gesagt, aber ich glaube nicht, dass sie allzu erbaut darüber ist, dass ich unser Geld auf diese Weise ausgebe.

Im Juni machen ein paar Klassen Examen in Sozialkunde. Die meisten meiner Schülerinnen und Schüler schaffen das ganz akzeptabel, und ein paar Wochen danach fliegen Annemette und ich für acht Tage nach Alanya. Blaues Wasser, Badestrände und Dänen mit Taschenbuchkrimis. Drei Abende hintereinander essen wir im selben Restaurant und machen anschließend einen Spaziergang unterhalb der Burg. Noch vor dem Frühstück quellen die Dänen aus ihren Hotelzimmern, um die Liegestühle mit ihren Handtüchern in Besitz zu nehmen. Die Erfahrensten erledigen das sogar schon am Abend, bevor sie ins Bett gehen. Es dauert ein paar Tage, bis Annemette und ich das System durchschaut haben, und so kommen wir immer zu spät. Von unserem Balkon aus können wir sie dort liegen sehen, den ganzen Tag lang, bis sie feuerrot sind, oder dänenbraun, wie wir es nennen. Selbst als es mal einen Tag lang regnet, halten sie sich dort auf. Schließlich haben sie für Urlaub in der Sonne bezahlt. Das zugekaufte Wi-Fi auf den Zimmern ist instabil und funktioniert in den öffentlichen Bereichen des Hotels so gut wie gar nicht. Kreischende und heulende Kinder, deren iPads sich nicht ins Internet einloggen können, sind das Ergebnis. Am Pool höre ich, wie eine Oma ihrer Enkelin erklärt, dass Handys und iPads einen ja auch nur dümmer machen. Dann wendet sie sich wieder ihrem Käseblatt zu, das sie im örtlichen Supermarkt erworben hat. Zu Hause in Dänemark empfängt uns Regen, der den Rest des Sommers anhält. Als er aufhört, beginnt für Mathias das Internat.

Als Annemette vor ein paar Jahren davon anfing, versuchte ich, es ihr auszureden. »Bist du dir darüber im Klaren, was das kostet?«, fragte ich, aber Annemette meinte, es sei gut für ihn, und an einem Sonntag im August fahren wir ihn zum Internat, das in der Nähe von Silkeborg liegt. Alle seine Sachen passen in zwei Umzugskartons. An der Tür zu seinem neuen Zuhause begrüßen wir Jacob. Er ist aus Sønderborg, und sie werden sich das Zimmer teilen.

Ich merke Mathias an, dass er uns einfach nur loswerden will. Also verabschieden wir uns, und er verspricht, am Montagabend anzurufen. Ich weiß, dass seine Mutter ans Telefon gehen wird und ich die Informationen über seinen ersten Schultag im Internat aus zweiter Hand erhalte.

Auf dem Rückweg verdrückt Annemette ein paar Tränen.

»Jetzt sind nur noch wir zwei zu Hause. Jedenfalls ein Jahr lang«, sage ich, merke aber sofort, dass es nicht so aufmunternd klingt, wie es beabsichtigt war. »Soll ich das Radio einschalten?«

»Nein, ist schon okay.« Es folgt ein langes Schweigen, das nur vom Motorengeräusch unterbrochen wird. »Es wird so still sein ohne ihn.«

»Er kommt ja an den Wochenenden hin und wieder nach Hause.«

Ohne Kinder ist das Haus leer. Eine donnernde Stille, die zwei Menschen zu übertönen nicht in der Lage sind. Geräuschlos bewegen wir uns durch die Zimmer, und als Michael im Oktober anruft, bin ich bereit. Bereit für eine weitere Tour nach Libyen. Ich habe die Berichterstattung in der Tagespresse verfolgt, und deshalb weiß ich schon alles, was er mir erzählt. Die Rebellen haben Sirte eingekesselt, der Krieg ist bald vorbei. Alles, wofür sie gekämpft haben, wird bald Wirklichkeit sein: Freiheit, Demokratie und das Recht, Menschen ohne Angst zu sein. Vielleicht ist es der Alkohol, vielleicht bloß die reine Freude, übermütig schwadroniert Michael davon, dass es ein Meilenstein der Weltgeschichte werden wird und wir beide mithelfen können, ihn aufzustellen.

Wir verabreden, dass er umgehend die Tickets besorgt. Am Tag vor unserem Abflug nehmen die Rebellen Gaddafi gefangen. Der Diktator hatte versucht, sich in einem Rohr unter einer Straße zu verstecken, wie ein Obdachloser, und als wir uns am Flughafen treffen, ist Michaels Laune im Keller.

»Ich hatte verflucht noch mal gehofft, sie schnappen ihn erst, wenn wir da unten sind. Die Bilder wären Gold wert gewesen.«

LIBYEN

35

Sechs Monate nach meinem ersten Besuch in Libyen kommen wir in Bengasi an. Dieses Mal nur Michael und ich, und wir werden nur ein paar Tage hier sein. Ich habe gehört, dass sich Arnaud und Nenad im Südsudan aufhalten, und Tara ist wohl in Jordanien.

Vor unserer Abreise hat Michael Hamid kontaktiert, und dessen breites, unbekümmertes Lächeln erwartet uns am Flughafen. In seinem gemütlichen Tempo zockeln wir durch die Stadt zu ihm nach Hause, begrüßen Asma und die Kinder und essen zusammen. Die Kinder sind uns gegenüber immer noch etwas zurückhaltend, sie erinnern sich nur an Michael, den Mann mit den Kameras und den Zeichnungen auf den Armen. Gegenüber letztem Mal, als wir um den Tisch saßen, fehlt jemand. Hamids Mutter war es nicht vergönnt, ein freies Libyen zu erleben.

Wie Hamid gehört hat, wurde Gaddafis Leiche nach Misrata gebracht. Am nächsten Tag fahren wir los. Auf dem Weg dorthin herrscht eine andere, weitaus gelöstere Stimmung im Wagen als bei meinem ersten Besuch. Der Krieg ist erst vor ein paar Tagen zu Ende gegangen. Sirte fiel, Gaddafis Geburtsstadt und die letzte Stadt, die seine Truppen hatten halten können, nachdem sie im September aus Tripolis zurückgedrängt worden waren.

Als wir durch Brega kommen, steigt von den Ölterminals am Hafen immer noch Rauch auf. Die Stadt ist ein einziger riesiger Krater. Nicht ein Winkel, der vom Krieg verschont wurde. Je näher wir Misrata kommen, umso mehr verändert sich Hamid. Er redet unzusammenhängend und wiederholt sich ständig. Nervös blinzeln seine Augen im Rückspiegel, und sein Blick weicht aus, flattert hierhin und dorthin.

Wir fahren an Tawurga vorbei, der Stadt, von der ich annahm, ihr Name sei Taverna, passieren den Flughafen, von wo aus im April die Granaten in einem Bogen aufstiegen und auf uns niedergingen. Wir fahren von Süden her in die Stadt, und obwohl eigentlich undenkbar, sind die Zerstörungen noch schlimmer als vor einem halben Jahr.

Wir stellen das Auto ab und gehen den Rest des Wegs zu Fuß. Ich fühle eine gespannte Erwartung. Das hier ist groß. Vor mir läuft Michael, zielstrebig und mit langen Schritten, hinter mir trippelt Hamid, zögerlich und unentschlossen. Zur Feier des Tages hat er sein bestes Hemd angezogen, und jetzt erklärt er uns den Grund seiner plötzlichen Nervosität. Nicht einmal in seinen kühnsten Fantasien hätte er es gewagt, an so etwas zu denken. Aber nun sind wir hier, und gleich wird er mit eigenen Augen sehen, dass der Diktator tot ist.

Die Rebellen haben ein ringförmiges Geländer aus Eisen um eine Art Kühltruhe herum aufgestellt, die normalerweise zur Aufbewahrung von Gemüse dient. Jetzt beherbergt sie einen toten Diktator. Muammar al-Gaddafis Leiche liegt aufgebahrt dort drin, und die Leute stehen stundenlang Schlange. Geduldig machen sie einen Schritt vorwärts, wenn sich die Person vor ihnen bewegt. Sie grüßen uns mit dem V-Zeichen und rufen uns Allahu Akbar zu. Wir sehen lächelnde Kinder und niemanden, der trauert.

Medien haben keinen Zutritt, aber Michael bleibt hartnäckig. »Danish press, Danish press.« Den Wachen ist es egal. Das hier ist den Libyern vorbehalten. Es ist ihr Tag, ihr Krieg und ihr toter Diktator.

Wir treten ein Stück zurück. Im Schutz des Menschenstroms hängt Michael mir ein paar Kameras um den Hals. Ich merke ihm an, dass er nicht so weit gereist ist, um so dicht vor dem Ziel aufzugeben. Wir versuchen es noch einmal, werden aber wieder abgewiesen. Ohne weitere Erklärung lassen sie plötzlich ein französisches Fernsehteam passieren. Michael versucht, mit durchzuschlüpfen. Sie verweigern ihm immer noch den Zutritt.

»Aber ihr habt gerade unsere Reporter durchgelassen«, sagt Michael und zeigt dabei auch auf mich. »Wer soll denn nun die Bilder machen?«

Die Wachen zögern einen Augenblick lang, und wir nutzen ihre Unentschlossenheit und schieben uns an ihnen vorbei in den Raum mit der Kühltruhe. Sie rufen hinter uns her, unternehmen aber nichts. Es ist ja ein Feiertag. Einen Moment später ist auch Hamid da.

Gaddafi liegt in der Mitte. Eingerollt wie in einen Schlafsack, erinnert er beinahe an ein Paket, das mit der Post verschickt werden soll. Auf ihm eine Matratze, sodass man nur den Kopf sehen kann. Ich darf es nicht laut sagen, aber so, wie er dort liegt, tut er mir leid. Er wurde übel zugerichtet, sein Gesicht ist blutbefleckt. Gleicht einfach nur einem alten Mann, den man zusammengeschlagen hat. Aber Muammar al-Gaddafi gehört zu einer besonderen Kategorie böser Menschen wie Idi Amin, Pol Pot, Saddam Hussein und Adolf Hitler. Ich stehe inmitten eines Kapitels Weltgeschichte. Plötzlich wird mir das Absurde der ganzen Situation bewusst. Ein Lehrer für Sozialkunde aus Dänemark steht weniger als einen Meter entfernt von der Leiche einer der meistdiskutierten Personen der Welt. Wieder sehe ich Michaels Schlagzeile vor mir: »Gymnasiallehrer außerhalb seiner Komfortzone entdeckt«.

Hamid ringt die Hände vor der Brust. Sie zittern. Man könnte meinen, er sei zur Beerdigung eines geliebten Familienmitglieds oder eines guten Freundes gekommen. In seinen Augen ist weder Rache noch Hass zu erkennen, mehr ein Anflug von Kummer. Er versucht, eine Träne zu verbergen, und sieht mich mit einem Blick an, der besagt: Wir haben es vollbracht.

Gaddafis Sohn und sein Verteidigungsminister sind ebenfalls hier aufgebahrt, aber niemand nimmt Notiz von ihnen. Die Leute machen Bilder von dem toten Diktator, und das französische Fernsehteam filmt. Gaddafi ist jetzt ein Ausstellungsstück, und niemand trauert seinetwegen. Außenstehende können es wahrscheinlich nicht begreifen, warum die Leute eine Leiche sehen wollen. Ich beobachte Hamid und verstehe es: Der Diktator ist erst tot, wenn er es selbst gesehen hat.

Michael fotografiert, bis einer der Soldaten uns unsanft nach draußen geleitet. Jetzt sind die nächsten dran. Wir verlassen den Raum auf der gegenüberliegenden Seite. Zurück im Tageslicht, schauen alle zum Himmel auf, preisen den Herrn, weinen, klatschen in die Hände und rufen *democracy*.

»Unbeschreiblich.« Hamid wischt sich Tränen aus den Augen.

Als ich zuletzt in Misrata war, starben Menschen vor meinen Augen. Jetzt liegt Euphorie wie warme Sonnenstrahlen über der Stadt. Das hier ist ein Ereignis für die Geschichtsbücher. Das Volk erhob sich gegen das Böse, und das Volk siegte. Die Zukunft ist jetzt. In Tunesien, wo alles vor neun Monaten begann, finden die ersten freien Wahlen statt, während wir hier stehen. Das Gleiche wird in Libyen geschehen.

Überall in der Stadt ist der Rausch des Sieges zu spüren. In den Straßen wird getanzt, man umarmt und küsst sich. Ich finde mich in einer Menschenmenge wieder, ein Mann klopft mir auf die Schulter, ein anderer nimmt meine Hände in seine. Wie ein Kind im Laufstall hüpft er auf und ab. Zuerst weiß ich nicht, wie ich reagieren soll. Unentschlossen tripple ich wie ein unbegabter Tanzpartner auf der Stelle herum. Ich schaue in sein Gesicht, das wie erleuchtet wirkt. Unverfälschte Freude. Neben mir lässt Michael sich ebenfalls mitreißen. Die Stimmung hebt auch mich empor, und einen Moment später hüpfen Michael und ich wie ausgelassene Konzertbesucher beim Roskildefestival herum. Ich höre mich Allahu Akbar rufen. Denn alle anderen rufen es ebenso, und an einem solchen Tag will ich nicht voreingenommen oder verurteilend sein. Also ist es auch mein Schlachtruf.

Alle um uns herum grüßen uns herzlich und strahlen eine enorme Wärme aus. Sie lieben uns, denn wir, der Westen, haben ihnen geholfen. Ohne die Bomben der NATO stünde keiner von ihnen heute hier. Und wir, die Fremden, sind das Symbol für alles, wofür sie gekämpft haben: Freiheit, eine freie Presse und Demokratie. Alle fragen, ob wir einen Platz zum Schlafen haben und laden uns zum Abendessen ein. Sie überschütten uns mit Gastfreundlichkeit. Ich bin bei einem Fest, das nicht enden darf, und Hamid nennt mich Bruder. Ich bin tief gerührt.

36

Der Wein zirkuliert im Glas. Mit kleinen, geübten Hand-
bewegungen halte ich ihn in Bewegung. Ich spüre den Blick,
den unausgesprochenen Vorwurf, als ich noch einmal nachfülle.

»Ich gehe ins Bett.« Annemette steht auf.

Sie ist ganz schön sexy heute Abend. Vierundvierzig Jahre
haben sie verändert, aber Alter schafft eine neue Form der
Schönheit. Ich spüre, dass sich etwas in mir regt, das meist
verschüttet liegt und sich nur selten bemerkbar macht: Lust
auf Annemette. Ich betrachte ihre Brüste, die sich unter der
Bluse wölben, und muss einsehen, dass es nicht die Brüste
sind, mit denen etwas nicht stimmt, sondern der Blick, der sie
betrachtet hat.

»Was guckst du so?«, fragt sie.

»Nichts.«

»Gute Nacht, Niels.«

Vom Sessel am Fenster aus starre ich auf ihren Hintern,
der sich rhythmisch wiegend aus dem Zimmer bewegt. Ist es
vielleicht der Rotwein? Zum ersten Mal seit Tagen fühle ich so
etwas wie Freude. Sie summt in den Fingern und vermischt sich
mit dem Wein.

Eine Woche ist vergangen, seit ich von meinem zweiten Besuch in Misrata nach Hause zurückgekommen bin. Nach nur wenigen Tagen in Dänemark war ich bereit für den nächsten Krieg. Ich merke eine solch gähnende Leere in mir, dass es fast schon an Depression grenzt. Michael hatte recht: Es macht süchtig, und das überrascht mich. Ich mag den Krieg, er ist einfach, er ist klar, er ist zugänglich. Ich kann nicht weiterleben, als sei nichts passiert. Vierzigjähriges Dienstjubiläum am Gymnasium und dann der Tod?

Ich sehe mich im Zimmer um. Jedes Mal, wenn ich von einer meiner Touren zurückkomme, hat sich das Haus ein klein wenig verändert. Früher mochte ich diesen Platz. Er war sicher, er war ein Zuhause. Jetzt fühle ich mich hier fremd. Von einer Seite des Wohnzimmers sieht die Küche verstohlen zu mir herüber, etwas versteckt sich unter dem Esstisch, die Ecke des Raums scheint schief. Es ist nach Mitternacht, als ich aufstehe, um ins Bett zu gehen. Vielleicht sollte ich mich morgen krankmelden?

Am nächsten Morgen grüße ich die Kollegen, die mir auf den Fluren entgegenkommen, und ein paar meiner Schülerinnen und Schüler stellen Fragen zu einer Hausaufgabe, die ich ihnen vor Wochen aufgegeben habe. Als in der Mittagspause wieder von Halbmarathon, Marathon und Ironman die Rede ist, schalte ich mich ein. Ich will ihnen einfach nur das Maul stopfen, und verglichen mit Josh sind sie Dilettanten. Zuerst sind sie beeindruckt und nicken respektvoll, bringen sogar ihre Bewunderung zum Ausdruck, als ich erzähle, welche Titel er gewonnen hat. Aber als ich mit der Geschichte in Misrata ankomme, schütteln sie ungläubig die Köpfe, nennen ihn wahnsinnig und total durchgeknallt. Ich verteidige ihn, ohne zu wissen, warum es mir wichtig ist. Josh ist ja nicht mein Freund. Trotzdem fühle ich eine besondere Verbundenheit mit ihm.

Beim Abendessen erzähle ich Annemette von Asma und ihrem Essen und von der einheimischen libyschen Küche. Sie will am liebsten nichts davon hören, wenn ich ihren Gesichtsausdruck richtig deute. Also verzehren wir weiter schweigend die langweilige Mahlzeit, deretwegen ich an Asma und ihre wunderbaren Gerichte denken musste.

Annemette räuspert sich. »Ich verstehe es einfach nicht, Niels. Warum musst du so etwas Gefährliches tun?«

»Du meinst meine Touren?«

»Was denn sonst?«, sagt sie hart.

»Bei dir klingt es, als hätte ich etwas Falsches getan.«

»Was du machst, ist jedenfalls nicht normal.«

Gerade in Situationen wie dieser, in unseren Gesprächen, in denen jeder von seiner Seite des Tisches redet, gibt es keine Mitte, keinen Punkt, an dem sich unsere Worte treffen könnten, ist jede Spannung abhandengekommen, und die Lust, sie wiederzufinden, wird zu etwas Falschem runtergemacht. Genau hier vermisse ich die Spannung am meisten.

Täte ihr das nicht auch gut? Ist das, was sie bei ihrer Arbeit erlebt, sind ihre Kollegen, ich und ihre Bücher wirklich genug? Vielleicht sollte sie sich einmal selbst betrachten und überlegen, wie sie etwas Aufregung in ihr Leben bringt. Solange nicht von einem Liebhaber die Rede ist.

Wir stehen vom Tisch auf und sprechen nicht weiter darüber. Es ist, als sei ich nie weg gewesen. Als müsse mein Drang, auf Tour zu gehen, totgeschwiegen werden.

37

»Es wird schön sein, Mathias wieder zu Hause zu haben. Kaum zu glauben, dass das Jahr schon vorbei ist.« Annemette klingt verzückt. Sie lächelt, und ich überlege, wann mir das zuletzt aufgefallen ist.

Das Schuljahr ist wie im Flug vergangen. Ich hatte mich auf die Zeit daheim ohne Kinder gefreut. Aber die zehn Monate haben nichts verändert. Ich dachte, vielleicht würden sie Annemette und mir guttun, uns näher zusammen oder dazu bringen, wieder miteinander zu reden, aber alles ist beim Alten.

Wir lassen Korsør links liegen und fahren über die Storebæltsbrücke. Ich schaue hinunter auf das glitzernde Wasser. Brücken bedeuten Reisen. Wir überqueren Fünen, kommen an Middelfart vorbei und biegen hinauf nach Jütland ab. Wir verlassen die Autobahn und durchfahren ein paar Städtchen. Hier ist Dänemark etwas grüner, hier gibt es alle Farben.

Das Internat liegt in einem Waldgebiet. Wir parken vor einem großen, weiß getünchten Gebäude, so wie die vielen anderen ungeduldigen Eltern auch.

Als wir Mathias' Zimmer betreten, drückt er uns beide fest und lange an sich. Zusammen tragen wir seine Sachen runter zum Auto. Dann hält der Direktor eine Rede über Mut und darüber, sich der Zukunft zu stellen. Wir singen einen Kim-Larsen-Song, den man bei solchen Gelegenheiten immer singt, und wie eine Kettenreaktion bewegen sich die Zeilen durch die Reihen schöner junger Menschen. Alle Schülerinnen und Schüler weinen. Wir stehen auf, und ich lege einen Arm um Mathias' Schultern. Er ist sechzehn und glaubt, sein Leben sei hier zu Ende.

Ich höre ein unterdrücktes Schluchzen vom Rücksitz, als wir losfahren. In Schweigen versunken fahren wir über die Lillebæltsbrücke.

»Achtung, Niels!« Annemettes Stimme ist panisch und schrill.

Ich lege alle Kraft in die Bewegung, aber es scheint, als könne ich nicht mehr hart genug auf das Pedal treten. Wir schlittern auf ein Paar roter Bremslichter zu. Kommen zum Stehen. Neben mir atmet Annemette erleichtert aus, als der Wagen stillsteht. Der Fahrer vor uns schaltet die Warnblinkanlage ein. Ich tue dasselbe und schaue in den Rückspiegel. Das Fahrzeug hinter uns wird nicht langsamer. Ein überdimensionierter Audi, vier silberne Ringe rasen auf uns zu und werden uns wie ein schwarzes Loch verschlingen. Er wird uns treffen. Ich sehe das Nummernschild verschwinden, der Kühlergrill kommt näher, höre das Kreischen der Reifen und sehe den Qualm von verbranntem Gummi. Wir können nicht ausweichen. Haben keine Chance. Dann kommt auch der Audi wenige Millimeter vor unserer Stoßstange zum Stehen.

Ich atme nicht aus, halte die Luft an wie ein Freitaucher unter der Meeresoberfläche. Einen Augenblick lang glaubte ich, es sei mein letzter Atemzug. Deshalb gebe ich ihn nicht so einfach wieder von mir. Das Auto vor uns bewegt sich ein Stück vorwärts. Ich lege den Gang ein. Wir schwimmen im trägen Morgenverkehr mit, und ich bin froh, dass es nicht schneller geht. Habe mit einem Mal genug von Geschwindigkeit. Hämmernd

und klopfend versucht mein Körper, die Nahtoderfahrung abzuschütteln. Etwas in mir ist ins Rutschen geraten, ein Kribbeln
aus Energie. Eine plötzliche, positive Energie. Ich glaube nicht,
dass Annemette es sieht, aber ich lächle.

Einen Kilometer weiter sehe ich die Ursache für den Stau
und die Vollbremsung. Auf der Fahrbahn nach Westen, Richtung
Jütland, sind mehrere Autos ineinandergekracht. Wir stehen in
einer Schlange von Gaffern. Eine Frau presst die Hand auf die
Stirn, ein Mann mit verwirrtem Gesichtsausdruck lehnt an der
Leitplanke. Ein anderer brüllt herum, offenbar geht es um die
Schuldfrage. Ein junger Mann mit Bürstenhaarschnitt filmt
den Unfall mit seinem Handy. Überall blinken Warnleuchten,
bricht sich ungezügelte Neugierde Bahn.

Als wir zu Hause ankommen, hat sich das Schweigen wie
ein Schmerz über Mathias gelegt. Er blickt leidend, und SMS
schlagen im Haus ein und werden abgefeuert. Sie heißt Emilie,
und sie sind seit zwei Monaten zusammen. Sie wohnt in einem
Vorort von Aalborg.

Annemette hat Carbonara gemacht, Mathias' Leibgericht.
Nach dem Essen setzen wir uns aufs Sofa. Jetzt ist der
Augenblick gekommen, ihm einen väterlichen Rat zu geben,
jetzt soll ich ihn an meiner Weisheit teilhaben lassen und mit
ein paar wohlüberlegten Worten in die Geheimnisse des Lebens
einweihen. Ich soll sagen, dass in seinem Alter die Verliebtheit
kommt und geht, dass man die Liebe früh genug kennenlernen
wird, dass es Emilie da draußen in vielen Varianten gibt und er
ihnen allen begegnen wird. Aber ich kann nicht. Jetzt, da ich die
Worte brauche, sind sie nicht da. Er legt seinen Kopf an meine
Schulter, und vielleicht ist das ja genug? So sitzen wir eine Weile
da, bis ich ihn in die Wange kneife, und er es zulässt. Ich habe
vergessen, wie weich er ist. Später schauen wir uns *Planet der
Affen* an, die alte Version mit Charlton Heston.

Während der Film über die Mattscheibe flimmert, gehen meine Gedanken auf Wanderschaft. Der nächste Krieg lässt auf sich warten. Ich habe mir ein paar mögliche Ziele überlegt, aber die Konflikte haben sich nicht weiterentwickelt. Von Syrien raten alle ab, und nach Somalia traue ich mich nicht. Michael ist wegen einiger Orkane zwei-, dreimal in die USA und einmal wegen eines Erdbebens nach Italien geflogen, nimmt diese Art von Aufträgen aber hauptsächlich an, um Geld zu verdienen. Naturkatastrophen reizen mich nicht. Das, was ich in Libyen erlebt habe, will ich wieder spüren, die Atmosphäre inmitten des Kriegs, den Zusammenhalt und die Volksfeststimmung, als der Sieg Realität war. Das Volk hatte wider alle Erwartungen den Diktator gestürzt.

Als der Film zu Ende ist, geht Mathias ins Bett. Wir sitzen auf dem Sofa und sehen ihm mit liebevollen Blicken nach, so wie es Emilie hinter der Autoscheibe getan hat, als sie mit ihren Eltern vom Hof des Internats fuhr. Es ist gut, ihn wieder hier zu haben, und wenn jemand weiß, wie schwer es sein kann, nach Hause zu kommen, wenn man lieber woanders sein will, an einem spannenderen Ort, dann bin ich das.

38

Mein Leben erinnert an einen Film, den ich mal gesehen habe. Die Hauptfigur durchlebte immer wieder denselben Tag. Jeden Morgen, wenn sie aufstand, geschah stets genau das Gleiche wie am Tag zuvor, und das Muster wiederholte sich unendlich. So werden meine Tage zu Wochen, die Wochen zu Monaten. So vergeht der Herbst, und im Laufe des Winters nimmt meine Rastlosigkeit zu, kriecht als stetige Unruhe in meine Adern. Die Stille des Hauses heult in meinen Ohren, krabbelt hinter den Möbeln hervor, tropft aus den Bücherregalen und den Zimmern der Kinder, die meistens dunkel und leer sind, weil Mathias selten zu Hause ist. Er hängt mit seinen neuen Klassenkameraden vom Gymnasium herum, ist zum Fußball oder übernachtet bei irgendjemandem. Die Sommerferien sind nur noch eine schemenhafte Erinnerung an ein Kapitel mit nur wenigen Seiten. Pflichtschuldig gehe ich zur Arbeit, trete hinter das Pult und rede, aber es ist mir egal, ob meine Worte auf den Boden fallen oder den Weg durch einen Spalt in eines der Gehirne finden. Zurück zu Hause, sitze ich lange Minuten im Auto, bevor ich hineingehe.

Wir verbringen den Silvesterabend mit Lisbeth und Frank, wie es die Tradition seit den Tagen, in denen die Kinder noch klein waren, vorschreibt. Ein Jahr bei uns, das nächste bei ihnen in Helsinge. Inzwischen ist Frank das einzige Kind, das noch übrig ist. Er liebt Feuerwerk, gibt ein Vermögen dafür aus, und wenn Annemette und Lisbeth reingehen, bleibe ich pflichtschuldig in seiner Nähe, während er eine monströse Batterie nach der anderen in den Himmel feuert. In den Tagen danach muss die Straße in ihrem Wohngebiet von abgebrannten und regennassen Resten der Feuerwerkskörper bedeckt sein.

Ich habe mich freiwillig als Fahrer gemeldet und halte mich mit dem Wein zurück. Für Frank ist der Silvesterabend dagegen der Tag, an dem sein Leben kulminiert. Schon nach dem Dessert will er nach draußen und ein bisschen schießen. Ich habe nichts dagegen, denn dann sind wir nachher früher fertig und kommen einigermaßen zeitig nach Hause. Eineinhalb Stunden lang sehe ich ihm zu. Dann gehen wir wieder rein und warten darauf, dass die Uhr am Rathausplatz Mitternacht umrundet und ins neue Jahr springt.

Wie gewöhnlich diskutieren wir, ob das neue Jahr mit dem ersten oder nach dem letzten Glockenschlag beginnt. Dann springen Annemette, Frank und ich von unseren Stühlen auf, während Lisbeth sich wegen ihres Läuferknies mit langsamen Schritten begnügt.

»Prost Neujahr!«, rufen wir alle vier im Chor.

Der Champagner schmeckt säuerlich und billig, und der Kranzkuchen, den Lisbeth gebacken hat, ist trocken.

Ich werfe Annemette einen fragenden Blick zu, den sie mit einem leichten Kopfschütteln beantwortet: Wir können jetzt noch nicht nach Hause fahren.

»Hilfst du mir mal kurz?«, fragt Frank, und ich folge ihm in den Keller. Ich dachte, wir hätten sein Lager nahezu geräumt, aber er hat noch weiter aufmunitioniert.

»Nimmst du die hier mal?« Er reicht mir eine Tüte voller Raketen.

Wir gehen die Kellertreppe rauf und nach draußen auf die Straße, wo bereits Lisbeth und Annemette mit den langstieligen Gläsern in den Händen stehen und jedes Mal »Oh« und »Toll« rufen, wenn eine Rakete ihre Farben am Himmel versprüht. Frank leert die Champagnerflasche und funktioniert sie zur Raketenabschussrampe um. Dann legt er los. Seine Augen strahlen wie all das feuerspeiende Zeug, das um die Füße der Nachbarn hüpft und tanzt. Raketen und Blitzlichter steigen aus Franks Arsenal auf. Er ist sichtlich angeheitert und geradezu ausgelassen. Lisbeth ruft nach ihm, aber er hört nichts. Sie und Annemette ziehen sich in den Garten zurück. Nicht so die anderen Familienväter. Sie kommen zusammen, vergleichen ihre Feuerwerksmunition mit der von Frank. Einige haben Bengalos, andere mannshohe Raketen und wieder andere kleinere Bomben. So klingt es jedenfalls. Sie zünden die Lunten mit Zigaretten an. »Halt mal«, ruft jemand, und einen Moment später sprüht bengalisches Feuer aus einer Hand. Die meisten jubeln. Frank feuert eine Rakete die Straße hinunter. Sie zieht einen Schweif aus glimmenden Funken hinter sich her, die auf die Vorgärten rieseln, und explodiert bei der Ampel an der Kreuzung. Kurz darauf fegen die ersten Raketen über die Gehwege, und lachend beschießen sie sich gegenseitig. Einige Kinder fangen an zu weinen, und ihre Mütter drücken sie an sich. Der Sound des Kriegs hat ein Wohngebiet in Helsinge erreicht. Die Männer prosten, alle anderen gehen ängstlich vor ihren Fernsehgeräten in Deckung. Für die Kinder versinkt die Silvesternacht in einer gefährlichen Kombination aus Alkohol, Feuer, Bomben und übermütigen Familienvätern. Wenig später fahren wir nach Hause, und ich habe frische Argumente gegen weitere Silvesterfeiern mit Lisbeth und Frank. Gleichzeitig macht das Erlebnis mir eines deutlich: Ich vermisse all das, was Männer am Silvesterabend auf einer Straße in einem Wohngebiet in Helsinge fühlen.

39

Annemette und ich sitzen im Wohnzimmer und lassen uns vom Januar ins Sofa ziehen, auf dem Tisch eine Tasse Jahreszeitentee und eine Packung Kleenex. Sie ist erkältet. Die Weihnachtsdekoration ist weggepackt, und auf der Terrasse, auf der die Kälte lauert, steht der Weihnachtsbaum und gleicht einer aussortierten Zimmerpflanze. Annemette putzt sich die Nase, die rötlich schimmert. Sie nimmt ihr Buch von der Armlehne, liest aber nicht. Schaut stattdessen auf ihr Telefon, während ich auf National Geographic eine Sendung über den Brontosaurus verfolge. In Colorado, Oklahoma, Utah und Wyoming hat man versteinerte Knochen gefunden. Der Brontosaurus hat Steine vertilgt, um seine Verdauung in Schwung zu bringen. Eine Animation zeigt, wie die Steine durch den Schlund des langhalsigen Urzeittiers purzeln.

»Hast du den Monteur wegen der Waschmaschine angerufen?«, fragt Annemette.

»Ich dachte, das machst du.«

»Heute Morgen habe ich doch noch gesagt, dass du das bitte machst.«

»Vielleicht hast du gedacht, dass du es mir gesagt hast.«

198

»Nein, ich habe es gesagt.«

»Nicht zu mir.«

»Das heißt also, dass ich morgen nicht waschen kann?«

»Ja, natürlich heißt es das. Die Maschine ist kaputt.« Die Sendung ist zu Ende, und ich schalte den Fernseher aus. »Ich drehe noch eine Runde mit Herkules.«

Während Herkules an die Hecke des Nachbarn pinkelt, signalisiert der vertraute Klang in meiner Jackentasche, dass eine SMS eingegangen ist. Ich hoffe, sie kommt von Michael, und nehme das Handy aus der Tasche. Die Nachricht besteht nur aus einem Wort. Mali?

Er geht sofort ran, als ich anrufe.

»Und? Was sagst du?«, fragt er.

Für mich kam Afrika als Reiseziel nie infrage. Was soll ich dort? Westafrika ist illegaler Handel mit Waffen, Drogen, Menschen und glitzernden Steinen, der Kriege auslösen kann. Westafrika ist Kakaosklaven und Kinderarbeit und der Teil der Welt, in dem die EU Fangquoten von einer Besatzungsmacht kauft, und gleichzeitig der Selbstbedienungsladen multinationaler Konzerne; Ölgesellschaften, die den Dörfern Reichtum und Fortschritt versprechen, aber Armut, Verschmutzung, Hungersnot und Dürre hinterlassen.

»Ich bin dabei.«

»Cool.«

Annemette sitzt immer noch im Wohnzimmer, als ich zurückkomme. Ich lasse mich neben ihr nieder. Sie scheint wohl ihre Romane vergessen zu haben. Stattdessen hockt sie jetzt immer mit ihrem Handy oder dem iPad auf dem Schoß auf dem Sofa. Wenn ich frage, was so wichtig ist, murmelt sie irgendwas Unverständliches. Sie sitzt den ganzen Abend da, bis ihr allmählich die Augen zufallen.

»Ich habe mit Michael gesprochen.«

»So?« Ihr Blick ruht noch eine Weile auf dem Handy, bevor sie mich ansieht. »Und, wo soll es diesmal hingehen?« Sie wirkt desinteressiert.

»Mali.«

»Können wir uns das denn leisten?« Sie betont das Wir ungewöhnlich stark.

»Ja«, antworte ich. »Ein Ticket nach Mali kostet nicht besonders viel.«

»Ich werde das nie verstehen.« Sie schüttelt resignierend den Kopf. »Dass du Libyen überlebt hast, bedeutet nicht, dass du auch diesmal überlebst.« Wieder schaut sie konzentriert auf ihr Telefon.

Dann hängen wir schweigend unseren Gedanken nach. Ihr letzter Satz beschäftigt mich. Vielleicht macht sie das Ganze gefährlicher, als es ist?

MALI

40

Über Paris ist der Himmel von Flugzeugen bevölkert, als wir am Vormittag am Aéroport Paris-Charles-de-Gaulle landen. Es sind noch ein paar Stunden, bis unser Anschlussflug über Tunis geht. Heute Abend gegen sieben sind wir in Mali. Mit Arnaud, der zu Besuch in der Heimat war, hat Michael verabredet, dass wir uns treffen. Ich sehe ihn von Weitem auf uns zukommen. Wie ein Herrchen seinen Hund, hat Arnaud wie gewöhnlich Nenad im Schlepptau, der tatsächlich ein wenig den Eindruck eines verwahrlosten Köters macht. Er marschiert zwar wie ein Soldat, erinnert aber mehr an einen Stadtstreicher. Seine grau-braunen Locken sind länger geworden. Er entspricht dem Bild eines Urmenschen in schwarzer Lederjacke, der an einer überdimensional großen Packung Süßigkeiten herumfummelt, einer dieser Farbstoffexplosionen, von denen sich nur Kinder verführen lassen. Ein Fremder würde Nenad vielleicht als dumm oder schwer von Begriff beschreiben, aber mir ist längst klar, dass man sich leicht in ihm irren kann.

»Zieht ein Mann vom Balkan eine Lederjacke an, will er dir nichts Gutes«, witzelt Michael, als Nenad zur Toilette verschwindet.

Im Flugzeug bekommen wir von einem jungen amerikanischen Pärchen Gesellschaft. Arnaud hat Matt und Laura in Nigeria kennengelernt. Ich sitze zwischen Michael und Arnaud und spähe hinüber zur anderen Seite des Mittelgangs. Neben Nenad sieht Matts Gesicht wie frisch gebügelt aus. Und Laura wirkt wie das Mädchen von nebenan, offen und gradlinig, mit gepflegten langen Haaren. Arnaud sagt, die beiden seien die Einzigen, die in Texas die Demokraten wählen.

In Tunis steigen wir um, und ich tausche mit Michael den Platz, weil ich gern am Fenster sitzen will. Ihm ist es egal. Aus der Luft betrachtet, ist Bamako braune Erde, weiße Blechdächer und ein breiter Fluss, und plötzlich bin ich in Mali. Entlang der Landebahn sind ein paar französische Hercules-Maschinen abgestellt. Als ich aus dem Flugzeug steige, prügeln 30 Grad Hitze auf meinen winterträgen dänischen Körper ein. Schockiert zieht er sich zusammen und entspannt sich erst in der Ankunftshalle wieder, wo wir die ersten französischen Soldaten sehen. Der Krieg hat Geburtstag. Es ist ein Jahr her, seit die MNLA, eine politisch motivierte Gruppe von Aufständischen, dominiert vom Volk der Tuareg, malische Regierungstruppen im Norden angriff. Zusammen mit verschiedenen islamistischen Rebellen konnten sie diesen Teil des Landes unter ihre Kontrolle bringen. Waffen und Erfahrung aus dem Bürgerkrieg in Libyen und ein Militärputsch in Bamako verschafften den Aufständischen einen Vorteil. Die großen Städte Kidal, Timbuktu und Gao fielen, und im April wurde der unabhängige Staat Azawad ausgerufen. Die MNLA strebte einen säkularen Staat an, während die islamistischen Gruppen die Scharia als Gesetz einführen wollten. Die Islamisten gingen als Sieger aus den internen Auseinandersetzungen hervor und breiteten sich anschließend nach Süden aus. Vor Kurzem haben sie Konna eingenommen, ihre nächsten Ziele waren Mopti und danach die Hauptstadt Bamako, aber dann griff Frankreich ein und schickte Streitkräfte nach Mali. Viele der Städte, durch die wir auf unserem Weg nach Mopti kommen, wurden den Islamisten erst vor ein paar Tagen entrissen. All das habe ich mir angelesen, um mich angesichts der Kürze der Zeit so gut wie möglich auf die Tour vorzubereiten. Das Engagement der Franzosen wundert mich. Sind sie nur hier, weil ihre Gutherzigkeit ihnen keine Wahl lässt?

An einem Schalter füllen wir die Visaformulare aus, bezahlen fünfunddreißig Euro und zeigen unsere Reise- und Impfpässe vor. Draußen vor dem Flughafengebäude warten wir. Mit dem Ärmel wische ich mir Schweiß von der Stirn und betrachte die anderen. Wir sind eine ungleiche Gesellschaft: ein französischer Globetrotter, zwei Amerikaner, die aussehen, als seien sie am Campus falsch abgebogen, ein bosnischer Urmensch, ein mit Tattoos übersäter dänischer Fotograf und ich, ein Gymnasiallehrer, der sich einmal mehr in einem vom Krieg gebeutelten Land wiederfindet.

Die Hitze macht mir zu schaffen, ich schwitze fürchterlich, und meine Kleidung wird allmählich feucht. Dann taucht Bakary auf, ein freundlicher Mann Anfang dreißig, den wir angeheuert haben, um uns nach Mopti zu bringen. Ein Kollege vom französischen Fernsehen hat ihn Michael empfohlen. Er fährt einen alten Peugeot 504. Die Tür hinten links fehlt, und jeder Quadratzentimeter der Karosserie ist verbeult. Man könnte Musik darauf spielen wie auf einem leeren Ölfass. Arnaud tätschelt das Auto freundschaftlich: »Französisches Design.«

»Sollen wir in dem Ding nach Mopti fahren?« Michael wirft einen misstrauischen Blick auf den Wagen.

»No, no, better car.« Bakary lacht breit und klopft Michael mit seiner feingliedrigen Hand auf die Schulter. Sein Körper hat keine Gelenke, seine Bewegungen sind unstet, aber elegant. Er gleitet auf den Fahrersitz und tritt vorsichtig auf die Pedale. Als der Motor startet, heult der Keilriemen auf wie ein angeschossenes Tier.

Vom Flughafen ist es eine halbe Stunde Fahrt zum Hotel. Ich sehe keine Straßenschilder, und es scheint auch keine Geschwindigkeitsbeschränkungen zu geben. Autos, Motorräder und kreischende Power K-Scooter kommen aus allen Richtungen auf uns zu. Der Lärm brüllt durch die heruntergekurbelten Scheiben unseres Fahrzeugs. Ein Wagen, noch verbeulter als Bakarys Peugeot, hat Koffer und Säcke auf dem Dach zu einem Turm gestapelt, der höher als das Auto selbst ist. Bamako entspricht meinen Erwartungen von einer westafrikanischen Hauptstadt voll und ganz: lehmfarbene Häuser, Frauen, die Krüge auf dem Kopf balancieren und am Rücken festgebundene Kinder tragen, ein überfüllter Gemüsemarkt, kleine Holzboote auf dem Niger, in dem Kleidung gewaschen wird, Straßenhändler in Unterhemden, die Perlenarmbänder und billige Kopien von Markensonnenbrillen verkaufen. Die Erde ist braun, aber die Menschen sind bunt gekleidet. Vor einem provisorischen Laden steht ein Fernsehgerät, auf dem Bildschirm läuft ein Fußballspiel.

Während wir fahren, reicht Nenad mir eine Tube. Zuerst nehme ich an, es ist sein geliebter Käse, und lehne ab, bemerke aber dann, dass er sich damit einschmiert.

»Moskitos«, sagt er.

Ich reibe mir Arme und Beine mit etwas ein, das an Sekundenkleber erinnert.

Das Hotel ist noch recht neu. Es gibt Palmen, frisch gepressten Saft, eine Poolbar, einen Fitnessraum und weiche Kissen, und dazu viel architektonischen Schnickschnack und Muzak. Am Abend essen wir im Restaurant des Hotels. Traditionelle malische und französische Gerichte stehen auf der Speisekarte. Wir bestellen die Platte nach Art des Hauses, und der Kellner serviert Benachin, süße Kartoffeln, Hühnchen, Sauce Arachide, eine Erdnusssoße, Kürbis, Reis, Okras, Tomaten, Baobabblätter und Yams.

Während des Essens sitze ich zwischen Matt und Laura. Matt hat Medizin studiert, und Laura ist Lehrerin. Sie kommen aus einer kleinen Stadt in Texas, in der sich die Leute für nichts außer Highschool-Football und Öl interessieren.

»Texas besteht aus Trailerparks, Zwangsauktionen und Ladensterben, Wüste, Öl, Texas Longhorns und in Small Talk verpackter Hoffnungslosigkeit«, seufzt Matt. Er und Laura haben sich was zusammengespart, die USA verlassen und sind jetzt Weltenbummler.

»Vor drei, vier Jahren haben wir angefangen, in Europa, Toskana und so, aber das wurde uns schnell langweilig. Die Leute, denen wir begegneten, waren genauso wie wir. Nach kurzer Zeit hatten wir genug vom Massentourismus«, erzählt Matt. »All die Orte, die uns interessierten, wurden von Touristen überrannt. Also haben wir uns entschieden, dahin zu fahren, wo es keine gibt.«

»Wir wollen nicht enden wie unsere Freunde«, fügt Laura hinzu, bevor Matt wieder übernimmt. »Die meisten unserer gleichaltrigen Verwandten und Bekannten sind verheiratet, haben ein oder mehrere Kinder, einen oder mehrere Jobs und sehen das Ortseingangsschild selten von der anderen Seite. Sie sitzen in ihren mit Hypotheken belasteten Häusern und reden nur über Football, während sie dicker und dicker werden.«

Arnaud schaltet sich mit einem Gedankenexperiment in unser Gespräch ein: »Mal angenommen, jeder Amerikaner hat in den letzten dreißig Jahren im Schnitt zwanzig Kilo zugenommen, und dabei haben wir berücksichtigt, dass manche vierzig Kilo zugelegt haben und manche gar nichts, andere sechzig und einige sogar abgenommen haben. Rund gerechnet gehen wir von dreihundertzwanzig Millionen Einwohnern aus. Das würde zusätzliche 6,4 Milliarden Kilo bedeuten. Das muss doch Einfluss auf die Rotation des Planeten haben.«

»Und was liegt gegenüber den USA auf der anderen Seite des Globus und sorgt wieder für Gleichgewicht? China?«, sage ich und deute nickend auf ein paar Chinesen in Anzügen an einem der anderen Tische. Es ist, als sei China über die Ufer getreten, sodass seine Bevölkerung auch Afrika überschwemmt.

»Der Indische Ozean. China ist Südamerikas Antipode«, sagt Arnaud.

Wir betrachten die Chinesen. Es scheinen Geschäftsleute zu sein. Ein Koraspieler füllt das Restaurant mit seinen sanften Klängen.

»Afrika wurde wieder kolonialisiert, diesmal von China«, sagt Arnaud. »Was den Kapitalismus angeht, haben die Chinesen daran Gefallen gefunden. Sie kommen hierher und bringen all ihre schlechten Manieren mit. Neoimperialisten mit dem Selbstverständnis des Hegemonen. Sie expandieren, ihr Markt braucht neue Märkte, und deshalb kommen sie in Scharen nach Afrika, wie Kartoffelkäfer. Ich bin Chinesen begegnet, die Urlaub machten. Sie haben Angst davor, untätig herumzusitzen. Während wir anderen faul am Beckenrand herumhängen, ziehen sie ihre Bahnen, eine nach der anderen, als wollten sie an den Olympischen Spielen teilnehmen.«

Er nickt in Richtung der Chinesen. Sie bemerken es und prosten uns zu. »Gan bei.«

41

Ich sitze in einem Wagen mit Allradantrieb und betrachte die niedrigen Akazien am Straßenrand. Das Land ist wie ein bezaubernder Dokumentarfilm über die Natur Afrikas. Eine gefleckte Hyäne, ein paar Affen, die im Wipfel eines hohen Baumes schreien, und im Schatten darunter entdecke ich ein paar grüne Echsen. Vor uns flimmert die Straße. In meinem Kopf höre ich eine Stimme aus dem Off, die begeistert von der Landschaft, den Tieren und Pflanzen erzählt. In der Hauptstadt gibt es keine Baobabs mehr, aber hier stehen sie wie Missgeburten der Botanik. In manchen Märchen sind die Bäume böse, aber hier sind sie Nahrung, Wasser und Schatten, sie sind der Baum des Lebens, und sie haben schon immer hier gestanden. Wir kommen an einem Dorf vorbei. Die Gebäude haben die gleiche Farbe wie Sandburgen, und in den Bäumen hängen Reifenschaukeln an ausgefransten Seilen. Ein paar Jungen laufen hinter unserem Auto her. Sie lachen. Ein Esel trottet gleichmütig vor uns her, und Bakary muss bremsen. Die Kinder ziehen das Tier von der Straße und winken uns hinterher.

Etwas später halten wir an, weil Arnaud und ich pinkeln müssen. Mein Schamgefühl veranlasst mich, ein paar Schritte vom Auto wegzugehen, und Arnaud folgt mir. Es plätschert wie ein Wasserfall. Erleichterung macht sich in mir breit, während ich meine Blase an den Stamm eines Baumes entleere. Vor mir bewegt sich ein Ast. Aber hier ist es vollkommen windstill. Und plötzlich wird er zu einem Kopf. Zwei Augen starren mich an. Ich schrecke zurück.

»Snake«, schreie ich. »Snake!«

»Eine Boomslang«, sagt Arnaud ungerührt, als er fertig ist. »Einfach ruhig verhalten. Sie ist ziemlich giftig. Aber sehr schön.«

Kurz darauf bin ich am Auto und wasche mir mit dem Wasser aus meiner Flasche die Beine. Die anderen lachen, dass der Wagen schaukelt.

Die Straße führt schnurgerade immer weiter, Kilometer um Kilometer, genau wie die Grenzen, die die Kolonialherren seinerzeit auf dem afrikanischen Kontinent gezogen haben. Ich erkenne sie zuerst. Tara steht neben einem Wagen, der am Straßenrand hält. Ratlos schaut ihr Fahrer auf den platten Hinterreifen. Bakary hält an und redet mit ihm in ihrer eigenen Sprache, Bambara. Er kann auch Französisch und Englisch. Dann erklärt er uns, dass der Reservereifen schon einen andern Platten ersetzt. Wir rücken zusammen und machen Platz für Tara. Ich fühle eine undefinierbare Freude, sie zu sehen. Tara in Jeans und Laufschuhen.

Wenig später verliert auch einer unserer Hinterreifen Luft. Bakary zieht einen Akaziendorn heraus, der wie ein Nagel aussieht.

Wir beschließen, den Reifen in Ségou flicken zu lassen. Auf beiden Seiten der Straße, die in die Stadt führt, stehen Balanzanbäume, und Bakary erzählt, dass es davon genau viertausendvierhundertvierundvierzig in Ségou gibt, natürlich abgesehen von dem einen, den noch nie jemand gesehen hat. Solche Mythen gibt es hier unten überall, in allen Varianten und Schattierungen, sagt er. Sie formen das Land, und sie formen die Menschen.

Ségou liegt am Niger, und Michael und ich stehen am Ufer, während die anderen Proviant beschaffen. Ein paar Ziegen und ein Esel wühlen im Müll, den sich der Fluss mitzunehmen weigert, und ein stromlinienförmiges Holzboot schießt wie ein Barrakuda durch das Wasser. Es ist mit grauen Säcken beladen, sicher Reis, und eine Ziege ist an Bord, die lauthals Richtung Ufer blökt. Eine kleine Fähre bewegt sich stromaufwärts.

Ich ziehe meine Sandalen aus. Warm umspielt die Strömung meine Knöchel. Etwas im flachen Wasser reflektiert das Sonnenlicht, ein Stein, rund wie ein Golfball und mit einer beinahe durchsichtigen Oberfläche. Ich studiere ihn und streiche mit den Fingerspitzen darüber. Dann stecke ich ihn in die Tasche.

Als wir die Stadt verlassen, werden wir an einem französischen Checkpoint angehalten. Arnaud zeigt einen Presseausweis vom *Le Figaro* vor, keiner weiß, wie er da rangekommen ist. Wir dürfen passieren. Sie glauben, wir sind Journalisten, denn niemand sonst wäre so dumm, in diese Richtung zu fahren. Die anderen sind sich einig, dass hier die Dinge unter Kontrolle sind. Jeder hat Geschichten und Anekdoten von Checkpoints überall auf der Welt auf Lager. Michael erzählt von Kindersoldaten.

»Stell dir Schüler der vierten, fünften, sechsten Klasse vor, mit Maschinenpistolen. Ein gefährlicher Cocktail, wenn sie obendrein auch noch auf Drogen sind. Ich erinnere mich an einen Burschen in Liberia, nicht mehr als zwölf Jahre alt, in einem George–Weah-Trikot, eine Zigarette im Mundwinkel und den Zeigefinger am Abzug eines AK-47. Ein belgischer Fotograf, Gilles, weigerte sich, dem Jungen zu folgen, weil er nicht von uns anderen getrennt werden wollte. Er wusste, dass das nichts Gutes bedeutete. Einen Augenblick später lag er durchlöchert in einer Lache seines eigenen Bluts. Die anderen

Jungen jubelten und lachten mit ihren schiefen Zähnen. Zum Glück war unser Fahrer so geistesgegenwärtig, das Gaspedal durchzutreten, während die Kugeln in die Karosserie einschlugen. Das war ganz schön knapp damals, fast hätten wir alle ins Gras gebissen.«

Michael erzählt weiter von Kindersoldaten im Kongo und im Sudan, und wie die Warlords versuchen, sie wieder in die Finger zu kriegen, wenn es ihnen mal gelingt, zu fliehen. Sie brauchen nämlich keine praktischen Anleitungen mehr, sie wissen bereits, wie man mordet.

»T. I. A.«, sagt Arnaud, und die anderen nicken.

Ich sehe Michael fragend an. »Was bedeutet das?« Arnaud hat die Abkürzung schon damals in Beirut benutzt.

»This is Africa«, erklärt er, und ich verstehe, was er meint. Hier kann alles passieren, jeder Schrecken, jedes Grauen, alles ist möglich.

Die Straße vor uns staubt wie ein rotbrauner Sternennebel. Wir begegnen nur französischen Militärfahrzeugen und so gut wie keinen Einheimischen.

Nach einem weiteren Platten beschließen wir, in San zu übernachten. Es ist zu gefährlich, nach Einbruch der Dunkelheit weiterzufahren, Banditen und schlechte Sicht. Es sind immer noch zweihundert Kilometer bis nach Mopti. In San gibt es nur wenige Hotels, aber das Campement Teriya bietet saubere Zimmer.

Im Badezimmer ziehe ich mich aus, stelle mich unter die Dusche, bürste mir den Sand aus den Haaren und bekomme einzelne Körner auf die Zunge. Das Wasser wird braun vom Staub, der mir auch bis tief in die Nase gedrungen ist. Ich spüle die Beine gründlich ab und denke an die Boomslang. Ich habe fürchterliche Angst vor Schlangen.

Ich ziehe saubere Sachen an, ein lose sitzendes Hemd gegen die Hitze. Als Michael und ich nach draußen kommen, geht die

Sonne in einem Meer aus Orangetönen unter. Der Schatten, den wir tagsüber vergeblich gesucht haben, ist jetzt allmächtig. Er kriecht zwischen die Häuser, kühlt die Wände und löscht die Spuren der Sonne. Vierundzwanzig Stunden bestehen zu gleichen Teilen aus Hitze und Kälte, Licht und Dunkelheit. Die Sternenkonstellationen über uns sind anders als zu Hause, und die Sterne sehen aus wie kleine kosmische Perforationen am Himmel.

»Hast du jetzt lang genug den Himmel angeglotzt?«, fragt Michael ungeduldig.

Wenige Momente später sitzen wir auf der Terrasse des Restaurants. Über unseren Köpfen sind Schilfmatten gespannt, die am Tag vor der Sonne schützen. Glühbirnen in verschiedenen Farben, grüne, gelbe, rote und blaue, winden sich an den rauen Holzpfosten empor. Zum Essen trinke ich Flag, das Ringe auf der bunt schillernden Tischdecke hinterlässt. Es ist ein senegalesisches Bier, das mit dem lokalen Castel und dem selbst gebrannten Whisky konkurriert. Michael sorgt dafür, dass alle immer etwas zu trinken haben, und sogar Nenad wird redselig.

Ich sehe Tara eindringlich an. Wenn sie trinkt, röten sich ihre Wangen, und ihre kühle englische Schönheit kommt noch besser zur Geltung. Die weichen Züge machen ihr Gesicht noch runder. Mal lacht sie über alles, was wir anderen sagen, dann wieder scheint sie den Tränen nahe. Sogar wenn sie betrunken ist, wirkt sie anziehend.

»Kennst du eigentlich Taras Geschichte?«, fragt Michael mich, als er bemerkt, dass ich sie anschaue.

»Hast du etwas dagegen, dass ich sie ihm erzähle?« Er sieht sie an. Sie schüttelt den Kopf.

Etwas in seiner Stimme sagt mir, dass es eine außergewöhnliche Geschichte ist.

»Tara war ein Star am Pressefirmament, eine der besten. Zuerst war sie beim Guardian, dann bei der BBC. Und es war immer ihr Traum gewesen, für die BBC zu arbeiten. Stimmt doch, oder, Tara?«

Sie nickt verärgert.

»Kriege, Erdbeben, Überschwemmungen, aufkommende Konflikte, wo auch immer auf der Welt, die BBC schickte Tara. Sie berichtete von überall, aber vor eineinhalb Jahren wurde sie ins Büro des Chefs zitiert.« Michael macht eine Kunstpause. »Sie hatte ein TV-Feature manipuliert. Vor einer Livereportage aus dem Sudan hatte sie einen Nomadenstamm mit Zigaretten bestochen, im Hintergrund zu schießen. Sie ballerten einfach nur in die Luft, aber der Stamm auf der anderen Seite der Front glaubte, der vereinbarte Waffenstillstand sei gebrochen worden, und so begann der Krieg von Neuem.«

Sie lächelt Michael ein wenig traurig an, der fortfährt: »Sie wurde gefeuert, und jetzt muss sie verkaufen, was eben geht, um wieder ins Warme zu kommen. Sie träumt immer noch davon, zur BBC zurückzugehen, muss sich aber vorläufig mit weniger begnügen. Darum ist sie hier.«

Tara legt den Kopf an Arnauds Schulter. Als sei sie seine unglücklich verliebte Schwester, streichelt er ihr sanft übers Haar. Nachdenklich blickt er in sein Whiskyglas, während Michael weiter ausholt.

»Heutzutage müssen es immer Breaking News sein, die Wirklichkeit ist nicht mehr gut genug. Und manchmal ist das Ganze nur noch konstruiert. Demonstranten werfen erst Steine, wenn alle Fotografen ihren Platz gefunden haben. Der Molotowcocktail wird erst gezündet, wenn die Augen der Welt zugegen sind und die Fernsehteams auf Aufnahme geschaltet haben. Fehlt nur noch, dass sie vor Beginn der Vorstellung Popcorn und Slushies verkaufen.«

Nenad steht auf, und es scheint, als wolle der große Bosnier tanzen. Sein Oberkörper schwankt über den Tisch, und die Asche seiner Zigarette rieselt auf seine Sitznachbarn. Dann stoßen alle miteinander an.

»Živjeli«, ruft er laut und hebt sein Glas wie zu einem militärischen Gruß.

Auch ich hebe mein Glas, und Arnaud ruft den Kellner.

Meine Beine kribbeln, als ich zur Toilette gehe. Sie ist nur ein Loch in der Erde. Wohlgenährte Fliegen umkreisen es. Offenbar gibt es auch in Mali zwei Typen von Männern: die, die das Loch treffen, wenn sie pinkeln, und die, die es nicht tun. Nach einer konzentrierten Leistung gehöre ich zur erstgenannten Gruppe. Anschließend spritze ich mir Wasser ins Gesicht und beschließe, nur noch ein Bier zu trinken. Auf dem Weg zurück zu unserem Tisch höre ich, wie der Kellner leise mit sich selbst spricht. »Hello, merci, thank you, korp kun krab. Stupid white man think he my friend cause he know words my language.« Er dreht die Musik lauter.

Michael, Arnaud, Tara und Bakary fangen an, zu Tamikrest zu tanzen, einer lokalen Band. Bakarys Bewegungen sind elegant und schön, er hat den musikalischen Rhythmus, der seiner Sprache fehlt. Sein Französisch klingt wie eine Schreibmaschine, die das Farbband durchschlägt.

Tara stellt sich hinter meinen Stuhl. »Komm, tanz mit mir.« Ihre Stimme klingt schmusig.

Ich spüre ihren Busen an meinem Hinterkopf. Ihre Hand gleitet langsam unter mein Hemd und über meinen Brustkorb. Ich ziehe sie langsam weg, und ihre Finger wollen sich mit meinen verschränken. Ich versuche, mich zu entziehen, und so fummeln unsere Hände einen Moment lang herum, während Nenad uns beobachtet. Schließlich gibt Tara auf. Sie lacht ungeduldig, schwebt zurück auf die Tanzfläche und tanzt weiter mit Bakary.

Überrascht sehe ich auf, als Nenad mich anspricht.

»Du gibst einem so schönen Mädchen einen Korb?«

Er hat sich noch nie an mich gewandt, mal abgesehen von der Creme gegen Stechmücken. Ich nicke und halte die Hand mit dem Ehering hoch. Seine Stimme ist die einer Lautsprecherbox, bei der die Membran längst ruiniert ist, knatternd und brummend. Er erkundigt sich nach Dänemark, ob ich Kinder habe und ob ich Fußballfan bin. Er ist nicht verheiratet, ist es nie gewesen.

»Was ist mit dir? Wo lebst du, wenn du nicht gerade hier draußen unterwegs bist?«

Melancholisch zuckt er mit den Achseln.

»Bosnien-Herzegowina?«

»Nein, nicht Bosnien-Herzegowina. Da kann ich nicht hin.«

»Warum nicht?«

»Ist zu viel passiert da, mein Vater, meine Schwester, mein Bruder.«

Er steht auf und geht langsam weg.

42

Wir dürfen nicht nach Mopti reinfahren. Das französische Militär hat die Stadt abgeriegelt und für alle unwillkommenen Gäste gesperrt. Wir können die Kämpfe hören, hören die Schüsse und Explosionen. Wir versuchen alles. Arnaud und Michael zählen all ihre Bekannten auf, deren Namen uns vielleicht durch die Absperrung bringen können. Als es nichts bringt, überreden wir Tara, ihr charmantestes Lächeln aufzusetzen, dann probiert Arnaud es mit Bestechung, ohne es auszusprechen. Irgendwann ist Michael völlig aufgebracht. »Ich bin doch verdammt noch mal nicht so weit gereist für nichts und wieder nichts! Zum Teufel. Ich habe Sand unter der Vorhaut, und wozu in aller Welt?« Ein Offizier hört ihm geduldig zu und gibt dann einen Befehl, dass uns ein Wagen voll besetzt mit französischen Soldaten weit von der Stadt weg eskortieren soll.

Niemand von uns sagt etwas, als Bakary den Wagen wendet. Die Enttäuschung macht uns stumm. Was Tara betrifft, so spielt nach gestern Abend sicher auch der Kater eine Rolle. Wir fühlen uns betrogen und hintergangen. Meine Erwartungen waren hoch, ich hatte mich auf die Spannung gefreut, aber jetzt wird die Tour zu einem Knoten, den wir nicht lösen können. Ein nicht erlebtes Erlebnis. Besonders Nenad ist das

Fiasko anzumerken. Ich glaube, er bemerkt es selbst nicht, aber er schlägt ständig mit der Schläfe gegen die Seitenscheibe. »Fucking French«, stößt er von Zeit zu Zeit zwischen den zusammengebissenen Zähnen hervor.

Wir holpern die löchrige Straße zurück und machen halt in Djenné, um uns die Große Moschee anzusehen. Sie ist aus Lehm erbaut und ähnelt einer imponierenden, mit Nelken gespickten Sandburg. Ich sollte die einmalige Chance zu schätzen wissen, dieses Bauwerk besuchen zu können, aber ich will einfach nur zurück nach Bamako. Keiner im Wagen kann sich zu einer Unterhaltung aufraffen, keiner kann seine Enttäuschung verbergen. Eine so weite Reise für nichts. Wir haben es nicht bis in den Krieg geschafft. Und es gibt so viele andere Kriege auf der Welt, die wir uns hätten aussuchen können.

Gedankenverloren sitzen wir wieder im viel zu heißen Auto und sehen der Sonne zu, wie sie am Himmel emporklettert. Wir kommen hinter einem Eselskarren zum Stehen, um französische Militärfahrzeuge vorbeizulassen, die in die andere Richtung fahren.

»Was ist mit Syrien?« Arnaud hat den Innenspiegel so eingestellt, dass er uns andere vom Beifahrersitz aus sehen kann.

»Der Gedanke ist mir auch schon gekommen«, sagt Michael. »Aber das Risiko ist zu groß. In Syrien haben schon viel zu viele Journalisten ihr Leben gelassen. Es ist ein schmutziger Krieg und große Politik der übelsten Sorte. Also reizt es mich natürlich schon.« Den letzten Satz sagt er lachend. »Und sie haben keine reichhaltigen Ölvorkommen, kein Gold oder Uran, also rennen dort auch keine Franzosen herum.«

In Ségou machen wir Pause. Arnaud, Nenad und Tara wollen versuchen, einen Fahrer zu finden, der sie bei Markala über die Brücke und weiter nach Diabaly bringt. Von dort, so hoffen sie, kommen sie weiter nach Norden. Ich sehe ihnen nach, als sie sich von unserem Auto entfernen. Arnaud mit seinem stolzen, zielstrebigen Gang, Nenad mit seinem Körper, der ein wenig zu groß für ihn ist, und Tara, die vor ihnen geht und die Einzige zu sein scheint, die weiß, wohin sie wollen.

Zurück in Bamako werde ich mit einem Problem persönlicher Natur konfrontiert: Ich habe Durchfall. Es kommt aus den schwärzesten Tiefen meines Darms. Festgenagelt auf der Klobrille, zähle ich die Kacheln des Badezimmers, die Blumen auf der Gardine und die Tropfen, die innerhalb einer Minute aus dem undichten Wasserhahn kommen. Michael besorgt Cola in der Dose und gibt Salz in ein Glas, bevor er eingießt. Er lächelt mir aufmunternd zu, denn er hat das selbst schon durchgemacht.

Er hält sich die Nase zu, reicht mir das Glas und verschwindet mit den Worten »Ich gehe runter zum Pool« wieder aus der Tür.

Am Abend liege ich im Bett und rufe Annemette an. Ich bringe sie zum Lachen, indem ich ihr von den vielen Stunden auf der Toilette erzähle. Es ist, als könnten wir besser miteinander reden, wenn ich von einer meiner Touren zu Hause anrufe, als wenn wir zusammen in einem Zimmer sitzen. Eine Art von Leichtigkeit schwingt mit, ja, sogar ein bisschen Sehnsucht.

Zum Glück ist es nur eine leichte Diarrhö, und am nächsten Tag bin ich wieder auf dem Damm. Während Michael arbeitet, hänge ich am Pool rum. Vom Beckenrand aus betrachte ich eine betörend schöne Einheimische. Ihr Lipgloss glänzt in der Sonne, und der gelbe Bikini bedeckt gerade das Nötigste. Mit ihren langen, übereinandergeschlagenen Beinen sitzt sie auf einer kleinen Insel mitten im Swimmingpool, zu der schmale Brücken führen. Neben ihr ein blasser Mann mit dünnen Beinen, ein Europäer, und entweder ist er reich, oder er hat für ihre Gesellschaft bezahlt. Ihr aufgesetztes Lächeln und das übertriebene Interesse an allem, was der Blasse zu ihr sagt, überzeugen mich, dass Letzteres der Fall sein muss.

Ich breite ein Handtuch auf einem Liegestuhl aus. Hier liege ich, bis ich mir wie ein geröstetes Toastbrot vorkomme. Am Abend sitzen Michael und ich an der Hotelbar, als ein Mann auf uns zukommt. Die anderen sind in die Stadt gegangen, um irgendwo etwas zu essen.

»Habe ich doch richtig gehört, hier wird Dänisch gesprochen. Was trinkt ihr?«

»Smoothies«, antworte ich.

»Hört sich an wie Muschis, oder? Und Muschis sind doch interessanter, findest du nicht?«

Ich weiß nicht, was ich antworten soll, und Michael lacht, aber nur, damit die Situation nicht peinlich wird.

»Darf ich euch auf ein Bier einladen?« Der Däne legt einen schwarzen Motorradhelm auf dem Barhocker neben sich ab und wendet sich auf Englisch an den Barkeeper, der drei Castel auf die Theke stellt. Der Mann heißt Flemming und hat Geld damit verdient, ergonomische Büromöbel zu verkaufen. Jetzt ist er zum zweiten Mal geschieden und wohnt in Charlottenlund. Ich schätze ihn auf fünfundfünfzig, vielleicht sechzig. Die Haut im Gesicht wirft allmählich Falten, und an den sonnengebräunten Armen hat sie ihre Straffheit verloren und spannt über den sehnigen Muskeln nicht mehr.

Die Unterhaltung gerät sehr schnell ins Stocken, aber Flemming hat nicht vor, sich zu verabschieden, obwohl Michael und ich uns unmissverständliche Blicke zuwerfen. Andererseits haben wir sein Bier angenommen, also schulden wir ihm wohl etwas Zeit.

»Du fährst Motorrad?« Michaels Frage scheint überflüssig angesichts der Spotlights über der Bar, deren Licht auf den blank polierten Helm fällt. Aber manchmal muss man nach dem Offensichtlichen fragen, um ein Gespräch in Gang zu bringen.

»Ich bin die ganze Strecke von Johannesburg hier hoch gefahren.« Es ist, als ziehe sich seine Gesichtshaut zurück, wenn er lächelt.

»Ganz schöne Tour.«

»Fast neuntausend Kilometer.«

»Nur so zum Spaß?«, fragt Michael.

Eine Frau betritt mit geschmeidigen Schritten die Bar, und ihr Anblick lässt uns alle den Kopf drehen, als hätte uns jemand gerufen. Es ist die vom Swimmingpool. Sie sieht alles andere als bemitleidenswert aus, nicht wie die Nutten, die auf den Gehsteigen vor den billigen Hotels patrouillieren. Sie ist sehr gepflegt und elegant gekleidet. Die Schlitze an beiden Seiten ihres Kleides zeigen ihre langen Beine, und ich bemerke, wie Flemmings gieriger Blick an ihrem schlanken Körper hoch und runter wandert.

Jetzt ist es seine Glatze, die glänzt. »Heilige Scheiße, was für ein Geschoss.« Verschwörerisch beugt er sich zu uns. »Soll ich euch ein Geheimnis verraten?«

Eigentlich will ich »Nein, danke« antworten, aber Michael nickt.

»Ich kurve hier unten rum, um schwarze Mädchen zu vögeln.« Ohne unsere Reaktion abzuwarten, fährt er fort. »Sex kostet in Afrika nichts, und sie sind so verdammt geil. Eine wie die da«, er zeigt auf die Frau, »die kannst du für 'n Appel und 'n Ei haben.«

Wir blicken beide zu der Frau.

»Ich hab sie zuerst gesehen«, sagt Flemming schnell. »Habt ihr schon mal eine Schwarze gebumst?«

Wir reagieren nicht.

»Solltet ihr mal ausprobieren. Once you go black you never go back.«

»Aids.« Michael macht sich nicht einmal die Mühe, es als Frage zu formulieren.

»Ist ein riskanter Sport, aber das sorgt ja gerade für zusätzlichen Nervenkitzel«, entgegnet Flemming. Mit einem Anflug von Stolz in der Stimme fügt er hinzu: »Ist ein bisschen wie Russisch Roulette spielen, nur mit dem Schwanz. Aber in meinem Alter ist einem das egal«, merkt er noch an.

Er erinnert mich an einen großmäuligen Rapper. Der Sexualtrieb kann Männer verblöden lassen. Ich halte es nicht aus, ihm noch länger zuzuhören, und gähne, um zu signalisieren, dass es Zeit zum Aufbruch ist. Michael versteht sofort. Wir bedanken uns für das Bier und entschuldigen uns damit, dass wir morgen nach Hause fliegen. Flemming ist schon auf dem Weg zu der Nutte, als wir gehen.

»T. I. A.«, sage ich. Michael nickt.

43

Die Enttäuschung sitzt immer noch tief, als wir in Kopenhagen landen. Michael konnte seine Arbeit nicht tun, und ich hatte mich auf das Chaos des Kriegs gefreut, die Ungewissheit, die er mit sich bringt. Ich hatte mich darauf gefreut, das Adrenalin der Angst zu spüren, die bis zum Äußersten geschärften Sinne und den Ritt auf der Rasierklinge zwischen Neugierde, Panik und Rationalität. Es begann als Lust und hat sich zu einer Art Besessenheit entwickelt. An einem bestimmten Punkt schäme ich mich dafür, doch habe ich mich noch nie so lebendig gefühlt.

Aber hat der Tod nicht immer schon Anziehungskraft ausgeübt? Die Römer wussten ein gutes Sterben zu schätzen. Von den Rängen des Kolosseums beäugten sie spektakuläre Morde, während sie Wein in sich hineinschütteten. Sie prosteten sich zu, wenn wieder ein Unschuldiger erdolcht, aufgeschlitzt oder von einem Tiger zerrissen wurde. Und in der Französischen Revolution ließ die Guillotine nicht nur das Schafott erzittern, sondern brachte auch die Menge zum Jubeln, wenn noch ein Kopf in den Weidenkorb rollte. Zu allen Zeiten wurde der Pöbel mit Enthauptungen, Lynchen und allerlei anderen vergnüglichen Verstümmelungen unterhalten, während die Kinder spielten und der Picknickkorb ausgepackt wurde. Genau betrachtet sind die Menschen immer noch primitive Affen, inzwischen allerdings in allerlei Textilien und in eingebildete Vernunft gekleidet. Jetzt geben wir unseren tierischen Trieben nach, indem wir uns gewaltverherrlichende Filme anschauen, Grand Theft Auto auf der Playstation spielen oder Ultimate Fighting im Fernsehen einschalten. Oder wir befriedigen unsere Neugierde, indem wir mit vielen anderen einen Verkehrsunfall auf Fünen begaffen.

Zweifel haben das Glücksgefühl verdrängt, das sich nach den Erlebnissen in Libyen eingestellt hatte. Ist es in Wirklichkeit das, worauf ich aus bin: Menschen sterben zu sehen? Ich habe mir eingebildet, den Aufstand des Volkes und seinen Sieg miterleben zu wollen. Aber so ist es in Mali nicht, und es wird auch nie der Krieg des Volkes werden. Regierungstruppen kämpfen gegen Islamisten, die nach der Scharia gieren. Der Wahnsinn geht so weit, dass die islamistischen Gruppen an dem Kokain verdienen, das in europäischen Diskotheken konsumiert wird. Die jungen Leute auf den Tanzflächen tragen dazu bei, deren Krieg zu finanzieren. Vielleicht sogar meine Schülerinnen und Schüler? Sie wissen es nur nicht.

Für einen Freiberufler wie Michael war Mali ein Verlustgeschäft. Er hat nur wenige Fotos verkauft, und ich habe wieder einen Teil unserer Ersparnisse verbraucht.

Ich nehme ein Taxi, bezahle, stecke die Quittung in die Tasche und steige am Sommerfuglevænget aus. Die Bewegungsmelder im Vorgarten springen an, und das Licht beleuchtet die Atemwölkchen, die aus meinem Mund aufsteigen.

Annemette ist im Badezimmer. Ich höre das Brummen der elektrischen Zahnbürste und mache ein paar Geräusche, um sie nicht zu erschrecken. Bei ihrem Anblick spüre ich, dass ich mich auf sie gefreut habe. Der Bademantel hängt am Haken, und der Spiegel ist vom Dunst beschlagen. Sie war unten im Winterschwimmverein.

»Hej, Schöne.«

Im Spiegel sehe ich, dass sie stutzt, sicher wegen des nominalisierten Adjektivs. Die Bürste hält im Unterkiefer kurz inne, brummt rhythmisch. Sie schaltet sie aus und spuckt ins Waschbecken. So habe ich sie wohl schon seit Jahren nicht mehr genannt.

»War es eine gute Tour?«, fragt sie.

Ich antworte nur Ja, denn im Moment hat sie bestimmt keine Lust auf ausführliche Beschreibungen. Ich putze mir die Zähne und werfe meine Sachen in den Wäschekorb. Mit offenen Augen liege ich im Bett. Meine Hand kriecht über das Laken, sucht und findet Annemettes Hand unter ihrer Decke. Sie ist warm und glatt.

Als der Wecker zum zweiten Mal klingelt, kommt Annemette ins Wohnzimmer. Sie hat es eilig.

»Ich fahre jetzt.«

»So früh?«

»Ich habe doch die Fortbildung in Vejle, bin also heute Abend nicht zu Hause. Hast du das etwa vergessen?«

»Natürlich nicht«, lüge ich.

Mir scheint, ihr Gesichtsausdruck balanciert zwischen Verärgerung und Entschlossenheit. Sie will etwas sagen, überlegt es sich aber anders, und ein flüchtiger Kuss streift meine Lippen. In der Tür dreht sie sich um.

»Wenn ich zurück bin, müssen wir miteinander reden, Niels.« Ihre Stimme ist ernst und die Worte sind etwas zu laut.

Draußen ertönt eine Autohupe, kurz und kontrolliert, die Annemette in Bewegung bringt. Sie läuft in den Flur, und ich höre die Rollen ihres Trolleys durch den Vorgarten klappern. Vom Wohnzimmerfenster aus sehe ich das Heck eines silbergrauen Audi A4 die Straße hinunter verschwinden.

Ich spüre, wie mir ihr Satz in die Glieder fährt wie eine beginnende Grippe. Wir müssen miteinander reden. Das hat

Majken zu Michael gesagt, und Mette zu Michael, bevor sie sich getrennt haben, und jetzt hat Annemette mich mit derselben Syntax konfrontiert.

Ich melde mich krank. Die Überraschung hat sich in Unbehagen verwandelt. Es wäre einfach für Annemette, mich zu verlassen, jetzt wo Cecilie ausgezogen und Mathias nur noch selten zu Hause ist. Was haben wir noch gemeinsam? Habe ich etwas übersehen? Anzeichen für einen Lover? Mit Audi A4? Zieht sie sich nicht auch anders an?

44

Ich habe unruhig geschlafen diese Nacht, den Kopf voller Sorgen und Gedanken. Annemette lag in einem weichen Bett, zusammen mit Martin, Henrik, Jesper oder wie er nun heißen mag. Sie waren in einem Badehotel, wahrscheinlich irgendwo an der jütländischen Westküste. Sie war nackt, und er tapezierte ihren Körper mit Küssen. Sie lachte, als sein Dreitagebart ihren Bauch kitzelte.

Ich nehme mein Telefon vom Nachttisch. »Ich bin immer noch angeschlagen«, lüge ich der Schulsekretärin vor.

Den Vormittag über vergrabe ich mich in mir selbst. Die Gedanken türmen sich auf, und ich ziehe die Decke über den Kopf. Meine Reaktion überrascht mich. Begreife ich erst in dem Augenblick, in dem meine Frau im Begriff ist zu verschwinden, wie viel sie mir bedeutet?

Wenn wir von damals sprechen, erinnert sich keiner von uns daran, bei wem die Feier stattfand, aber ich erinnere mich noch an die Wohnung. Groß, mit hohen Decken, herrschaftlich und ganz anders als die Pasta-mit-Ketchup-Wohnungen, in denen wir sonst hausten und verkehrten. Es gab kein Laminat, keinen Zwanzig-Zoll-Fernseher auf einer Bierkiste. Ich weiß noch, dass ich die Wohnung mit fast architektonischem Interesse studierte. Dann kam Annemette, und meine Augen sahen nur noch sie.

Zuerst faszinierte mich ihr Haar. Es war kurz, was damals sehr mutig wirkte. Es hob ihr Gesicht hervor, das schön und regelmäßig war. Die Arme bedeckt mit orangebraunen Sommersprossen, die ich unendlich bezaubernd fand. Sie sah mich an und tat es doch nicht. Sie verwandelte meinen Magen in einen rumorenden Klumpen aus Begeisterung und Unsicherheit, die ins Gegenteil umschlug, in Zielgerichtetheit: Ich musste sie haben.

»Hej, ich heiße Niels«, sagte ich.

Ich nehme mein Handy und schreibe *Vermisse dich*. Drücke senden.

Wir verschwanden aus der Wohnung, schlenderten durch Kopenhagen. Um uns herum war die Stadt in Feierlaune, Freitag wurde zu Samstag. Ich nahm ihre warme Hand in meine. Meine Zunge war wellig vom Alkohol und von der Unsicherheit, aber sie bog sie wieder zurecht. Zuerst mit Reden, dann mit Küssen.

Pling. *Ich dich auch*, schreibt Annemette.

»Warst du schon mal auf dem Nørrebro-Friedhof?« Wir kletterten über die Mauer, und dann haben wir uns zum ersten Mal geküsst. Auf einmal meinten wir, einen Wachmann zu hören, und machten, dass wir wegkamen. Zögern auf der Nørrebrogade. Will sie mich wiedersehen? Dann fragte sie, und wir gingen zu ihr nach Hause.

In der ersten Nacht schliefen wir nicht miteinander. Andere Mädchen, drei, um genau zu sein, die ich auf meinen Touren durchs Nachtleben getroffen hatte, waren schnell bei der Sache gewesen, nicht so Annemette. Zuerst streichelten wir uns, schmusten und knutschten, und so ging das mehrere Abende lang, und sie wurde immer atemberaubender für mich.

Ich schicke ihr noch eine Nachricht. *Worüber willst du mit mir sprechen?*

Ich verliebte mich in ihre Bewegungen. Sie trieb förmlich vorwärts, wenn sie ging, und das tut sie immer noch, als hätte sie kleine Rollen unter den Sohlen. Sie ist immer noch schön, und manchmal kann ich sie so ansehen wie an diesem Abend in der Wohnung. Ihr Körper ist mit Sommersprossen bedeckt, und ich dachte, für jede neue Sommersprosse werde ich sie noch mehr lieben.

Pling. *Das kann warten, bis ich wieder da bin.*

Annemettes Eltern sponserten die Wohnung in Nørrebro. Der Umzugswagen musste nur wenige Möbel aus Michaels und meiner Wohnung in der Ægirsgade abtransportieren, aber Annemette schuf uns ein Zuhause. Mit vierundzwanzig wurde sie schwanger, ein Unfall, aber wir entschieden uns, das Kind zu behalten, und vier Jahre später kam Mathias dazu. Ich studierte Gesellschaftswissenschaften und Politik an der Universität. Der Job am Gymnasium bedeutete Sicherheit für die Familie, und der Alltag drängte meine Vorstellungen vom umtriebigen Dasein eines Journalisten in den Hintergrund.

Ich will ihr eine Antwort abringen und formuliere noch eine SMS: *Was hast du damit gemeint, wir müssen reden? LG Niels.* Ich schaue auf die Worte, die mir entgegenleuchten. Lösche alles wieder. Wenn sie mir etwas sagen will, dann soll sie es mir ins Gesicht sagen.

45

Im Laufe des Vormittags döse ich ein, bis mein Handy klingelt. Ich bin sofort wach, erkenne die Nummer auf dem Display aber nicht. Wahrscheinlich ist es ein Meinungsumfrageinstitut oder ein Stromanbieter. Im nächsten Moment versetzt mich die Stimme in ein Flugzeug nach Kairo, dann in ein Auto, das auf dem Weg nach Bengasi durch die Wüste fährt. Ich hatte nicht geglaubt, jemals wieder von ihm zu hören. Die Verbindung ist stabil, ich höre ihn deutlich.

»Wo bist du?«

»In Dänemark«, antwortet Hamid.

Wieder sehe ich auf das Display: Er ruft unter einer dänischen Nummer an.

»Wir sind schon seit ein paar Monaten hier«, sagt er. »Wir haben Asyl beantragt. Ich habe versucht, Michael anzurufen, aber er meldet sich nicht.«

Vor Überraschung klettert meine Stimme ein paar Tonlagen nach oben. Wenn Hamid in Dänemark ist, warum hat er mich nicht früher angerufen? »Warum rührst du dich erst jetzt?«

»Es ist viel passiert.« Ich spüre, dass ich nicht näher nachfragen soll.

»Sind Asma und die Kinder bei dir?«

»Ja. Asma steht hier neben mir.«

Er erzählt, dass sie sich zurzeit in einem Aufnahmezentrum auf Langeland befinden. Er und die Familie werden wohl noch einige Zeit dort sein, denn die Bearbeitungszeit für Asylanträge ist lang, wie sie gehört haben. Es sind ein Jahr und drei Monate vergangen, seit ich ihn zuletzt gesehen habe, und er klingt vollkommen verändert.

»Braucht ihr Hilfe?«, frage ich.

»Nein, nein, auf keinen Fall.« Hamid verstummt. Als wage sich keiner von uns an den Rest des Gesprächs heran, reden wir über Belanglosigkeiten und erinnern uns an kleine Begebenheiten, die wir gemeinsam erlebt haben. Wir halten uns in gehöriger Entfernung vom Krieg. Dann verabschieden wir uns.

Er hat mich um nichts gebeten, dennoch fühlt es sich so an. Noch vor ein paar Augenblicken gab es zwei Welten. Den Alltag und den Krieg. Es war nie geplant, dass zu Hause und da draußen aufeinandertreffen.

Ich sitze im Wohnzimmer, gedankenschwer. Annemette und Hamid, Dänemark und Libyen. Ich bin allein zu Hause, Mathias ist auf Fachexkursion. Dass es dunkel geworden ist, bemerke ich erst, als sich zwei Scheinwerfer die Straße heraufbewegen.

Der Audi hält unter der Laterne, glänzend wie Silberbesteck. Annemette steigt aus, dreht sich um und spricht ins Auto. Sie sieht glücklich aus. Die Tür auf der anderen Seite öffnet sich langsam. Zuerst verbirgt die Dunkelheit den Fahrer, nur eine Silhouette steigt aus. Von beiden Seiten nähern sie sich der Front des Audi. Ich beuge mich vor, um besser sehen zu können. Die Silhouette verschwindet in Annemettes Umarmung. Dann beleuchtet die Straßenlaterne beide, und ich erkenne

Dorthe, Annemettes Kollegin. Mit einem Schlag fühle ich mich wie ein Idiot.

Ich höre die Haustür und Annemettes Schuhe auf den Fliesen im Flur klackern, wo sie ihren Trolley stehen lässt. Ich höre, wie die Jacke vom Haken fällt, gefolgt von einem kurzen Seufzer. Dann zieht sie die Schuhe aus und schiebt sie mit dem Fuß unter die Kommode.

»Oh, du sitzt hier?«

»Ich warte auf dich.«

»Und wieso im Dunkeln?« Sie macht das Licht über dem Sofatisch an.

»Ich denke nach.«

»Worüber?«

»Nichts Besonderes.«

»Okay.« Sie macht Anstalten, das Wohnzimmer zu verlassen.

»Ob du die Scheidung willst.«

»Wie in aller Welt kommst du darauf?«

»Du hast gesagt, wir müssten reden, wenn du wieder da bist.«

Sie lacht übertrieben. »Und du dachtest, das heißt Scheidung?«

»Heißt es das nicht?« Plötzlich höre ich selbst, wie naiv ich klinge.

»Nein, Niels, ich will mich nicht scheiden lassen. Wie kannst du nur so was denken?«

»Worüber wolltest du dann mit mir reden?«

Sie zieht mich auf die Beine. »Komm, ich bin müde. Ich erzähl's dir im Bett.«

Kurz darauf liegen wir beide im Bett, die Gesichter einander zugewandt. Ich bin jetzt etwas ruhiger. Es hat etwas Geheimnisvolles und Vertrauliches an sich, so zu liegen, als wären wir Kinder, die etwas teilen, wovon die Erwachsenen nichts wissen dürfen.

»Ich dachte nur«, beginnt Annemette. »Weil du einiges an Geld ausgibst für deine Touren. Ist es dann nicht gerecht, wenn ich das auch tue?« Sie erzählt mir, dass sie und Lisbeth nach Barcelona wollen. Fünf Tage mit Tapas auf der Rambla, Cava und La Sagrada Família. Für mich hört sich das nach einer guten Idee an.

Ich schlafe traumlos, tief eingesunken in die Matratze und weit weg von Mali. Am nächsten Morgen gebe ich ihr den Stein, den ich in Ségou gefunden habe.

46

Nachdem die Examen überstanden sind, fahren Annemette und ich in Urlaub. Sie hat ein Ferienhaus gemietet. Wir werden vierzehn Tage dortbleiben.

Im Auto sprechen wir über die Kinder. Mathias hat die elfte Klasse hinter sich gebracht. Anfangs war es merkwürdig, dass mein Sohn auf dasselbe Gymnasium geht, an dem ich Lehrer bin, aber ich habe keinen Unterricht in seiner Klasse. Auch nächstes Schuljahr nicht. Auf den Fluren laufen wir uns nur selten über den Weg, und zu Hause fast noch seltener. Cecilie kommt gut zurecht, ihr und Johann geht es gut. Sagt sie jedenfalls, wenn sie anruft.

Der Sommer erhebt sich über Jütland, als wir aus dem Limfjordstunnel kommen. Wir fahren von der Autobahn ab und durch Hjørring. Wir kaufen ein und schaffen noch den Sonnenuntergang in Lønstrup. Eine Familie mit Kindern lädt gerade farbenfrohes Gepäck aus dem Kofferraum ihres Passat. Unsere Reisetaschen sind farblos, dafür praktisch. In einem der Häuser feiert jemand Geburtstag. Sie haben Fähnchen entlang des Schotterwegs aufgestellt.

Wir finden die richtige Adresse. Es riecht, wie es in einem Ferienhaus riechen muss. Es gibt keinen Zaun und keine

Hecke, nur Landschaft, so weit das Auge reicht, genau das, was wir brauchen. Wir gehen nach draußen. Herkules stürmt durch die grün bewachsenen Dünen, die fast bis zum Haus wogen. Unten am Strand ziehen wir die Schuhe aus und setzen uns in den Sand. Mit den Schuhen in der Hand gehen wir zurück. Wir kochen, hören dabei Radio und trinken Rotwein. Wir sitzen auf dem Sofa und sehen in die Dunkelheit. Schleichen ins Bett, um Herkules nicht zu wecken, der auf dem Boden schläft.

Am nächsten Tag essen wir im Badehotel Løkken zu Mittag und fahren zum Leuchtturm am Rubjerg Knude, der einsam am Rand von Jütland steht. Es ist nicht sehr windig, trotzdem fegen Sandkörner über die Dünen und erinnern mich an Mali. Auf dem Nachhauseweg kommen wir bei einem Metzger vorbei, und ich kaufe Koteletts, während Annemette den Rest im Super Brugsen besorgt. An einem Stand am Straßenrand halten wir an, werfen etwas Geld in eine Kiste und nehmen eine Tüte Frühkartoffeln mit.

Tags darauf sind wir wieder unterwegs, diesmal zur Råbjerg-Düne. So vergeht die Zeit mit Ausflügen ins Land. Wir schlafen lange und wachen erst auf, wenn Herkules an der Tür kratzt. Jeden Abend essen wir gut, spielen Backgammon, oder Annemette liest. Wir machen Spaziergänge am Meer und reden nicht viel, spüren aber, dass es auch nicht nötig ist. Hier draußen löst sich alles auf. Wir streiten so gut wie nicht. Annemette ist fürsorglich, fast zu fürsorglich, und ich habe Lust, sie glücklich zu machen. Wir sind dabei, den Rost von unserer Beziehung zu klopfen. Hier draußen sind wir die alten Niels und Annemette. Nur besser. Alles bewegt sich in die richtige Richtung.

Am letzten Abend sitzen wir auf der Terrasse vor dem Ferienhaus. Von hier aus können wir das Meer sehen und Herkules, der im Schatten liegt und schläft. Die Schweinelendchen waren perfekt, dazu hat Annemette einen exquisiten Salat zubereitet, mit Wassermelone und Fetakäse.

Zufrieden lehne ich mich in dem Plastikstuhl zurück, hebe die Armlehnen an und lasse die Rückenlehne ein Stück weiter hinten einrasten. Die Kohlen auf dem Grill glühen immer noch.

Annemette leert ihr Glas. »Machen wir noch eine Flasche Rotwein auf?«

Ich stehe auf. Räume die leeren Teller ab und nehme den Korkenzieher aus der Schublade. Ich hatte bisher ja nur zwei Gläser. Hat sie den Rest getrunken? Der Wein hat einen Schraubverschluss. Bastarde aus Übersee nennt Arnaud sie, er schwört ausschließlich auf erlesene französische Weine. Annemette muss die Flasche mitgebracht haben, als sie heute Vormittag einkaufen war.

Zurück auf der Terrasse, fülle ich unsere Gläser und lasse mich wieder in meinem Stuhl nieder. Ein Stück rechts vom Badesteg liegt ein Segelboot vor Anker. Auf dem Nachbargrundstück tut ein Mähroboter seine Arbeit, obwohl das Gras so kurz ist wie das auf einem Golfplatz. Er geht unsystematisch zu Werke.

»Erinnerst du dich noch, als du dachtest, ich wollte mich scheiden lassen?«

»Ja«, antworte ich und lächle. Es scheint schon lange her zu sein. Mein Blick folgt dem Mähroboter, der sich unter dem Wagen des Nachbarn festgefahren hat. Er rackert sich ab, um wieder freizukommen, ächzt in einem mechanischen Ton. Ich sollte rübergehen und dem Nachbarn Bescheid geben, will aber sehen, ob er es allein schafft.

Annemette räuspert sich. Dann folgt ein langer Seufzer. »Ich habe viel darüber nachgedacht. Ich glaube, du hast recht, Niels. Wir stecken fest.«

Verwundert sehe ich sie an. »Das habe ich nie gesagt.«

»Nein, gesagt hast du es nicht, aber du hast es mir gezeigt.«

»Wie meinst du das?«

»Ich habe mich entschieden. Ich werde mich scheiden lassen.«

47

Die Autofahrt von Nordjütland nach Hause ist die längste Reise, die ich jemals unternommen habe. Mutlos starre ich auf die Straße. Es ist ein Hammerschlag, ein Granateinschlag, ein Todesfall. Ohne Annemette wird nichts mehr so sein wie vorher. Sie sitzt neben mir, ganz nah, und doch war sie nie weiter weg. Auf den Zuschauertribünen des Kriegs komme ich klar, aber ich bin nicht sicher, ob ich das hier verkrafte.

Mein Körper reagiert auf die Neuigkeit. Ich bin von einer plötzlichen Krankheit befallen. Einer unheilbaren Krankheit. Und sie wird lange andauern, jahrelang. Mir ist schon klar, dass ich nicht der interessanteste Mann bin, den die Welt hervorgebracht hat. Aber es ist, als könne ich mich nicht entfalten, mich nicht erneuern oder etwas hinzufügen, wenn es um Annemette geht. Hat sie einen anderen? Ich will nicht fragen. Verneint sie, glaube ich ihr vielleicht nicht, und antwortet sie mit Ja, wird es sich nur noch schlimmer anfühlen.

»Ich verstehe es nicht.«

»Ich mache mir schon länger Gedanken. Ich kenne dich nicht mehr, Niels.«

»Was heißt hier Gedanken machen? Du hast dich ja entschieden.«

Schweigen, Stille, Nichts.

Als ich in die Einfahrt biege, tut sie so, als sei sie eingenickt.

»Ich schlafe im Wohnzimmer«, sage ich.

»Okay«, murmelt sie.

Ich liege auf dem Sofa, unbequem und den Kopf voller Gedanken, ein wirres Chaos. Sehe hinüber zur Schlafzimmertür. Woran sie wohl denkt da drinnen? Der Urlaub im Ferienhaus hat einen falschen Klang bekommen, denn sie wusste die ganze Zeit über, dass sie am letzten Abend die Bombe würde platzen lassen.

Die nächste Zeit ist irgendwie merkwürdig. Annemette sorgt ganz bewusst dafür, selten zu Hause zu sein, und wenn sie da ist, mache ich lange Spaziergänge mit Herkules. Meine Beine sind wie die Zeiger einer Uhr, und die Uhr ist das Wohnviertel, das von oben einem Baustahlgitter in einem Stadtplan gleicht. Ich laufe und laufe, ohne irgendwo ankommen zu wollen. Sondern um an einem Punkt nicht zu sein. Sind wir gleichzeitig daheim, gehen wir uns aus dem Weg. Wortlos teilen wir das Haus in Zonen ein, in denen wir Ruhe voreinander haben. Das Arbeitszimmer ist meine Zone, das Schlafzimmer Annemettes, das kleine Badezimmer meine und das große ihre, es sei denn ich will ein Bad nehmen.

Natürlich verändert sich eine Beziehung mit der Zeit, sie verblasst, und es gibt Missverständnisse, aber ich hatte gehofft, dass wir uns wiederfinden. Uns wieder verlieben. Wenn die Zeit reif wäre. Irgendwann in der Zukunft. Aber so ist es nicht gekommen. Oft waren wir einfach nur da. Wir aßen zusammen, wir schliefen zusammen, wir machten etwas zusammen, aber wir waren nicht zusammen. Wir waren nur im selben Raum.

Wir sehen beide ein, dass es nicht mehr geht, unter einem Dach zu wohnen. Eines Abends begegnen wir uns am Küchentisch. Wir weinen, wissen aber beide, dass es keinen Weg zurück gibt. Wir vereinbaren, dass ich mir etwas suche.

Erst einmal kann sie das Haus behalten, und ich bekomme das Auto. Das Haus bedeutet mir nichts mehr, ich will nur noch weg, und dabei kann ich das Auto gut gebrauchen.

Einige Zeit danach höre ich, dass einer der jungen Lehrer mit seiner Freundin zusammenzieht und sie deshalb ihre Wohnung vermieten wollen. Jedenfalls für ein Jahr. Sie liegt an der S-Bahnstation Sjælør.

Cecilie verspricht, zur Besichtigung mitzukommen. Wir treffen uns an der S-Bahn. Mir fällt auf, wie schön sie ist. Schlank und selbstsicher, die gleiche Selbstsicherheit, die Annemette plötzlich ausstrahlt. Wir wissen nicht, was wir zueinander sagen sollen. Ich will mich entschuldigen, weiß aber nicht wofür. Wenn jemand sich bei Cecilie und Mathias entschuldigen muss, dann ja wohl Annemette. Ich drücke sie an mich und würde sie am liebsten nie wieder loslassen. Sie soll ein kleines Mädchen in meinen Armen sein, und ich sein Papa, Annemette seine Mama und wir alle zusammen eine Familie. Ständig quälen mich solche Gedanken.

Die Wohnung ist mit Raufaser tapeziert, es gibt eine alte Küche und ein kleines Bad mit Handdusche. Und Platz genug für mich, um mich von der undefinierbaren, schwelenden Stimmung am Sommerfuglevænget zu befreien.

»Ich nehme sie.«

»Du willst doch wohl nicht hier wohnen«, sagt Cecilie, als wir wieder unten auf der Straße stehen.

»Das werde ich wohl müssen. Jedenfalls für eine Weile.« Ich kann es meiner Stimme anhören. Mein Leben ist plötzlich so ernst geworden. Ich hätte nie gedacht, dass ich mal geschieden sein würde. Mit einem Mal verstehe ich meine Mutter. Das große, bedrückende Loch, das mitten in ihrem Leben und gegen ihren Willen entstand, als mein Vater sie verließ. Der Alkohol brachte sie um, aber die eigentliche Ursache war die Scheidung. So weit wird es mit mir nicht kommen. Annemette und ich können noch miteinander reden, und wir denken beide an die Kinder. Nicht so wie mein Vater, der mit seiner neuen Frau nach Malaga ging.

Mathias und sein Freund Mikkel helfen mir beim Umzug. Es dauert nur ein paar Stunden, ein paar Mal hin und her fahren. Ich mache die Tür hinter den beiden zu und höre das Echo in der leeren Wohnung. Setze mich auf einen Klappstuhl. Wir sind in eine Zweizimmerwohnung gezogen, ich und mein hohles, dröhnendes Gefühl der Einsamkeit.

48

Ich stehe am Fenster, sehe hinunter auf die Hørdumsgade. Wer ist trübseliger, die Straße oder ich? Ich hätte nicht gedacht, dass mein Leben plötzlich so inhaltslos sein könnte. Ich muss mich aus der Einsamkeit reden. Muss mit jemandem reden.

»Kann ich dich morgen zurückrufen?« Cecilie legt auf, und die Einsamkeit wächst.

Michael geht nicht ans Telefon. Auch David antwortet nicht. Dabei könnte ich gerade jetzt eine Dosis seines britischen Humors gut gebrauchen. In der Wohnung sind Haustiere nicht erlaubt, also kann mir nicht einmal Herkules Gesellschaft leisten. Bestimmt liegt er auf meinem Platz auf dem Sofa. Was Annemette wohl macht?

Wer waren meine Freunde, bevor ich die Mail an Michael schrieb? Jahrelang habe ich es versäumt, mich mit denen zu treffen, die ich hatte. Annemette und die Kinder waren mir genug, und plötzlich waren die Freunde weg. Wen kann ich jetzt anrufen?

Ich hatte keine Zeit, an ihn zu denken, bis jetzt, und meine Freude ist groß, als Hamid ans Telefon geht. Die Worte sprudeln nur so hervor und werden zu übermütigem Unsinn. »Hamid, ihr müsst kommen und mich besuchen. Ich komme und hole euch ab. Sag einfach, wann es passt, und ich fahre los.«

»Wir können nicht.«

Ich versuche es noch einmal, nur mit anderen Worten, merke aber rasch, dass Hamid zurückhaltend bleibt.

»Du musst uns helfen.«

Langsam, wie aus einem Nebel, taucht der Satz wieder auf, den ich zu Hamid sagte, als wir uns in Bengasi verabschiedeten: Solltet ihr jemals nach Dänemark kommen, steht euch unser Zuhause offen. In Libyen hat Hamid mir geholfen, und jetzt habe ich Gelegenheit, mich zu revanchieren. Ich sehe die libyschen Flüchtlinge am Grenzübergang nach Ägypten, müde und erschöpft, ich sehe den Alten mit der Ziege. Wenn ich helfen kann, dann ist es meine Pflicht. Und es kann meine Gedanken beschäftigen.

Die Tür zu Lars' Büro steht offen. »Ich brauche morgen einen Tag frei.«

»Du siehst auch aus wie das heulende Elend.«

Danke für dein Verständnis, Lars. Ich sage es natürlich nicht laut, wundere mich aber über seinen Führungsstil. Vielleicht bin ich alt geworden, vielleicht ist es die neue Generation von Vorgesetzten, an die ich mich nur schwer gewöhnen kann. Mit Erland als Rektor haben wir den Unterricht auf der Basis aktueller pädagogischer Erkenntnisse neu strukturiert. Jetzt ist Pädagogik irrelevant. Alles dreht sich um Wirtschaftlichkeit und wird mit der Floskel Effizienzsteigerung verschleiert. Wir sind eine dem Untergang geweihte Rasse. Und ich bin dem Untergang geweiht.

Am nächsten Vormittag sitze ich im Auto. Michael ist in der Ukraine, und ich bin unterwegs nach Langeland. Über die Autobahn und die Landstraße, über Tåsinge und Siø. Hier draußen ist Dänemark noch unverdorben und schön. Die Baumwipfel wiegen sich sanft über der Straße, die zwischen

Feldern, Wiesen und weiß getünchten Häusern hindurchführt. Durch Dörfer, deren Namen nur die Bewohner selbst kennen. Hamid und Asma sind weit weg von zu Hause. Ich war als Tourist in ihrem Land, aber sie sind hier, weil sie in Not sind.

Im Wagen ist zu wenig Platz für meine Gedanken. Also lasse ich die Scheibe herunter und den Gedanken freien Lauf. Hier in Dänemark prahlen wir mit unserem Weitblick, obwohl es genau das ist, was uns fehlt, wenn es um unser eigenes Land geht. Wir sympathisieren lieber mit dem unterbezahlten Kaffeebohnenpflücker in Honduras als mit dem Empfänger von Invalidenrente auf Lolland. Oder einem libyschen Freund, der plötzlich an die Tür klopft.

Neben der Festung Langeland, in der heute ein Museum des Kalten Krieges untergebracht ist, ganz in der Nähe von Bagenkop an der Südspitze der Insel, befindet sich das Aufnahmezentrum Holmegaard in einer ehemaligen Kaserne. Ich parke und stelle den Motor ab. Atme einige Male tief durch und mache mich bereit, Hamid wiederzusehen. Dann steige ich aus. Eine große und hässliche Lagerhalle steht mitten auf dem Gelände. Ich kann durch das geöffnete Tor sehen. Die unterschiedlichsten Dinge stapeln sich auf dem Betonboden: Toilettenpapier, Küchenrollen, Klobürsten, gebrauchte Möbel, außerdem ein Fernseher. Eine Fahrradwerkstatt gibt es auch. Draußen stehen eine Handvoll Männer und rauchen, ein Junge jongliert mit einem Fußball, Fuß, Kopf, Kopf, Fuß. Er ist gut. Sie grüßen mich. Ich frage nach Hamid. Ja, sie kennen ihn.

Vielleicht empfinde nur ich die Situation als seltsam: Ich umarme einen libyschen Mann in einem Aufnahmezentrum auf Langeland, eine frische dänische Brise im Haar. Es gibt Situationen, die man sich nicht einmal in seinen kühnsten Träumen vorstellen kann: Das hier ist so eine. Seit ich Hamid das erste Mal begegnet bin, habe ich mich in vielen unerwarteten Situationen wiedergefunden.

Wir halten uns an den Oberarmen und lächeln. Wir schütteln die Köpfe. Keiner von uns kann fassen, dass wir hier stehen. Wir sind so weit weg von Bengasi, wo Hamid doch sein sollte.

»Komm«, sagt er.

Wir gehen einen in Brauntönen gehaltenen Flur entlang, gesäumt von dunkelgrünen Türen auf beiden Seiten. Es duftet nach Essen und Gewürzen. Die Farben rufen meine Erinnerung an den Moment wach, in dem ich ihn zum ersten Mal sah, auf der Motorhaube seines Wagens sitzend, gegen die Windschutzscheibe gelehnt, in Tarnuniform, mit Bandana um den Kopf und gepflegtem Bart. Er sah nicht aus wie jemand, der an der Front war. Das tut er jetzt. Die letzten Jahre haben Hamid geprägt, haben das Lächeln aus seinem Gesicht gelöscht. Die Augen blicken matt und ausdruckslos, der Bart ist struppig wie ein ungewollter Out-of-Bed-Look.

»Hier wohnen wir.«

Ein grauer Linoleumboden, am Ende des Raums ein Fenster mit Gardinen in gleicher Farbe, an beiden Seitenwänden stehen Etagenkojen. Sie haben Kratzer auf dem Boden hinterlassen.

Asma sitzt auf einem Klappstuhl und blickt ausdruckslos aus dem Fenster. Sie steht auf und gibt mir die Hand. Ihr Lächeln ist noch intakt. Die beiden kleinsten Kinder liegen in den unteren Kojen. Sie lachen, klatschen sich ab und starren uns mit ihren braunen Augen an, bis Hamid sie ermahnt und sie auf den Flur laufen. Asma kocht Tee auf einer kleinen Herdplatte. Ich setze mich auf einen Stuhl, Hamid auf eine der Kojen.

»Wie seid ihr hergekommen?«

»Aus Italien.«

»Und wie seid ihr dahin gekommen?«

»Wir sind von Bengasi aus übergesetzt.« Hamid sieht auf seine Handflächen. »Siebzig, achtzig Menschen in jedem Boot. Die Dinger hatten nur einen winzigen Motor, um uns durchs Wasser zu schieben. Zuerst waren es zwei Boote, aber das andere ging unter. Drei Tage lang mussten wir aufrecht stehen, bevor wir auf Sizilien am Strand von Pozzallo an Land gespült wurden, direkt vor den Hotels. Die Leute lagen in ihren Liegestühlen und glotzten uns an. Mütter holten hastig ihre Kinder aus dem Wasser, als Ghanaer, Nigerianer, Malineser und Libyer aus dem Boot sprangen und an Land wateten. Am Strand fielen wir einfach um, weil wir so lange stehen mussten.«

Schockiert starre ich Hamid an und wende den Blick auch nicht ab, als Asma mir eine Tasse Tee reicht. Zweitausend Dollar haben sie bezahlt, und noch mal siebenhundert für jedes der Kinder. Das Geld hatten sie sich geliehen. Libysche Fischer überlassen ihre Boote Menschenschmugglern, die an Kriegen, Konflikten und dem Traum von einem besseren Leben in Europa bestens verdienen. Alle fünf hatten sie fürchterliche Angst zu ertrinken, aber die, die aus den Ländern südlich der Sahara kamen, hatten noch weit mehr Angst vor der Wüste als vor dem Meer. Ich trinke Tee und höre zu. Er ist stark und dick wie Sirup.

»In Italien wurden wir verteilt wie Spielkarten aus einem Stapel. Niemand wollte uns, wir waren ein schlechtes Blatt.« Betrübt sieht er Asma an. »Und jetzt schicken sie uns dorthin zurück. Was, wenn sie uns weiter nach Libyen abschieben? Dort haben alle Waffen, jeder schießt auf jeden.«

Hamid reicht mir ein Schreiben. Die Einwanderungsbehörde hat ihren Asylantrag endlich bearbeitet. Abgelehnt.

»Warum hast du mich nicht angerufen?«

Ich lese den Bescheid mehrere Male. Behördensprache übelster Sorte. Ausreisemitteilung. Im Hinblick auf Ihre Ausreise aus Dänemark werden Sie hiermit aufgefordert, sich beim Dänischen Roten Kreuz, Sandholm, Eingang/Gebäude 1, Sandholmgårdsvej 40, 3460 Birkerød, einzufinden.

Die Angestellten im Aufnahmezentrum haben es ihm übersetzt. Ganz unten stehen die Unterschriften von Hamid und

245

einem Dolmetscher. Hamid, Asma und die Kinder werden nach Mailand ausgeflogen. Finden sie sich nicht am Sammelpunkt ein, wird die dänische Polizei nach ihnen fahnden und sie zum Flughafen und bis ans Gate eskortieren.

Ich schüttle den Kopf. »Ich fürchte, ich kann nichts für euch tun.«

»Aber du wirst es doch versuchen?«

»Natürlich.«

Hamid begleitet mich zum Auto. Wir umarmen uns, und er hält mich lange fest, als sei er schwerelos oder suche einen Ort, an dem er Zuflucht finden kann. Ich spüre seine Resignation; er kann nicht mehr, kann nicht länger Flüchtling sein in einem fremden Land.

»Wir sehen uns, mein Freund«, sage ich, obwohl ich daran zweifle, dass es tatsächlich der Fall sein wird.

Auf der Langelandsbrücke zerrt der Wind an meinem Wagen, und meine Gedanken zerren an mir. Warum können Hamid und Asma nicht einfach die Erlaubnis bekommen, in Dänemark zu bleiben?

Ich schalte das Radio ein. Irgendein asengläubiger Modeguru hat mal wieder eine Meinung. Diesmal zur Flüchtlingskrise. Dann spricht er über Pizza. Ich schalte das Radio ab. Alle sind Experten, allerdings ohne Expertise. Anstatt Meinungsmacher hat Dänemark Stimmungsmacher.

Als ich nach Hause komme, fange ich an zu telefonieren. Einwanderungsbehörde, Polizei, ein Pfarrer der Flüchtlingshilfe. Plötzlich fühle ich mich wie beseelt, denn ich habe eine Mission. Habe einen Sinn in dem Ganzen gefunden. Ich muss Hamid helfen.

Es ist nichts zu machen. Die Entscheidung ist unanfechtbar. Der nächste Anruf ist der schlimmste. Ich spreche langsam, erkläre sorgfältig, wechsle zwischen eingeübter Pädagogik und Mitgefühl. Hamids Stimme zittert. Wie ein

Simultandolmetscher gibt er Asma auf Arabisch weiter, was ich sage. Sie schluchzt leise, aber laut genug, dass ich es hören kann. Ich fühle mit ihnen. Wie zwei frisch Verliebte können wir uns nicht verabschieden. Das Schweigen heult in unseren Ohren.

Am nächsten Tag ist es mir unmöglich, mich auf den Unterricht zu konzentrieren. Ich schaue auf die Uhr. Jetzt starten sie. Wieder der Blick zur Uhr. Jetzt landen sie in Mailand. Bleiben sie in Italien? Werden sie in ein anderes Land geschickt? Müssen sie zurück nach Libyen? Ich weiß es nicht. Auf der Internetseite des Außenministeriums checke ich die Reiseempfehlungen, als ich in die Wohnung komme. Über Libyen ist nichts zu finden, denn niemand, der noch alle fünf Sinne beieinanderhat, fährt dorthin. Es fließt immer noch Blut. Das Land ist ein einziger großer Stammeskrieg. Nach dem Bürgerkrieg wurde niemand entwaffnet, die Milizen wurden nicht aufgelöst, und so gibt es überall Waffen. Libyen ist Chaos, Entführungen und Mord. Die Demokratie scheint ebenso weit entfernt zu sein wie zu der Zeit, als Gaddafi regierte. Die Islamisten machten sich den Krieg zu eigen und versuchen jetzt, das ganze Land an sich zu bringen. Das Einzige, was interessiert, ist die Scharia, und alle wollen das kostbare libysche Öl, das keinen Schwefel enthält und darum die Umwelt weniger verschmutzt. Der IS will es, die Milizen, die Regierungen, denn sie sind in der Mehrzahl. Zusammen mit Hamid stand ich neben Gaddafis Leiche, wir wähnten uns in der Geburtsstunde der Demokratie in einem Land, für das der Gedanke daran immer so fern gewesen war. Doch die Möglichkeit wurde vertan. Die Demokratie war ein tot geborenes Kind. Ich stehe am Fenster, sehe hinunter auf die Hørdumsgade. Und wieder auf die Uhr. Fünfundsechzig Millionen Menschen sind weltweit auf der Flucht, aber ich kenne nur fünf von ihnen, Hamid, Asma und die Kinder. Deshalb denke ich an sie.

49

Weihnachtlicher Lichterglanz und Schnee haben die Straßen in Beschlag genommen. Armselige Bäumchen verengen die Gehwege, und auf den Bussen sind Reklamen, die für nichts werben. Sie haben vergessen, was sie uns andrehen wollen. Der Bus vor mir blinkt rechts, eine Menschenschlange steht an der Haltestelle. Ihr Atem bildet Wölkchen vor ihren Gesichtern. Ich bin auf dem Weg nach Hause. Meinem alten Zuhause.

Ich parke den Wagen da, wo er schon Hunderte Male gestanden hat. Am Briefkasten zeugt von meinem Namen nur noch ein schmaler Streifen angetrockneter Leim. Annemette hat die Kübel mit den Zypressen entfernt, die normalerweise links von der Haustür auf der Terrasse standen. Sogar die Klingel hat einen neuen Ton.

Sie und ich wollen uns mit dem Immobilienmakler treffen. Das Wiedersehen ist ungelenk. Wir versuchen, uns zu umarmen, aber unsere Körper prallen voneinander ab.

»Wie geht's dir?«

»Danke, sehr gut. Und dir?«, antworte ich. Sie sieht jünger aus, kleidet sich smarter. Eine neue, summende Energie umgibt sie.

»Ausgezeichnet«, antwortet sie.

»Hoffentlich kommt Frank gleich.« Ich schaue auf meine Uhr, obwohl ich das erst vor ein paar Sekunden getan habe.

Immobilienmakler lieben Paare wie uns. Ein Haus muss verkauft, neue Bleiben gesucht werden. Scheidungen sind ein gutes Geschäft. Frank hat ein Reihenhaus für Annemette gefunden, ganz in der Nähe der Schule, an der sie arbeitet.

»Tja, lief eben einfach nicht mehr zwischen euch beiden«, sagt Frank auf dem Weg zum Auto. Höre ich einen Anflug von Schadenfreude in seiner Stimme?

Ich kann mich nicht aufraffen, etwas zu erwidern, denn was soll man zu einem solchen Kommentar schon sagen? Ich drehe den Zündschlüssel, und im Radio beginnen gerade die Nachrichten. In der Ukraine braut sich etwas zusammen.

Ich weiß, dass Michael dort ist, und von ihm höre ich zum ersten Mal vom Maidan. Er schreibt mir, dass er den Platz vom Fenster seines Hotelzimmers aus überblicken kann, gelbe und blaue Fahnen, hoffnungsvolle Gesichter, aufbrandender Jubel. Es ist ein Volksfest, schreibt er. Ich google, denn ich weiß nicht, was der Maidan ist.

Weihnachten ist leise. Fast unsichtbar. Cecilie und Mathias waren am kleinen Heiligabend bei Annemette, also sind sie am Vierundzwanzigsten bei mir. Unten an der S-Bahnstation habe ich ein Weihnachtsbäumchen gekauft. Wir schmücken es gemeinsam, und ich merke, dass sie es nur mir zuliebe tun; für so was sind sie wohl zu alt. Der Schweinebraten gerät zu trocken, die Kartoffeln liegen einfach nur auf dem braunen Fond in der Pfanne, und ich habe vergessen, Zuckercouleur zu kaufen.

Ich gebe Mathias ein Paar Ohrhörer fürs Handy. »Die hast du dir doch gewünscht, oder?«

»Ja, schon.« Langsam dreht er die Schachtel um. »Aber Mama hat mir gestern genau die gleichen geschenkt.«

Als um zehn alle Geschenke ausgepackt sind, geht er. Er will sich noch mit seinen Freunden treffen. Cecilie und ich reden noch ein bisschen, über ihr Studium und über Johann.

»Willst du bei mir übernachten?«

»Johann kommt heute Abend noch nach Hause. Wir müssen uns noch unsere Geschenke geben.«

Ich puste die Kerzen am Weihnachtsbaum aus. »Soll ich dich nach Hause fahren?«

Cecilie wirft einen letzten Blick auf ihren Römertopf, der immer noch im Pappkarton auf dem Couchtisch steht.

Es ist grau, kalt und regnerisch, als wir am Auto stehen. Das Wetter weiß nichts von unseren Erwartungen an Heiligabend. Die Straßen sind voll mit Taxis. Die Feiertage waren teuer, aber die Leute leisten sich noch ein Taxi nach Hause, bevor der Januar seine klamme Hand über den Weihnachtsmonat legt. In den Familienkombis schlafen Kinder, die Wange gegen die Seitenscheibe gedrückt; morgen wird gespielt. Was mache ich morgen?

Sie küsst mich auf die Wange, als wir vor ihrem Aufgang halten. »Danke für das Geschenk.«

Es ist erst elf, als ich wieder zu Hause bin. In allen anderen Wohnungen ist noch Weihnachten, Kinder packen Geschenke aus, jubeln, und Väter bauen etwas aus Legosteinen und stecken ihren Frauen unauffällig kleine Extrapakete zu. Ich sehe die dunkle Silhouette des Weihnachtsbaums im Wohnzimmer und die Reste des Weihnachtsessens in der Küche.

Ich räume den Tisch ab, wasche ab und stelle die Weingläser in den Schrank. Sitze auf dem Sofa. Ich habe Lust, Annemette anzurufen, aber was wird sie denken? Also lasse ich es bleiben. Kann man sich nach so vielen Jahren daran gewöhnen, allein zu sein?

50

Die Monate entschwinden, und ich habe keine Ahnung, wo sie bleiben. Januar wird zu Februar. Der Februar ist immer trist. Zwar ist er der kürzeste Monat, und die Tage werden länger, dennoch ist er zu lang. Endlich wird er zum März. Schweren Schrittes gehe ich zur Arbeit und zurück in die Wohnung, wo ich Zeitung lese oder Netflix schaue. Ich betrachte mich selbst aus der Vogelperspektive, sehe aber einen anderen Mann. Einen Mann, der davon träumt, auf Tour zu gehen, es aber nicht mehr tut, einen Mann, der seine Frau vermisst, es aber nicht wagt, sie anzurufen. Einen Mann, dem ich am liebsten sagen würde, dass er sich zusammenreißen soll, dass er eine jämmerliche Figur abgibt. Ich muss etwas unternehmen, muss meine Situation anpacken. Etwas Positives daraus machen, denn endlich fühle ich etwas hier an diesem Ort, endlich steht etwas auf dem Spiel. Aber kann ich das?

Im Lehrerzimmer begegnet mir Mitgefühl wegen meiner Scheidung, aber ich bin es leid, dass mich die anderen Geschiedenen teilnahmsvoll anblicken. Sie haben ein neues Mitglied in ihre Reihen aufgenommen und sprechen in gedämpftem Tonfall mit mir, ich allerdings würde lieber über meine Touren reden. Aber das verstünden sie sowieso nicht, also versuche ich es erst gar nicht. Obwohl ich sicher bin, dass sich der Nervenkitzel auch auf einige von ihnen übertragen würde: Arne, der sich den Titelseiten vom *Ekstra Bladet* und von *B. T.* nicht entziehen kann. Je grotesker die Überschriften, desto mehr grunzt er, während er die Artikel liest. Sie lieben es, über Terror zu lesen, und sie lieben ihre Entrüstung. Lis, die ständig von fürchterlichen Krankheiten erzählt und immer jemanden kennt, der an einem Zeckenbiss gestorben ist oder Darmkrebs hat. Sie sucht das Grauen.

Ich verfolge den Konflikt in der Ukraine genau. Das, was in Kiew geschieht, erinnert an Libyen. Das Volk begehrt auf. Schon tief im neuen Jahr explodiert das Ganze. Michael ist wieder dort und mailt mir Bilder. Die Demonstranten setzen bei ihren Protesten ihr Leben aufs Spiel, und die Berkut, eine ukrainische Spezialeinheit, wird darauf angesetzt, die Unruhestifter zu töten. Präsident Wiktor Janukowytsch flieht, und Russland schickt Truppen auf die Halbinsel Krim. Pro-Europäer im Westen gegen Pro-Russen im Osten in einem unlösbaren Konflikt. Ich lese alles, sehe mir alles an, schicke Michael einige Fragen, und wenn er nicht zu Hause in Dänemark ist, mailt er mir neue Bilder.

Als ich eines Tages von der Arbeit heimkomme, besucht Michael mich. Das erste Mal in meiner Wohnung. So wie sich die Dinge in der Ukraine entwickeln, ist es nur noch eine Frage der Zeit, bis er wieder rüberfliegt.

»Ich habe uns was mitgebracht.« Er reicht mir eine Flasche Rotwein. »Richtig schön hier.« Er sagt es, als habe er feuchte Wände und ein Plumpsklo im Hinterhof erwartet.

Ich hole zwei Weingläser, stelle sie auf den Esstisch und ziehe den Korken aus der Flasche. Der Wein gluckert, als ich einschenke.

»Wie verkraften die Kinder das Ganze?«

Die Frage ist gänzlich untypisch für Michael, aber er kennt den Prozess natürlich, schließlich hat er selbst schon zwei

Scheidungen hinter sich. Ich hätte mir nie vorgestellt, dass er und ich mal über so ein Thema sprechen. Normalerweise unterhalten wir uns nur über sachliche Dinge. Tatsächlich sind wir eher gedanklich bei meiner Beziehung zu Annemette, wir reden nicht viel, wir sitzen einfach zusammen. Annemette und ich beherrschten das pragmatische Alltagsgeplänkel perfekt, im Gegensatz zu Michael und mir.

»Du liebe Zeit, hast du dich verändert. Du bist so ernst geworden, wo ist dein alter Sarkasmus abgeblieben?« Er wechselt den Tonfall und spricht jetzt leiser. »Ich weiß, der Krieg verändert uns. Und das Ganze mit Annemette.«

Ich habe fast nichts gesagt, also ist das Urteil ungerechtfertigt. Und natürlich habe ich mich verändert.

Eine Weile starren wir in unsere Gläser, lassen einen Schluck Wein auf der Zunge rollen. Sind die guten Freundschaften die, in denen man in Situationen wie diesen nichts zu sagen braucht? Oder sind es die, in denen man redet?

»In vier Tagen fliege ich nach Donezk.« Er legt eine kurze Pause ein, bevor er fortfährt. »Und du kommst mit.«

Ich rutsche etwas verunsichert auf meinem Stuhl hin und her. Ob das die richtige Medizin für mich ist? Eine Tour in die Ukraine?

»Ich weiß nicht, ob das gut für mich ist.«

»Es ist genau das, was du jetzt brauchst.«

»Der Zeitpunkt ist einfach nicht der richtige.«

Andererseits hilft es mir vielleicht, zu vergessen. Zumindest für eine Weile. Es ist, als sei die Welt außerhalb Dänemarks anders. Ich empfinde anders. Die Eindrücke sind intensiver, und die Sinne werden geschärft. Alles verschwindet, sobald ich die Grenze nach Dänemark überquere. Aber ich habe keinen Urlaub mehr. Das neue Urlaubsjahr beginnt erst im Mai, und dann kann alles schon wieder vorbei sein.

UKRAINE

51

Ich stehe am Flughafen Kopenhagen, warte auf Michael und betrachte die Pauschaltouristen. Bestimmt haben sie den ganzen Winter über in Katalogen geblättert, um das optimale Urlaubsziel zu finden, die perfekt abgestimmte Mischung aus Sonne und Strand. So war ich auch mal, aber jetzt bin ich ein Abenteurer, ein Wagehals.

Michael taucht auf, und der Flieger hebt pünktlich ab. Nach ein paar Stunden kommt unter uns die Landebahn in Sicht. Kurz darauf stehen Michael und ich mit unserem Gepäck auf den Schultern in einem neuen Land. Wir fahren durch die Stadt. Michael ist das erste Mal in diesem Teil der Ukraine und starrt begeistert wie ein Junge aus dem Fenster. Donezk ist die größte Stadt im Donbass, der Region, aus der auch der ehemalige Premierminister Wiktor Janukowytsch stammt. An manchen Stellen ist Donezk hoch und hässlich, an anderen niedrig und hässlich. Ich bilde mir ein, Kohlenstaub wie einen trockenen Nebel über der Stadt hängen zu sehen, in der Kohle, Stahl, Arbeitslosigkeit und Umweltverschmutzung in rauen Mengen produziert werden und der Schnee im Winter schwarz ist. Der Stolz von Donezk, die Fußballmannschaft von Schachtjor, die ich vor ein paar Jahren mal im Fernsehen gesehen habe, ist nach dem alles beherrschenden Industriezweig benannt. Schachtjor bedeutet Bergarbeiter. Alles, abgesehen von der Reklame, ist grau. Nicht zuletzt der Himmel.

Wir sind bei Weitem nicht die einzigen Ausländer im Hotel Ramada. Michael und ich müssen uns ein Doppelzimmer teilen. Ich packe meine Sachen aus, während Michael seinen Rucksack in den Schrank stellt. Er wirft sich aufs Bett und zappt durch die Fernsehkanäle, Kanal Ukraina, 1+1, Inter, ICTV. Bisher habe ich mir immer etwas von ihm ausgeliehen, wenn es notwendig war, aber jetzt präsentiere ich ihm meine neuesten Investitionen. Einen schwarzen Combat-Ballistic-Helm von securityprousa.com und eine kugelsichere Weste, auf die ich in großen, reflektierenden Buchstaben »Press« habe drucken lassen. Sie ist leichter, und man schwitzt nicht so wie in der von Michael.

Er nickt anerkennend. »Es gibt nur ein Problem.«

Werbung rollt über den Bildschirm, und ich erkenne den Fußballer Andrij Schewtschenko. Er zapft Fassbier.

»Diese großen, reflektierenden Buchstaben sind durch ein Zielfernrohr gut zu erkennen. Du könntest genauso gut ›shoot me‹ draufschreiben.« Er wühlt in seinem Rucksack und wirft mir eine Rolle schwarzes Gaffa-Tape zu. »Kleb es ab. Wenn du Presse draufschreiben willst, dann diskret. Es darf nicht im Dunkeln leuchten und nicht aus großer Entfernung zu sehen sein.« Er sieht sich die Weste genauer an. »Ist das Swedish Body Armour?«

Ich schüttle den Kopf, während ich mit den Zähnen einen Streifen Tape abreiße. Außerdem habe ich mir eine Thermojacke und einen neuen Rucksack zugelegt.

Er begutachtet alles mit zustimmendem Nicken, steht auf und geht ins Badezimmer. Ich höre Wasser in die Wanne laufen. Als er wieder herauskommt, ist er nackt. Von seinem Schulterblatt aus starrt mich die mexikanische Totenmaske mit großen, leeren Augen an. Sie ist als Erinnerung an den mexikanischen Fotografen Rubén in die Haut geritzt, der in Georgien vor Michaels Augen sein Leben ließ. Er nimmt seinen Kulturbeutel aus dem Rucksack. Als ich ebenfalls ins Badezimmer gehe, weil ich pinkeln muss, liegt er in der Wanne. Mittlerweile sind wir wie ein altes Ehepaar. Schamgefühl gibt es nicht mehr. Ich höre, wie er vor sich hin summt und die Rasierklinge an seiner Haut schabt.

Es klopft. Ich öffne.

»Es geht das Gerücht um, ihr seid in der Stadt.«

Von der Tür aus breitet sich David Hanleys Lächeln in unserem Zimmer aus. Es ist, als ob es zuerst hereinkäme und der große Körper ihm folge. Er umarmt mich und hebt mich dabei beinahe hoch. Vom Badezimmer her ruft Michael etwas, David erwidert etwas, und ihre Sätze fliegen wie Tischtennisbälle hin und her.

»Verdammt, ist das schön, euch zu sehen.« Er klopft mir auf die Schulter.

Michael kommt ins Zimmer, ein Handtuch um die Hüften geschlungen.

»Dann sind wir ja wieder alle beisammen«, sagt David. Er blättert desinteressiert in einer englischen Zeitung, die Michael aufs Bett geworfen hat, und wendet sich mir zu.

»Klassischer Aufbau. Exakt nach den Regeln.« Mit einem Finger fährt er von oben nach unten über das Titelblatt. »Kräftiger Regen in der Region schlägt Terror in Afrika, Asien, im Nahen Osten und anderen weit entfernten Gegenden, Geburt im Königshaus sticht Erdbeben, Überschwemmungen und andere Naturkatastrophen, Promihochzeiten und mittelgroße Sport-Events übertrumpfen alles. In Dänemark ist das sicher nicht viel anders, was? Bist du endlich so weit?«, fragt er Michael, der immer noch nicht angezogen ist.

»Geht schon mal runter.«

»Wollen wir uns nicht erst mal einen Drink genehmigen?«, fragt David, als wir im Foyer stehen.

Ich nicke und folge ihm an die Bar.

Sein Blick wandert durch das Lokal. »Komm, setzen wir uns.« Wir sehen drei Männer an einem Tisch. Einer redet, die beiden anderen hören zu. Abwechselnd greifen sie in die Schale mit Erdnüssen, die vor ihnen steht.

Wir gleiten auf zwei Hocker am Ende der Bar. Alle Drinks, die mit Leuchtstift auf einen Wandspiegel geschrieben sind, haben smarte Namen, die man gern laut ausspricht. Wir bestellen einen Bloodhound und einen Havanna Cooler.

Ich bemerke das Projektil, das er an einer Kette um den Hals trägt. Er hält es mir entgegen, sodass ich es besser sehen kann.

»Das haben sie mir in der Zentralafrikanischen Republik aus dem Oberschenkel geholt. Ich weiß nur, dass es ein französisches Produkt ist, aber nicht, wer geschossen hat. Ich habe im Krankenhaus gelegen, erst in Bangui, wurde dann aber zügig nach England verschickt. Gott sei Dank.« Er zeigt auf seine Leiste. »Ich hatte Glück, es ist direkt neben der Pulsader eingedrungen.« Die Rehabilitation und das Aufbautraining haben David monatelang zu Hause festgenagelt, deshalb konnte er auch nicht mit uns nach Mali kommen. Jetzt hängt das Projektil an seinem Hals wie eine Trophäe oder eine Mahnung, dass es leicht übel hätte ausgehen können.

David nippt an dem knallroten Drink und sieht mich über den Rand des Glases hinweg an. »Und dann habe ich mich auch noch verliebt. In eine hübsche Schwester, die ich kennengelernt habe, als ich im Krankenhaus lag.«

Ich sehe ihn verwundert an. Das Gespräch hat eine überraschende Wendung genommen.

Aus seinem Portemonnaie, das auf der Theke liegt, fingert er ein Bild hervor. »Sie heißt Rowena.«

Eine blonde Frau mit Sonnenbrille im Haar lächelt mich an.

»Fotos zeigen nie die ganze Wahrheit. Das hier zeigt zum Beispiel nicht, wie schön sie in Wirklichkeit ist.« Er steckt das Bild zurück in sein Portemonnaie.

Es versetzt mir einen Stich, vom Glück anderer zu hören. Er will gern von ihr erzählen, und er hat entschieden, dass ich zuhören soll.

»Ihre Begeisterung über meinen Job hält sich in Grenzen.« Er lächelt zur Decke hinauf. »Aber was soll's? Alles ist so viel einfacher, wenn man verliebt ist. Bist du noch in deine Frau verliebt?«

Ich nicke und trinke aus.

Wir gehen ins Hotelrestaurant. Arnaud, Nenad, Tara, Matt und Laura sind wie David ebenfalls gestern angekommen und sitzen bereits an einem weiß gedeckten Tisch. Wir versichern uns gegenseitig unsere Wiedersehensfreude, umarmen uns und klopfen uns auf die Schulter. Ich freue mich, dass alle meine Freunde hier sind. Wir teilen so viele Erlebnisse und haben so viel gemeinsam.

Tara fährt mit der Story fort, die sie gerade Matt erzählte, als wir dazukamen. »Und dann stand ich in Kaschmir, und der richtige Krieg spielte sich ganz woanders ab.«

»Typisches Beispiel für FOMO.« Davids Stimme flüstert mir ins Ohr.

»FOMO?«, flüstere ich zurück.

»Fear of missing out. Tara wird fast körperlich krank, wenn sie etwas verpasst.«

Wir setzen uns.

»Wo steckt Laura?«, frage ich Matt.

Sie ist im Hotelzimmer. Seit gestern muss sie sich immer wieder übergeben. Matt blickt besorgt drein.

»Lebensmittelvergiftung?«

»Außer ihr ist niemand betroffen, und das Restaurant ist ausgezeichnet.«

Ich begrüße Steve, einen Typ, mit dem David das Zimmer teilte, als er in England im Krankenhaus lag. Alle Gesichter haben irgendetwas Besonderes, eine markante Nase, eine Lücke zwischen den Vorderzähnen, eine Unregelmäßigkeit oder sind besonders schön, nur Steves nicht. Er erinnert mich an einen Kampfhund und gleichzeitig an einen Mann, der große Lasten heben kann. Ihn würde man anrufen, wenn man seine Gefriertruhe woanders hinstellen will. So schön die englische Sprache sein kann, so furchtbar kann sie klingen. Er ist aus London, Millwall-Fan sagt er und schlägt sich auf den Löwen auf seinem Poloshirt. Ich gehe davon aus, dass es das Wappen des Klubs ist. Ich beschließe umgehend, dass ich ihn nicht leiden kann. Den anderen sehe ich an, dass sie sich ebenfalls fragen, was er bei uns zu suchen hat. Und dann denken wir wohl alle dasselbe: typisch unser guter, großherziger David.

Wir trinken das regionale Rohan-Bier und rufen *Home of the lords* und *Forth* Eorlingas statt Prost. Michael erzählt Geschichten und Anekdoten. Hier draußen ist er in seinem Element. Zu Hause weiß niemand, welchen Dingen er sich aussetzt, hier wissen es alle, denn sie tun das Gleiche. Michael versucht, mit Steve Schritt zu halten, was die Anzahl der Biere angeht. Wie gewöhnlich sitzt Nenad nur da und hört zu, und anscheinend hat sich sein Schweigen auf Arnaud übertragen. Der Franzose wirkt abwesend und redet nur, wenn er etwas gefragt wird. Später am Abend fängt Steve an, Tara zu begrapschen. Ihre Hand saust durch die Luft und hinterlässt einen roten Abdruck auf seiner Wange. Wir schubsen ihn weg, und der Kellner will wissen, ob er uns noch etwas bringen könne, bevor die Küche schließt.

Einen Arm um ihn gelegt, helfe ich Michael auf unser Zimmer. Ich lasse ihn aufs Bett fallen und ziehe ihm die Schuhe aus. Dann putze ich mir die Zähne, ziehe mich aus und lege mich neben ihn. Er ist noch wach. Nach den vielen Bieren ist seine Stimme verwaschen, und er nuschelt stark. Er spricht in die Dunkelheit.

»Ich hab's mit Naturbildern versucht, Niels, hab's verdammt noch mal versucht, aber es funktioniert nicht. Ich brauche Menschen.« Er zeigt auf das Fenster. »Sie sind da draußen«, sagt er, als hätte ich ihm eine Frage gestellt.

»Wenn man das hier so lange macht wie ich, schafft man sich einen Filter drauf. Man bekommt ein dickes Fell, wird zynisch, anders geht's nicht, anders überlebt man nicht. Hab ich recht?«

»Klar«, antworte ich, merke aber, dass er selbst daran zweifelt. Geht sein Filter allmählich in die Brüche?

»Es gibt immer eine Welt außerhalb des Bilds. Es gibt immer zwei Kriege: den wirklichen und den, den die Medien zeigen. In meinem Kopf sehe ich alle Bilder, alle Menschen. Und alles, was nicht auf den Bildern zu sehen ist.«

Bevor ich ihm sagen kann, dass er ein erstklassiger Fotograf ist, werden seine Atemzüge schwer. Er schläft.

52

Als wir aufwachen, erwähnt Michael das nächtliche Gespräch mit keiner Silbe. Vielleicht kann er sich nicht erinnern. Vielleicht will er es nicht. Schweigend ziehen wir uns an und gehen nach unten ins Restaurant. Die anderen haben bereits einen Tisch in Beschlag genommen.

»Hast du mal daran gedacht, dass du vielleicht schwanger bist?«

Taras Frage kommt völlig überraschend für Laura. Seit einer halben Stunde sitzt sie hier und stochert in ihrem Frühstück herum, während die Unterhaltungen an ihr vorbeigegangen sind. Misstrauisch sieht sie sowohl ihren Teller als auch Tara an.

»Sie schläft die ganze Zeit«, fügt Matt hinzu.

Wir anderen stehen vom Tisch auf. Das amerikanische Paar bleibt sitzen.

»Ich glaube, ich komme heute nicht mit«, sagt Matt und legt eine Hand auf Lauras Arm.

»Ihr könnt euch ja nachher unsere Bilder ansehen.« David klopft Matt auf die Schulter, als wolle er ihm gratulieren. Wir anderen machen es ihm nach, obwohl niemand weiß, ob es tatsächlich ein glückliches Ereignis gibt. Matt sieht uns verwirrt an, und das Wort *assholes* verfolgt uns auf dem Weg zum Ausgang.

Aleksandr ist unser Fahrer, groß, knochig und nicht viel älter als zwanzig. Aber er spricht Englisch, verfügt über ein Auto und will sich ein bisschen Geld verdienen. Wie vereinbart, findet er sich Punkt zehn vor dem Hotel ein. Vom Taxiunternehmen seines Onkels hat er sich einen Minivan geliehen. Mit Tape-Streifen schreiben wir »Press« in diskreter Größe an die Seiten, die Front und das Heck des Fahrzeugs. Als Michael fragt, stellt sich heraus, dass Aleksandr vierundzwanzig ist, hier an der Uni studiert und ein Semester in Edinburgh verbracht hat. Seine Muttersprache ist Russisch. Er erzählt, Sprache sei in ihrem zweigeteilten Land immer ein heißes Thema gewesen, und vor Kurzem habe der Medienrat beschlossen, dass die landesweiten TV- und Radiosender nur noch auf Ukrainisch senden dürfen. Ausstrahlungen auf Russisch sind verboten. Die meisten hier reden aber nur Russisch, nur im Westen spricht man Ukrainisch. Er schüttelt den Kopf.

»Wir haben die Nase voll von der Regierung in Kiew. Wir wollen nicht Ukraine sein.«

Aleksandr bringt das Auto zum Stehen und deutet auf ein hohes Gebäude. Im belagerten Regionalratsgebäude haben die Separatisten ihr Hauptquartier. Hier wurde am 7. April die Volksrepublik Donezk ausgerufen, und hier ist das Büro eingerichtet, in dem wir unsere Presseakkreditierungen bekommen.

Der Eingang ist mit Holzbarrieren und Stacheldraht verbarrikadiert. Darüber weht die schwarz-blau-rote Flagge der Separatisten neben der russischen. Ein ausländisches Fernsehteam sendet gerade live von dem Platz vor dem Gebäude, wo eine ältere Dame Sankt-Georgs-Bänder verteilt. Ich nehme eins der orange-schwarzen Bändchen, die den Kampfesmut der Russen gegen Deutschland im Zweiten Weltkrieg symbolisieren. Jetzt sind sie Zeichen der Verbundenheit mit Russland. Ich stecke es in die Tasche, als Souvenir.

Drinnen ist die Luft elektrisch geladen. Maskierte Männer, Hunde, Abfall, Testosteron, Aggressionen. Die Wut ist nicht gegen uns gerichtet, alles atmet intensive Verbitterung gegenüber Kiew. Niemand sagt etwas. Alle brüllen. Die Sprache wirkt hart und unversöhnlich. Mit ihren stämmigen Körpern in den Kapuzenpullis ähneln viele von ihnen mehr Fußballhooligans als politisch motivierten Kriegsteilnehmern. Ich vermeide Augenkontakt mit ihnen. Ihre Unberechenbarkeit löst ein Gefühl der Verletzbarkeit bei mir aus. Ich halte mich hinter den breitesten Rücken unserer Gruppe, Michael, David. Eilig bringen wir unsere Angelegenheit hinter uns, eilig verlassen wir das Gebäude und fahren mit handgeschriebenen Akkreditierungen, wonach wir nicht berechtigt sind, die Stellungen der Aufständischen zu filmen oder zu fotografieren, wieder weg.

Ein Stück außerhalb von Donezk stoßen wir auf den ersten Checkpoint. Der Kontrollpunkt besteht aus zwei Bergen Autoreifen, auf denen die Flagge der Volksrepublik Donezk weht. Die Autoschlange bewegt sich langsam auf die Wachen zu, die Sturmhauben und automatische Gewehre tragen. »Dawai, dawai.« Aleksandr reicht unsere Presseakkreditierungen aus dem Fenster. Der Wachsoldat beugt sich leicht vor und lässt den Blick durch den Wagen wandern. Die blauen Augen blicken freundlich. Trotzdem wird Aleksandr nervös. Er verstärkt seinen Griff um das Lenkrad, während er auf Russisch Sätze mit dem Soldaten austauscht. Zwischen den slawischen Zischlauten höre ich den Namen der Stadt, in die wir unterwegs sind: Kramatorsk. Auch ich werde unruhig. Es scheint, als wolle der Mann etwas haben. Vielleicht ein anderes Dokument, als wir es vorweisen können, vielleicht Geld, vielleicht Tara, die jetzt von den blauen Augen fixiert wird? Aleksandr wendet sich an uns auf dem Rücksitz.

»Er fragt nach Zigaretten.«

Michael gibt Aleksandr eine offene Packung Rød Cecil, der sie aus dem Fenster reicht.

»Spasibo.« Er platziert eine Zigarette in dem ovalen Loch der Sturmhaube, das den Mund freigibt. Dann lächelt er und nickt. Mir fällt auf, dass seine Waffe mit Gaffa-Tape umwickelt ist.

Ein paar Checkpoints später treffen wir auf ukrainische Regierungsstreitkräfte. Wir sehen die blau-gelbe Flagge schon von Weitem. Aleksandr fährt Zickzack zwischen den Metallbarrieren. Ich nenne sie spanische Reiter, aber Michael korrigiert mich: Das sind tschechische Igel. Wir halten an. Neben unserem Wagen brummt lautstark ein Panzerfahrzeug. Durch die Sichtluke blickt ein Soldat mit gleichgültiger Miene auf uns herab. Es ist viel Bewegung am Checkpoint, der aus Betonklötzen errichtet ist. Alle sind schwer bewaffnet. Es gibt große Unterschiede zwischen den Soldaten. Manche sind höflich und hilfsbereit, andere wie Urzeitmenschen, die zum ersten Mal ihre dunkle Höhle verlassen haben. Ein Soldat blättert in unseren Pässen. Seine Uniform ist fleckig, seine Frisur so geschnitten, dass sie wie ein Pfeil auf seine Stirn zeigt. Er winkt uns durch.

Uns wird schnell klar, dass die Flaggen, die über den Kontrollposten wehen, von entscheidender Bedeutung für uns sind. Sind sie von ukrainischen Regierungtruppen bewacht, halten wir unsere handgeschriebenen Akkreditierungen aus Donezk besser zurück. Sie sollen nicht denken, dass wir Spione sind.

53

Michael zeigt durch das Seitenfenster des Wagens auf etwas. »Seht ihr die Männer in Grün da drüben? Solche wie die haben die Krim eingenommen.« Diskret hebt er seine Kamera. »Was wir hier sehen, ist russische Außenpolitik.«

Wir sind in Kramatorsk, einer Stadt von der Größe Odenses, die während des Zweiten Weltkriegs ein paar Mal von den Deutschen besetzt wurde. Damals hat es Kämpfe in der Stadt gegeben, und jetzt ist sie wieder besetzt, dieses Mal von prorussischen Separatisten, die das Rathaus und das Polizeirevier eingenommen haben.

Wir steigen aus. Überall sehe ich Waffen und uniformierte Männer mit schwarzen Halstüchern über dem Mund und Maschinenpistolen in Händen, die in Handschuhen stecken. Militärfahrzeuge rumpeln durch die Straßen, deren Asphalt rissig ist. Gesichter schauen uns skeptisch hinterher. Das Ganze ist wie ein Schnellkochtopf, der bald hochgehen wird, und alles spielt sich auf der Türschwelle Europas ab. Wie ein begabter Tänzer gleitet Michael hin und her. Hier blüht er regelrecht auf. Er sieht keine Kriege und Konflikte, sondern Motive. Es ist beeindruckend, ihn in Aktion zu beobachten. Inzwischen kenne ich seine Vorgehensweise. Erst ganz dicht ran, sodass die

Leute verkrampfen. Dann tritt er ein paar Schritte zurück, sie entspannen sich, und Michael bekommt das Foto, das er haben wollte. Er kennt das Spiel. Die Menschen sind die Kriege leid. Sie sind keine Breaking News mehr. Dazu ist die Wirklichkeit eben nicht wirklich genug. Seine Bilder soll man spüren können. Ich halte mich im Hintergrund, um ihn nicht zu stören. Außerdem verspüre ich nicht die geringste Lust, diesen ungastlichen Männern näher als nötig zu kommen.

Ich folge ihm durch die belagerte Stadt, in der es nach Krieg riecht. Wenn ich mich ungefähr zehn Schritte hinter Michael halte, bahnt er mir den Weg. Sollte eine Faust zuschlagen, trifft sie ihn. Aber Michael hat keine Angst, und ich wünschte, ich könnte die Umgebung auf die gleiche Weise abschütteln wie er. Die Anspannung sitzt mir im Magen, im Kopf, im ganzen Körper. Ich habe Angst, aber es ist genau das hier, wonach ich mich inzwischen sehne: das Adrenalin, das wie eine Droge in den Körper schießt.

Steve packt mich am Arm. »Wie nah müssen wir ran?«

»Nur die Ruhe. Michael hat das schon tausend Mal gemacht. Du wirst es lieben«, sage ich.

»Ich kenne das. Von den Kämpfen«, sagt Steve und schlägt wieder auf das Logo auf seiner Brust. »Wir sind beschissene Adrenalinjunkies. Es gibt nichts Besseres als den Schlag, der dich sauber trifft. Aber das gibt's kaum noch. Ich könnte kotzen, wenn ich die neuen Fußballfans sehe. Die Familienväter mit ihren Choreos, Nähmaschinenführerscheinen und polytechnischem Humbug. Alles ist so aufgeräumt auf den Tribünen, sogar die Schlägereien sind sauber. In den alten Zeiten wusste man noch die Schönheit einer geplatzten Augenbraue zu schätzen, einer gebrochenen Nase oder eines zertrümmerten Kiefers, besonders bei 'nem West-Ham-Fan. Die neuen Fans bluten falsch. Und zu schnell.«

David stößt zu uns und berichtet, in der Umgebung sei ein Helikopter abgeschossen worden. Wir beschließen, es zu versuchen, und gehen zurück zu Aleksandrs Wagen. Es muss auf einem Flughafen östlich der Stadt passiert sein.

Als wir näher kommen, sehen wir die Rauchsäule zum Himmel aufsteigen. Ukrainische Truppen halten uns an einem Tor aus Metall auf, der Einfahrt zu dem kleinen Flughafen. Michael steigt aus. Der Soldat, der ihm am nächsten steht, richtet seine Waffe auf ihn, trotzdem geht Michael auf ihn zu. Ich beuge mich vor, um besser durch die Windschutzscheibe sehen zu können. Michael redet und gestikuliert, die Soldaten schütteln die Köpfe, hinter ihnen qualmt es immer noch heftig. Er gibt nicht auf, bevor sie ihn mit harter Hand wieder zu unserem Auto eskortieren. Keinem entgehen seine Wut und seine Enttäuschung, als er einsteigt. Ein Soldat deutet mit einer kreisförmigen Handbewegung an, dass wir umdrehen sollen, und Aleksandr vollführt ein perfektes Wenden-in-drei-Zügen-Manöver. Michael und David sind dafür, zurück nach Kramatorsk zu fahren, aber wir anderen sind mehr auf Donezk und Hotel eingestellt. Für heute haben alle genug gesehen. Eine Abstimmung per Handzeichen entscheidet die Sache. Unterwegs schnupft Steve Kokain von seinem Handrücken. Er bietet es in der Runde an. Keiner geht auf sein Angebot ein.

54

»Wie möchten Sie Ihr Steak, Sir?«

Die weiße Stoffserviette liegt auf meinem Schoß. Es gibt Weißwein, Lachsterrine, rosa gebratenes Rindfleisch, Portwein und Kämpfe hundert Kilometer entfernt. Der Service ist auf hohem Niveau, den Tod gibt es um die Ecke. Es wirkt so absurd, hier zu sitzen.

Ich bin sicher, dass uns die Ukraine morgen noch einige ihrer anderen Seiten zeigen wird. Ich begreife diesen Krieg nicht, ich begreife diese Welt nicht. Wir sitzen hier an diesem Tisch und reden und reden über all die Dinge, die mit ihr nicht stimmen. Wir sind entrüstet, haben aber keine Lösungen. Und das ist das Erschreckende. Es gibt keine Lösungen für die Probleme der Welt. Wir führen Pseudogespräche. Es ist völlig egal, ob sie jemals stattgefunden haben oder nicht.

Claudio, ein italienischer Journalist, isst zusammen mit uns. Er erzählt, wie er seinen Tagesrhythmus angepasst hat. Er hat den Tag einfach um drei Stunden verlängert, von vierundzwanzig auf siebenundzwanzig. Er will sich nicht von der Sonne bevormunden lassen, lehnt es ab, sich einem Stern zu unterwerfen, nur weil er heller scheint als die anderen. Er hat sein Leben optimiert, erklärt er uns. Jetzt kann er all die Arbeit bewältigen, die er vorher nicht geschafft hat. Die Familie leidet ein wenig darunter, aber das geht schon. Er hebt das Weinglas und prostet in die Runde. »Siebenundzwanzig«, und die Zahl ruft die Erinnerung an Josh wach.

»Erinnert ihr euch noch an Josh? Diesen durchgeknallten Marathonläufer«, lache ich.

»Was wir machen, ist nicht weniger irrational.« Arnaud klingt ein bisschen mutlos. »Andererseits: Wir tun viele Dinge, obwohl wir wissen, dass sie falsch sind. Das ist der menschliche Webfehler.«

»Auf menschliche Webfehler.«

David hebt sein Glas. Wir prosten wieder. Mit dem Weinglas am Mund lasse ich den Blick durch die Runde schweifen: Sind wir allesamt hier wegen unserer Schwächen, Unzulänglichkeiten oder Einsamkeit?

Michael steht auf. Er kann unser Gerede nicht mehr hören. Er setzt sich an die Bar und wechselt ein paar Worte mit dem Mann hinter dem Tresen. Inzwischen kenne ich ihn gut genug, um zu wissen, dass er entweder trinkt, bis er mit dem Gesicht auf den Boden knallt, oder sich auf die Suche nach einer Frau macht. Als könne sie Gedanken lesen, taucht die einzige Schönheit des Etablissements hinter seinem Barhocker auf. Sie setzt sich neben ihn. Sein Feuerzeug flammt vor ihrem Gesicht auf. Sie ist schön auf eine spröde und effektive Art. Scharfkantige Wangenknochen, sexy Beine und ein eindrucksvoller Busen, ein Pagenkopf, der die Blicke der Männer in ihr Gesicht zieht. Es dauert nicht lange, bis sie sich gegenseitig ins Ohr flüstern. Er sieht aus wie jemand, der nach einer Frau wie ihr giert. Es ist die Art, wie er sich zu ihr beugt, die aufgesetzte Leichtigkeit.

Ich richte meine Aufmerksamkeit wieder auf unseren Tisch. »Also bist du jetzt beim Abendessen, oder wie?«, frage ich Claudio.

»Erst beim Lunch.« Er lächelt.

Einige der Männer am Tisch spähen neidisch zu Michael hinüber, während der Italiener eine Geschichte aus dem Irak zum Besten gibt. Schon bevor sie Fahrt aufnimmt, kann ich sehen, dass Arnaud sich nicht wohl dabei fühlt, und plötzlich wird sein Name in Verbindung mit Falludscha erwähnt. Zusammen mit einem Amerikaner, einem dieser Männer, die in Fernsehsendungen über Abenteurer ohne Todesangst vorkommen, waren er und Nenad in derselben Stadt in Gefangenschaft geraten, in der einige Zeit zuvor vier Sicherheitskräfte der Firma Blackwater an Autos gebunden durch die Straßen geschleift, dann angezündet und an einer Brücke über dem Euphrat aufgehängt worden waren. Arnaud krümmt sich ein wenig, als Claudio zum Ende kommt.

»Die Amerikaner sahen sich gezwungen, Spezialkräfte zu schicken, um Arnaud, Nenad und den Amerikaner zu retten. Hieß er nicht Bill oder so?«

Arnaud beantwortet die Frage mit Schweigen. Es ist, als erzähle der Italiener das alles nur, um ihn vorzuführen.

»Die Amerikaner verloren zwei Mann.« Claudios Stimme wird leiser, als fühle er plötzlich Traurigkeit.

Die Geschichte hat etwas erschreckend Zynisches an sich.

»Ja, die Story wolltest du damals gern schreiben«, sagt Arnaud und steht auf.

Wir brechen auf. Michael und die Frau sitzen nicht mehr an der Bar. Ich kann sie nirgends entdecken und gehe zum Aufzug, drücke auf den Knopf, und die Türen öffnen sich. Der Spiegel in der Kabine verrät mich: Ich werde langsam alt. Ich steige aus, gehe den Flur entlang und will gerade die Tür zu unserem Zimmer aufschließen, als sie von innen geöffnet wird.

»Kannst du bei Arnaud schlafen? Er hat ein Doppelbett.« Michael reicht mir meinen Kulturbeutel durch den Türspalt. »Danke, ich schulde dir was.«

Ich stehe auf dem Flur. Eine Frauenstimme lacht hinter der Tür. Ich klopfe bei Arnaud. Er trägt einen Bademantel. Ich höre mich an wie ein Kind, das Angst im Dunkeln hat, als ich frage, ob ich bei ihm schlafen kann. Er zuckt bloß mit den Achseln, geht wieder ins Zimmer und legt sich aufs Bett. Abwartend verharre ich in der Tür, bis er mich mit einer Handbewegung hereinwinkt. Er schaut Fernsehen ohne Ton. Ich erinnere mich daran, was er zu mir sagte, als wir uns das erste Mal in Beirut begegneten. Ich bin im Licht geboren, aber etwas treibt mich in den Schatten. Jetzt scheint es so, als hätten die Schatten ihn eingekreist. Hier in der Ukraine ist er nicht er selbst. Ein Mann seines Status sollte in Aspen, Bora Bora, Hvar, Monaco oder Saint-Tropez sein. Stattdessen bereist er sämtliche Todesfallen der Welt. Genau wie ich.

Im Badezimmer putze ich mir die Zähne, ziehe mich aus und lege mich danach neben Arnaud ins Bett. Es fühlt sich falsch an. Wenn wir beim Abendessen oder draußen im Feld miteinander reden, fühle ich, dass ich ihn kenne, aber nicht, wenn ich nur ein T-Shirt und eine Unterhose anhabe und dicht neben ihm liege.

Mein Handy vibriert auf dem Nachttisch.

»Meine Frau«, sage ich entschuldigend. »Sie vermisst mich.« Ich habe den anderen nichts von der Scheidung erzählt. Noch nicht. Die SMS gibt noch einmal einen Überblick über die Tarife der ukrainischen Telefongesellschaft.

Ich erzähle Arnaud von Cecilie und Mathias. Vielleicht interessiert es ihn nicht, aber mir bedeutet es etwas. Die Worte kommen langsam gekrochen, und zum ersten Mal sieht Arnaud mich und nicht den Fernseher an. Er will keine Kinder in die Welt setzen, erzählt er, sie ist ein furchtbarer Ort.

»Was ist mit der Firma deines Vaters? Sie hat doch dann keinen Erben.«

»Sie verdient keinen Erben.«

»Warum denn nicht?«

»Er produziert Waffen. Hast du schon mal von Marchal Fabrique Défense gehört? MFD?«

Die meisten haben schon mal von MFD gehört, einem der größten Waffenhersteller Frankreichs. Ich nicke.

»Es gibt wohl kaum gierigere Schweine in der Waffenindustrie als sie. Mein Vater schafft Kriege, nur um Geld zu verdienen. Zuerst verkauft er Waffen an die eine Kriegspartei, dann an die andere. Wenn die Gegner herausfinden, dass sie gleich stark sind, zieht sich der Krieg in die Länge, und sie brauchen größere und bessere Waffen.«

»Aber du beerbst ihn doch, oder?«

»Vielleicht tue ich das alles hier, um vor ihm zu sterben?«

»Aber bist du nicht auf Kosten deines Vaters hier?« Ich bereue die Frage sofort.

»Was soll ich sagen? Ich bin ein Doppelmoralist.« Das Licht des Fernsehers schimmert in seinen Augen. »Zu besonderen Anlässen mixte mein Vater seinen ganz speziellen Gesundheitstrunk, tja, eigentlich tat er das jeden Tag, wenn er von der Arbeit nach Hause kam. Whisky mit Eiswürfeln. Er kippte ihn sich in den Hals, mixte neu. Und so ging er vor meinen und den Augen meiner Mutter vor die Hunde, schrumpfte zu Boshaftigkeit in flüssigem Aggregatzustand. Damals hatte ich Angst vor ihm. Sie sind immer noch zusammen. Ich sehe ihn nur bei Familienfeiern, und heute bin ich es, der sich einen speziellen Gesundheitstrunk mixt, um es aushalten zu können. Ich hasse den Mann für alles, was er mir und meiner Mutter angetan hat.« Arnaud macht eine Pause. »Das hier wird wohl meine letzte Tour sein. Er hat ernsthaft angekündigt, sich zurückzuziehen. Vielleicht schon dieses Jahr. Vor langer Zeit haben wir eine Vereinbarung getroffen, tatsächlich habe ich einen Vertrag unterschrieben. Mein Vater bezahlt alles und lässt mich in Ruhe, als Gegenleistung muss ich die Firma weiterführen. Er will sein Lebenswerk nicht sterben sehen, und ich darf die Familienanteile nicht verkaufen, niemals. Auf diese Weise habe ich mich zum Sklaven gemacht, um so lange wie möglich Frieden zu haben. Ich lebe in Beirut, um sicher zu sein, dass er mich nicht besuchen kommt.«

»Hast du keine Geschwister?«

»Ich hatte einen Bruder. Er hat sich erschossen, als er fünfzehn war. Rate mal, wer die Waffe produziert hatte?« Die Frage kommt lakonisch daher, fast wie nebenbei. »Die gleiche Firma, die auch das Projektil hergestellt hat, das an Davids Hals baumelt.«

»Kannst du nicht aus dem Vertrag aussteigen?«

»Du kennst meinen Vater nicht.«

Der Fernseher knistert schwach, als er ihn ausschaltet. Das blaue Licht, das wie ein Nebel über dem Zimmer lag, wird zu einer dunkelgrauen Masse. Ich schließe die Augen. Auf eine bestimmte Art erscheint die Tour in die Ukraine so definitiv: Arnaud ist zu einem verlorenen Kind geworden, und Michael ist zu seinem Mentor Poul Busk mutiert, einem Schürzenjäger, der seinen Zimmerkameraden auf dem Flur stehen lässt. Wir sind allesamt auf der Flucht: Michael und ich vor unseren versenkten Ehen, Arnaud vor seiner Kindheit, Laura und Matt davor, so zu werden wie alle anderen, Steve vor einer Gefängnisstrafe, Nenad vor dem Bürgerkrieg und dem Massaker in Srebrenica, und Tara hat Angst, etwas zu versäumen. Wovor flieht David?

55

Am nächsten Morgen fahren wir nach Slowjansk. Der Wachsoldat am Checkpoint erkennt uns wieder. »Cigarets.« Ein Lachen unter der schwarzen Sturmhaube. Hinter ihm steht ein zweiter Wachsoldat und pinkelt gegen einen Baum. Die Sturmhaube ist in die Stirn geschoben.

»Da«, sagt Aleksandr, und wir fahren durch die Absperrung. Wir sind dieselben acht Menschen wie bei der gestrigen Tour. Aleksandr hat Matt und Laura schon früh zum Flughafen gebracht. Sie sind nach Hause geflogen, nach Texas.

Im Wagen machen wir Witze über Babys und Windeln, Sitzwickelschalen, was Michael vergeblich ins Englische zu übertragen versucht, und darüber, ob man ein Kinderfahrrad an Aleksandrs Auto anhängen könnte. Im nächsten Krieg wechseln wir uns beim Babysitting ab, und wir stellen einige Regeln auf: Zum Beispiel muss mit dem Kind immer ein Mindestabstand von dreihundert Metern zu Kampfhandlungen eingehalten werden. Es kommt der Punkt, an dem das Absurde in einem Krieg zur Normalität wird. Er wird in Gesprächen wie diesen erreicht. In den Ohren anderer würde unsere Unterhaltung bizarr wirken, aber für uns ist sie es nicht. Die Leichtigkeit, mit der wir ein solches Gespräch führen, lässt mich alles vergessen, was sich zu Hause abspielt.

Die Straße ist sehr weit einsehbar. Bäume im frischen Grün stehen auf beiden Seiten, und durch die heruntergelassenen Scheiben kann ich außer dem Motorengeräusch auch Vogelgezwitscher hören. Auf einem Feld trotten schwarzweiß gefleckte Kühe hinter einem Bauern mit Sixpence auf dem Kopf und Gummistiefeln, die bis zu den Knien reichen, her. Das Gelände ist flach und grün, mit kleinen Seen, ruhigen Flüsschen und Kirchen, überragt von zwiebelförmigen Kuppeln. Am Himmel kreisen goldbraune Raubvögel oder hängen dort oben wie Flitzebögen. Am Horizont zieht ein Flugzeug einen Kondensstreifen hinter sich her. Er kreuzt die Abgaslinien anderer Maschinen, sie bilden die Buchstaben eines Alphabets, das niemand versteht. Die Bezeichnung idyllisch läge auf der Zunge, wenn wir nicht ständig Militärfahrzeugen und Soldaten begegnen würden. Es sind deutlich mehr als gestern.

Fünf Kilometer vor Slowjansk passieren wir den letzten Checkpoint, an dem wir von Regierungstruppen kontrolliert werden. Von hier bis zur Stadt fahren wir durch Niemandsoder vielleicht durch Separatistenland, aber der Menge und Stärke der ukrainischen Streitkräfte nach zu urteilen, sind sie jederzeit in der Lage, es einzunehmen. So wie ein alter Mann bevorstehende Wetterumschwünge in seinem Knie spürt, spüre ich, dass es heute Krieg geben wird. Der Gedanke ist erschreckend und prickelnd zugleich.

Wir fahren in Richtung der Stadt, die zurzeit das Hauptquartier der Separatisten ist. Hinter ein paar Bäumen brummt ein Panzer. Auf den Feldern laufen und stehen Soldaten herum, aber noch ist es mir nicht möglich, einen Unterschied zu denen zu erkennen, die uns eben kontrolliert haben. Ein Helikopter hebt ab und donnert über uns hinweg, und Michael fängt ihn mit seiner Kamera ein. Ich ertappe mich dabei, wie ich überprüfe, ob ich angeschnallt bin. Ich sehe die anderen im Wagen an. Die Gesichter leuchten vor Spannung, sie bekommen Stielaugen. Welchen Eindruck ich wohl mache? Ängstlich? Erwartungsvoll? Ich nehme einen Kaugummi aus dem Päckchen in der Tasche meiner neuen Jacke. Sie ist bestimmt für ein Schweizer Taschenmesser oder einen Kompass gedacht, aber ich habe nichts anderes gefunden, das ich hätte hineinstecken können. Jetzt rolle ich den Kaugummi im Mund hin und her. Ein trügerisches Gefühl der Sicherheit mit Minzgeschmack.

Bevor wir die Stadt erreichen, müssen wir durch noch einen Checkpoint. Die Berge aus Autoreifen sind ein paar Meter hoch. Männer in Trainingsanzügen und einem Reifen in jeder Hand türmen sie weiter auf. Entlang der Straße wurden die Bäume abgeholzt, zu Brettern zersägt und zu provisorischen Schanzen verarbeitet. Auf einem Klappstuhl am Straßenrand sitzt ein alter Mann und sieht den jungen Männern zu. Er macht den Eindruck, als habe er schon einige Kriege erlebt, und jetzt ist wieder einer in seine Heimat gekommen.

Der Dieselmotor des Busses vor uns hustet sich bis an den Kontrollposten heran. Wir lassen die Seitenscheiben herunter. Die Soldaten blicken ernst. Sie haben alles, komplizierte Waffen wie Panzer und Mörser, aber auch selbst gebastelte Molotowcocktails in Bastkörben.

»Woher zum Henker haben sie Panzer?«, frage ich Michael.

»Haben sie sich wohl von Putin geliehen«, antwortet er.

David bemerkt einen Fotografen der Times. »Anhalten.« Wir setzen ihn ab und hören ihn rufen. »Paul, Paul.« Der Kollege dreht sich um und lacht.

»Paul ist mit Davids Schwester verheiratet«, erklärt Tara.

Wir fahren ohne David weiter. Slowjansk ist bereit zum Krieg. Alle Zufahrtsstraßen sind mit Barrikaden aus Autoreifen, Ölfässern und Bauschutt blockiert und mit schwer bewaffneten Separatisten bemannt. Es wimmelt nur so von grünen

Uniformen. Sie tragen Panzerfäuste auf dem Rücken und Sankt-Georgs-Bänder an den Ärmeln. Banner auf Russisch erzählen wahrscheinlich von ihrer unzweideutigen Meinung zur Regierung in Kiew. Mitten auf der Straße wurden einige Reifen in Brand gesteckt. Das Feuer knistert und packt den Himmel in schwarze Rauchwolken. Es herrscht eine erwartungsfrohe und ängstliche Stimmung, genau wie bei uns im Wagen. Es gibt keinen Zweifel, dass wir in eine Gefahrenzone unterwegs sind.

In der Stadt besteht das Leben zu gleichen Teilen aus Krieg und Frieden. Junge Frauen mit Umhängetaschen und offenem Haar spazieren über die Gehsteige, während stinkende Panzer neben ihnen die Straße hinunterrattern. Vor dem Rathaus, das in Sandsäcke gepackt ist, fährt ein kleines Mädchen Inlineskates.

Ein paar hundert Meter entfernt halten wir auf dem Parkplatz eines Supermarkts an. Neben unserem Minivan steht ein in Russland hergestellter UAZ Hunter. Das Verdeck ist zurückgeklappt. Vier breitschultrige Soldaten mit Zigaretten im Mundwinkel verfolgen jede unserer Bewegungen. Gerüchte besagen, dass sich mehrere Millionen Waffen in den Depots der Stadt befanden, als der Konflikt ausbrach. Sie wurden geplündert, und einige davon sind jetzt in dem Wagen neben uns zu besichtigen. Die Regierung in Kiew nennt sie Terroristen. Daher ist nicht von Krieg, sondern von Antiterroroperationen die Rede.

Ich hole meine kugelsichere Weste aus dem Kofferraum. Diskret wie immer schnalle ich das Erste-Hilfe-Set an meinen Gürtel. Im Hotel habe ich mich vergewissert, dass alles da ist: Schere, Verbandszeug, Venenstauer, große Pflaster, Rettungsdecke aus Alufolie, ein Beutel Celox. In meiner Tasche steckt eine Karte. Die ganze Ukraine in meiner Tasche. Ich lege sie auf der Konsole ab, in der Stadt werde ich sie nicht brauchen. Ich ziehe das Hemd aus der Hose und verstecke die

Erste-Hilfe-Ausrüstung darunter. Unsere Nachbarn steigen aus. Ihr höhnisches Grinsen soll uns deutlich machen, dass wir Amateure sind. Sie sind gebaut wie Football- und gepolstert wie Eishockeyspieler. An ihren Gürteln hängen Handgranaten. Ihre Gewehre halten sie im Arm wie eine Mutter ihren Säugling. Die Waffen sind mit Zielfernrohren ausgestattet.

Michael spricht mit ihnen. Der eine kann ein bisschen Englisch und ist erpicht darauf, es zu benutzen. Michael macht Bilder von uns anderen mit den Soldaten. Sie legen die Arme mit ihren großen Fäusten um unsere Schultern, und einer drückt mir seine Pistole in die Hand. Ich will sie nicht anfassen, denn sie wird meine Anwesenheit hier verändern. Dann stehe ich da, mit kugelsicherer Weste, einen Helm auf dem Kopf und bewaffnet, als würde ich an ihrem Krieg teilnehmen.

Nenad und Arnaud betrachten interessiert die Gewehre, die Waffen von Heckenschützen. Nenad darf eines in die Hand nehmen und schaut es beinahe hingebungsvoll an, bevor er es seinem Besitzer zurückgibt. Tara hält sich im Hintergrund, während Steve eifrig wie ein neugieriger Hund zwischen uns hin und her läuft.

Wir verabschieden uns mit einem freundlichen Nicken und gehen Richtung Leninplatz, wo eine Statue des russischen Revolutionärs über den offenen Bereich vor dem Rathaus blickt. Jemand hat sie mit hellroter Farbe beschmiert.

»Machst du mal eben ein Bild von uns?«, höre ich eine Stimme mit amerikanischem Akzent hinter mir.

Bevor ich weiß, wie mir geschieht, habe ich eine Kamera in der Hand. Zwei Männer, die Arme gegenseitig um die Schultern gelegt, lächeln reflexartig in die Linse.

»Was führt euch hierher?« Dem einen von ihnen gebe ich den Fotoapparat zurück. Er trägt eine Thermoweste und sand-farbene Stiefel.

»Man hat uns Explosionen und all so was versprochen. Aber hier tut sich ja überhaupt nichts.« Er sieht auf seine teure Uhr, als habe der Krieg pünktlich anzufangen.

»Wie seid ihr hergekommen?«

»Wir haben bei Dark Tourism Travel Service gebucht. Tja, wir müssen weiter.« Eine kleine Gruppe von fünf Personen sammelt sich um einen hochgewachsenen Mann mit Schirmmütze auf dem Kopf. Er steckt in einer Fleecejacke, auf der Brust steht Jason – DTTS.

Ich sehe der merkwürdigen Reisegesellschaft nach, die wie unbedarfte Pauschaltouristen ihrem Guide hinterher stolpert. Ich höre ihn von Slowjansk zur Zeit des Zweiten Weltkriegs erzählen, aber die Gesichter in seiner Gruppe verraten ihre Enttäuschung: Sie wollen keinen alten Krieg, sie wollen einen neuen.

Auch was mich angeht, kann es gern losgehen. Seit Stunden traben wir durch die Stadt, und so langsam bekomme ich Hunger, und meine Beine werden müde. Kurz darauf begegnen wir ein paar französischen Journalisten, die uns zu einer Pizzeria mit schneller Internetverbindung lotsen. In Italien gibt es eine schlechte Pizzeria unter hundert, in allen anderen Ländern ist es umgekehrt. Während wir Pizza mit matschigem Boden und billigem, in Streifen geschnittenem Schinken verzehren und Cola trinken, schickt Michael Bilder heim nach Dänemark.

56

Split und Steinchen hüpfen über den Asphalt, als ein gepan-
zerter Mannschaftswagen vorbeistampft. Ihm folgt eine alar-
mierende Stille. Erst dann bemerken wir es: Die Straßen sind
verlassen. Eine Hand zieht ein Fenster zu. Gesichter hinter
Scheiben. Jemand flüstert den Namen eines Kindes. Plötzlich
sind alle Menschen weg, alle Autos verschwunden. Sogar die
Geräusche haben sich in die Häuser verkrochen. Die Fahnen
der Separatisten flattern nicht mehr, aber wir spüren alle den
aufziehenden Sturm.

Ein Kampfflugzeug donnert über unsere Köpfe hinweg,
zerlegt die Stille in Atome. Instinktiv und wie auf Kommando
ducken wir uns. Hastig raffen wir unser Zeug zusammen.
Arnaud schlägt vor, dass Aleksandr das Auto holt und uns
aufsammelt. Wir sehen den Ukrainer an. Er zittert, und seine
Pupillen sind riesengroß. Wir wollen das Risiko nicht eingehen,
dass er mit dem Auto abhaut und uns im Stich lässt. Gemeinsam
rennen wir los, aber ich kann Michael nirgends sehen. Ich drehe
mich um, will aber nicht zurücklaufen. Ich entdecke ihn ein
ganzes Stück hinter uns. Er ist in die Hocke gegangen und fotografiert. Dann rennt er zurück zu der Pizzeria. Einen Moment
später stürzt er wieder heraus, und die Kameras schlenkern um

seine Hüften. Während seine Beine über den Asphalt hämmern, balanciert er eine Pizzaschachtel in den Händen.

Wir erreichen das Auto. Es setzt sich in Bewegung, und wir brettern durch die Straßen und an Panzern vorbei. Ich werde in den Sitz gedrückt, nicht einmal Yara würde diese Beschleunigung unbeeindruckt lassen. »Press«, brüllt Michael durch das offene Seitenfenster, um uns freie Bahn zu verschaffen. Wir rasen weiter und können mit knapper Not einen Zusammenstoß vermeiden. Als hinter uns etwas explodiert, fahren die Köpfe der anderen herum, nur ich lege instinktiv die Hände in den Nacken und beuge mich vor. Eine Artilleriegranate ist ein Stück hinter unserem Wagen eingeschlagen und bläst eine schwarze Rauchwolke in die Luft. Aleksandr ist unaufmerksam. Mit einem lang gezogenen Kreischen schrammt das Auto an einer Absperrung entlang. Nenad greift ins Steuer und richtet das Fahrzeug wieder aus. Wir donnern durch einen Checkpoint. Er ist verlassen. Das Auto schießt weiter über die leere Straße. Mein Puls hat auf die doppelte Frequenz beschleunigt. Meine innere Stimme leiert gebetsmühlenartig: Wir schaffen das, wir schaffen das.

Außerhalb der Stadt kommt uns eine Fahrzeugkolonne entgegen. Aleksandr geht in die Eisen, und das Heck unseres Wagens bricht aus. Alle atmen flach und stoßartig, als ein Trupp Soldaten mit erhobenen Waffen auf uns zuläuft. Aleksandr legt den Rückwärtsgang ein. Nenad dreht den Zündschlüssel, und der Motor geht aus.

»Ganz ruhig bleiben.« Zuerst erschreckt Nenads Stimme mich, aber einen Moment später entspanne ich mich. Der Brechreiz, der sich seinen Weg in den Hals bahnte, zieht sich ein wenig zurück.

»Press, press.« Michael hält seine Pressekarte aus dem Fenster. Einer der Soldaten studiert sie genau, schlägt dreimal auf die Motorhaube. Aleksandr fährt den Wagen an den unbefestigten Straßenrand, sodass die Militärkolonne passieren kann.

Der Soldat konferiert kurz mit unserem ukrainischen Fahrer. Dann dirigiert er uns auf einen Schotterweg. »Die Stadt ist umstellt.« Aleksandrs Stimme klingt unsicher. »Wenn wir hier weiterfahren, kommen wir in ein Dorf, da sind wir in Sicherheit, sagt er.«

Hinter dem Ende eines Felds können wir die Ausläufer von Slowjansk erkennen. Michael will Bilder haben. In dem Augenblick, in dem ich aussteige, höre ich ein dunkles Grollen, das aus der Stadt bis zu uns dringt. Die Rauchsäulen der Einschläge steigen zum Himmel auf. Die Geräusche sind wie das Grummeln eines drohenden Gewitters. Die Luft knarrt und knirscht wie Packeis. Mit dem Bild stimmt etwas nicht. Bebauung, Beton und Bombeneinschläge. Eine Großstadt ist keine Kulisse für einen Krieg.

»Sie bombardieren ja ihre eigenen Leute.« Tara spricht durch die Hände, die sie vor den Mund geschlagen hat.

»Sowohl als auch«, sagt Michael trocken, während die Kamera in Serie klickt. »Okay, ich bin fertig.«

Wir fahren das letzte, kurze Stück zu dem Dorf. Es gibt ein paar triste Häuser, gedeckt mit Stroh oder Spanplatten, niedrige Zäune, grün und blau gestrichen. Frauen mit Kopftüchern blicken fassungslos Richtung Slowjansk. Aleksandr fragt nach einem Hotel. Im nächsten Dorf, antworten sie mit brüchiger Stimme.

Kurz bevor wir dort ankommen, entdecke ich hinter einem niedrigen Erdwall drei Mörser, die in einem schrägen Winkel zum Himmel ausgerichtet sind. Ein Blick durch ein Fernglas folgt unserem Auto.

Auf dem Parkplatz vor dem Hotel steht kein einziger Wagen. Kopfschüttelnd inspiziert Aleksandr den ramponierten Minivan. »Mein Auto.« Seine Stimme nimmt einen hysterischen

Ton an, als er die Spuren sieht, die die Absperrung hinterlassen hat. »Mein Onkel ...«

Keiner von uns ist in der Verfassung, sich mit seinen Problemen zu befassen. Er merkt es und hält den Mund. Der Wirt, ein kleiner Mann mit einer Nase wie ein Maiskolben, fährt erschrocken zusammen, als plötzlich Gäste die kleine Rezeption bevölkern. Alle Zimmer sind frei. Er ruft etwas, und ein braun gelockter Junge von vielleicht neun, zehn Jahren kommt aus einem Hinterzimmer. Er soll uns zum Auto begleiten und unser Gepäck hereinbringen. Aber wir haben keins.

Der Koch ist wie so viele andere hier nach Russland gegangen. Wenn wir wollen, können wir uns gern selbst etwas zubereiten. Arnaud nimmt sich der Sache an. Hinter der Küchentür findet er ein paar fleckige Schürzen. Tara und ich gehen ihm zur Hand; was sollen wir auch sonst tun? Die anderen wollen versuchen, etwas zu trinken aufzutreiben. Obwohl seine Küche in Beirut völlig unbenutzt aussieht, ist Arnaud es sichtlich gewöhnt, zu kochen, während Tara und ich uns vorkommen wie in der ersten Stunde an der Berufsschule für Hauswirtschaft. Sie stellt sich hinter mich und bindet meine Schürze zu. Es ist keine Umarmung, aber auch keineswegs nur ein Freundschaftsdienst. Es ist die Art, wie ihre Finger die Schleife festziehen, die Art, wie ihre Handflächen die Schürze an der Seite glatt streichen. Die Berührungen sind langsam, und sie berührt mehr, als notwendig ist. Ich spüre die Wärme ihres Körpers. Sie überträgt sich auf mich. Sie bleibt stehen, ihre Hände ruhen auf meinen Hüften.

»Jetzt macht mal 'n bisschen voran«, sagt Arnaud ungeduldig.

Im Kühlschrank liegen tatsächlich noch Lebensmittel. Geübt und in einem aberwitzigen Tempo hackt Arnaud das Gemüse. Mit der Messerklinge schiebt er alles in einen Topf mit siedendem Wasser.

Wir essen Kohl, Kartoffeln, geräuchertes Schweinefleisch und trinken Horilka, ein durchsichtiges, wodkaartiges Getränk, aus Weizen gebrannt. Ich habe keine Lust, mich zu betrinken, also halte ich mich mit dem Schnaps zurück. Als ich dennoch spüre, wie er im Körper zirkuliert, gehe ich nach draußen, um frische Luft zu schnappen. Slowjansk wird nicht mehr bombardiert, nur die Geräusche des Abends sind zu hören. Gedankenverloren kicke ich einige Kieselsteine über den Parkplatz und wünsche mich zurück nach Dänemark. Ein paar Fledermäuse kreuzen den Schein einer Straßenlaterne und schießen knapp an mir vorbei. Ich merke, dass sie es auf mich abgesehen haben, ihre Luftangriffe sollen mich vertreiben. Ich bin bereit, die Ukraine zu verlassen, ich habe genug vom Krieg.

Zurück am Tisch, sind die anderen bei der dritten Flasche angekommen. Ich sehe sie an, sage nichts. Tara ist ins Bett gegangen. Nenads Stimme ist lauter als die der anderen, er ist in ausgelassener Feierlaune. Das passt nicht zu seinem sonstigen Eindruck, obwohl ich natürlich schon bemerkt habe, dass der Alkohol ihn redselig werden lässt.

Sie sprechen über Namen. Arnaud ist die französische Variante von Arnold, Aleksandr die russische Form des griechischen Alexandros, Michael ist Hebräisch und der Name eines der sieben Erzengel aus der Bibel.

»Nenad bedeutet der Unerwartete«, erzählt er. »Man gibt ihn dem jüngeren Zwilling. Der ältere bekommt den Namen Predrag.« Er lächelt angestrengt, als stehe er kurz davor, in Tränen auszubrechen. Die Furchen unter seinen Augen geben ihm einen schweren Blick. »Es gibt ein serbisches Volkslied«, sagt er. »Predrag und Nenad.« Die Stimme fummelt sich mühsam in die Melodie, dann summt er »Rani majka dva nejaka sina.« Eine Träne rollt über seine Wange.

Ich fühle mit Nenad. Ich habe nie darüber nachgedacht, dass es auf dieser Welt Menschen gibt, für die es Lachen einfach nicht gibt. Für sie ist es nie so, dass die Leichtigkeit und die Unbekümmertheit des Augenblicks sie befreien. Entweder ist es angeboren, oder ein außergewöhnlich grässliches Ereignis hat diese Fähigkeit zu lachen ausgelöscht. Ich weiß, was Nenad erlebt hat. Er hat das Recht zu weinen.

Anfangs war ich Nenad gegenüber sehr reserviert, aber inzwischen schätze ich ihn: den melancholischen Blick, das tiefe Brummen der Stimme, die überraschende Verletzlichkeit, seine Professionalität im Feld, wo er sich wie ein ausgebildeter, gut trainierter Soldat verhält.

Arnaud legt einen Arm um Nenad und füllt mit der anderen Hand sein Glas. Ich habe mich oft über das Verhältnis zwischen den beiden gewundert. Sie scheinen so ungleich zu sein. Und wie kann sich Nenad die vielen Touren leisten, in denselben Hotels wie Arnaud wohnen und in denselben Restaurants essen? Vielleicht ist es Arnauds Bestimmung, sich um Nenad zu kümmern. Vielleicht ersetzt er den Bruder, der sich erschossen hat?

57

Die anderen bleiben am Tisch sitzen, Steve geht nach draußen, um zu pinkeln, und ich auf mein Zimmer. Taras liegt gegenüber. Ich schließe nicht ab, damit Michael nachher reinkommt. Oder vielleicht Tara? Dann fällt mir ein, dass ich weder Zahnbürste noch Zahnpasta dabeihabe. Ich will mir den Mund ausspülen, aber das Wasser, das aus dem Hahn kommt, schimmert gelb-braun. Meine Sachen lege ich auf eine Kommode, mich selbst aufs Bett und die vergilbte Steppdecke über mich. Die Ereignisse des Tages stecken mir noch in den Knochen. Zum Glück sind sich alle einig, dass wir morgen nach Hause fahren, und zwar nicht zurück ins Hotel Ramada in Donezk, sondern weg aus der Ukraine. Zurück nach Dänemark.

Ein dumpfer Laut, wie ein schwerer Stein, der ins Wasser geworfen wird. Plumps. Dann noch einer. Die Mörser feuern. Ich lausche. Die Geräusche haben etwas Unheilverkündendes. Was, wenn jemand zurückschießt? Ich schaffe es nicht, den Gedanken zu Ende zu bringen. Eine Wand reißt auf, Bilder fallen herunter, Glas und Holz splittern. Das Krachen schleudert mich förmlich aus dem Bett. Etwas klirrt. In meinem Kopf? Außerhalb? Tod liegt plötzlich in der Luft. Mein Tod? Kein Licht. Ich bin taub und habe einen metallenen Geschmack im

Mund. Kälte lähmt meinen Körper. Schmerz und doch kein Schmerz. Ein scharfer Geruch fegt durch die kaputte Wand herein, der Geruch nach den Urkräften der Dunkelheit und nach Granaten. Ich befinde mich in einer geschändeten Welt. Ich taste. Mein Körper, meine Arme, meine Beine. Ich bin ganz. Schockiert und erleichtert. Erleichtert und schockiert. Aber es ist nicht vorbei. Die Tür geht auf, lautlos, nur mit einer Bewegung. Eine verschwommene Gestalt gleitet durch den Staub. Meine Augen blinzeln. Fokus, Fokus.

Mit einer von kleinen blutenden Schrammen überzogenen Hand ziehe ich die Decke herunter auf den Boden. Mit der anderen ziehe ich Tara an mich. Wir müssen von den Fenstern weg.

Wir liegen auf dem Boden. Warten. Warten darauf, dass es überstanden ist. Da ist Blut von einer Verletzung an ihrer Stirn. Ich fahre mit der Hand durch ihr Haar. Sie ist ganz. Wir lauschen auf die Einschläge. Sie donnern da draußen, fliegen grollend über uns hinweg. Ohrenbetäubendes Krachen. Die Gardinen wehen aus dem Fenster, als käme der Wind aus dem Zimmer. Die Scheibe ist weg. Ihre Hand unter der Decke in meiner. Wir sterben hier. Ich brauche ihre warme Hand, muss ihren Körper spüren, der sich an meinen presst. Nähe, Kontakt. Es gibt mir Sicherheit zu wissen, dass ich nicht allein hier sterbe, wenn ich hier sterbe.

Alles bebt, und ich komme mit Tara in meinen Armen ums Leben. Ich denke an Romeo und Julia in Sarajevo, und ich denke an sie, um mich zu verstecken. Ich will in der Geschichte verschwinden. Weg von hier.

Die plötzliche Stille ist beunruhigend. Wie ein Gewittersturm ist der Angriff weitergezogen. Es waren nicht mehr als vier, fünf Einschläge, aber es fühlt sich an wie tausend. Noch vor ein paar Augenblicken glaubte Tara, ich sei der letzte Mensch, den sie in ihrem Leben sieht. Darum kann sie mich nicht wieder loslassen. Sie küsst mich, wie im Rausch, tapeziert mein Gesicht mit Küssen, presst mich an sich. Ich schüttle sie und rufe ihren Namen. Sie kommt zu sich. Wir müssen raus, weg, nach Hause.

Ich kratze die letzten Reste Mut zusammen und rapple mich hoch, am ganzen Körper zitternd. Auf dem Flur rieselt schwarzer Staub wie schmutziger Schnee von der Decke. Ein Junge taumelt darin herum, immer im Kreis. Von seinen Fingerspitzen tropft Blut. Es ist der Junge mit den braunen Locken.

Auf wackligen Beinen gehe ich den Flur entlang. Ich weiß, dass sie tot sind. Allesamt. Mein Magen dreht sich um. Steigt nach oben und quillt aus dem Mund. Ich kotze auf den Boden. Sie müssen tot sein. Es ist schwer vorstellbar, dass etwas in dieser sauerstoffarmen Mondlandschaft überleben kann. Aber jetzt sehe ich sie vor mir. Eine verfilzte, ineinander verklumpte Masse aus Menschen. Der Klumpen bewegt sich, nimmt Form an. Jemand steht auf. Nenad blutet aus einer Wunde im Nacken, Arnaud kriecht unter einem Tisch hervor. Er sieht unverletzt aus. Das Gleiche gilt für Aleksandr.

»Wo ist Michael?« Ich schreie, als seien sie schuld an seinem Verschwinden. »Wo zum Teufel ist Michael?«

Sie schütteln die Köpfe, außer Nenad, der eine Hand gegen den Hinterkopf drückt. »Wir wissen es nicht.«

Ich suche im Restaurant, hinter der Bar, auf den Toiletten. Er muss doch verflucht noch mal hier irgendwo sein. Er kann sich doch nicht in Luft aufgelöst haben, saß doch mit den anderen am Tisch. Hitze schießt durch meine Brust in den Kopf. Arnaud ruft etwas. Ich meine, Verzweiflung in seiner Stimme zu hören. Er steht am Fenster. Schaut nach draußen. Oh nein, er kann nicht tot sein. Meine Gedanken verwandeln sich augenblicklich in heilloses Chaos. Ich kann nicht hier sein, nicht ohne Michael.

Arnaud zeigt auf etwas. Mitten auf dem Parkplatz steht Michael. Er arbeitet konzentriert und verewigt die Außenansicht des Hotels auf der SD-Karte seiner Kamera. Zwei Kameras baumeln über seiner Schulter, eine ist in Gebrauch.

Ich spüre, wie Erleichterung in mir aufflammt.

»Wo ist eigentlich Steve?«

»Nach dem ersten Einschlag kam er angerannt und brüllte irgendwas. Dann lief er wieder nach draußen.«

Steve ist in keinem der Zimmer. Tara sitzt auf ihrem Bett, neben ihr der Junge. Sie küsst ihn auf die braunen Locken, tröstet ihn. Eine Frau, seine Mutter, schlägt ein Kreuzzeichen, als sie sieht, dass er lebt.

Wir finden Steve ein Stück weiter die Straße hinauf bei einem schwarz versengten Krater. Seine Videokamera liegt neben seinem Körper. Sie piept, *low battery*. Alles ist rot verschmiert.

»Stabile Seitenlage, oder …?« Michael hält den Fotoapparat dicht an den malträtierten Körper.

Michael sieht nicht das Gleiche wie ich. Die vielen Jahre mit der Kamera vorm Auge haben ihn blind gemacht.

Nenad zieht Michael weg. »Es nützt nichts, er ist tot.«

Alle Farben sind aus Steves Kleidung herausgelaufen, nur Rot ist noch übrig. Ein schwerer und warmer Geruch von Blut hängt in der Luft. Rauch zieht über die Straße, irgendwo brennt es. Jetzt ist der Tod ganz nah. Trotzdem fühle ich einen Anflug von Erleichterung; es ist keiner aus unserem *inner circle*. Ich starre ihn an. Der Tod ist immer hässlich. Tara schnappt nach Luft, als sie zu uns stößt. Jemand muss ihn wegbringen, irgendeiner muss den toten Körper von der Straße ziehen. Wir sind wie erstarrt. Stehen da und sind. Ganz nah. Ich kannte Steve. Ich mochte ihn nicht, aber ich kannte ihn.

Nenad tut es. Er ist der Einzige, der in der Lage ist, zu handeln. Hinterher starrt er auf seine mit Staub und Blut bedeckten Wanderstiefel. Ein Hund leckt das Blut von der Erde auf.

Zuerst registriere ich es nicht; die Szene ist zu absurd. Genauso wie Steves letzte Worte, die er den anderen zurief, bevor er wieder nach draußen rannte: »Scheiße, ich hab den Einschlag nicht aufgenommen.« Nenad wirft mit einem Stein nach dem Hund, der sich winselnd verzieht. Dann stehen wir wieder da, unbeweglich. Stehen einfach und sind.

Taras Handy klingelt. Ich höre, wie sie mit ihrer Stimme kämpft. Die Wangen haben sich zusammengezogen, der Mund ist verkrampft von dem, was passiert ist. Trotzdem klingt sie gefasst. »Hej, Schatz. Mami muss noch arbeiten. Du musst nur noch zweimal schlafen. Ich vermisse dich auch. Sehr sogar. Sag Oma, sie soll dir einen dicken Schmatzer von mir geben. Ich hab dich auch lieb.«

Sie sieht uns entschuldigend an. Das Ganze wirkt mit einem Mal so sinnlos. Zu Hause wartet ein Kind auf Tara, ich habe Kinder, zu denen ich nach Hause kommen kann, und Steve kommt nie mehr nach Hause. Ich kann nicht weinen, bin zu mitgenommen. Die Erlebnisse des Tages haben sich als bohrender, hartnäckiger Schmerz in meinem Kopf festgesetzt, die Bilder auf der Netzhaut eingebrannt: Steves toter Körper, der rechte Arm, der nur noch in Fetzen an der Schulter hängt, die weißen, kräftigen Knochen, die an der Stelle hervortreten, wo vorher der Unterschenkel war.

Wir blicken in die Nacht, die wie ein Wind an uns vorbeizieht. Sie ist zum Bersten mit Geräuschen gefüllt, die nicht in eine Nacht gehören, Knirschen, Knarren, Donnern, Krachen. Niemand schläft, also wacht auch niemand auf. Ich denke an Annemette, Cecilie und Mathias. Ich hatte immer Annemette, zu der ich zurückkehren konnte. Zu Hause warteten Geborgenheit und Sicherheit auf mich. Jetzt wartet die Leere.

58

Eine Nacht ohne Schlaf wird zum Morgen. Wir sitzen um einen Tisch herum, und niemand sagt etwas. Wir haben es nicht gleich bemerkt, aber Aleksandr ist weg. Wir sehen auf den Zimmern nach, kein Aleksandr.

»Sein Minivan ist verschwunden«, sagt Michael und zeigt auf den Parkplatz. »Wenigstens haben wir ihn noch nicht bezahlt.« Er zögert kurz und überlegt. »Ich erledige das, wenn wir wieder zu Hause sind. Einen Großteil seines Geldes hat er sich ja verdient.«

Als wir an die Rezeption treten, breitet der Wirt entschuldigend die Arme aus, als sei der nächtliche Angriff seine Schuld. Seinem Sohn geht es den Umständen entsprechend gut. Ein Arm und die Schulter sind unter dicken Verbänden versteckt. Der Junge ringt sich ein Lächeln ab, nach der hektischen Nacht ist sein Gesicht immer noch schmutzig. Aber er hat es mit der Muttermilch aufgesogen: Das Wohlbefinden der Gäste steht stets an erster Stelle.

»Wie zum Teufel sollen wir jetzt von hier wegkommen?«, sage ich laut und deutlich. Ich will nicht länger hier sein als unbedingt nötig, und die anderen scheinen mir zu entspannt, zu unbekümmert. Jemand muss etwas unternehmen, wir müssen hier weg.

»Kannst du uns nach Donezk fahren?«, frage ich den Wirt. Ich wende mich an Michael, Arnaud, Nenad und Tara. »Dann können wir unsere Sachen aus dem Hotel holen, und anschließend bringt er uns zum Flughafen.« Ich zeige auf den Wirt, während die anderen ihre Portemonnaies zücken und in ihren Taschen herumkramen. Wir bieten dem Wirt alles Geld an, das wir bei uns haben. Dollars, Hrywnja, Rubel.

»Das ist mir zu riskant.« Er schaut auf das viele Geld auf dem Tresen und auf die umfangreichen Schäden. Die zerstörten Wände, die Löcher in den Decken, die zerborstenen Scheiben. So wie es aussieht, kann man das Hotel eigentlich nur noch in die Tonne treten. »Aber es gibt noch einen Flughafen in Dnipropetrowsk.« In seiner Stimme blitzt Hoffnung auf; das Geld kann er gut gebrauchen.

Unsere Blicke flattern unruhig hin und her. Was ist mit Steve? Wir können ihn nicht mitnehmen. Er muss auf dem örtlichen Friedhof begraben werden. Tara verspricht, seine Familie zu unterrichten.

»Okay«, sagt Michael. Es ist seine Entscheidung, denn es liegen noch Teile seiner Fotoausrüstung im Hotel in Donezk.

Der Morgen offenbart die Narben. Eine Granate hat ein rußgeschwärztes Loch unter ein Klettergerüst vor einem Haus gegraben. Aus dem tiefen Krater steigt immer noch Rauch auf. Die Fassade des Gebäudes ist weggesprengt, und ich kann in die Küche sehen. Ein schmiedeeiserner Ofen, eine Kaffeekanne auf dem Tisch, ein Aschenbecher. Eine Frau sitzt inmitten der Ruine. Sie verbirgt das Gesicht in den Händen. Glasscherben blinken in der Morgensonne, eine Straßenlaterne ist in sich verdreht wie Spritzgebäck, auf einer Wiese liegt ein verkohlter Klumpen. Ich glaube, es war ein Mensch. Die Mörserstellung vor der Stadt ist zerbombt. Übrig geblieben ist nur eine Vertiefung im Boden.

Ein kleines Huhn läuft am Straßengraben entlang, in dem ein Pferd liegt. Seine Beine zeigen steif in die Luft, der Bauch ist ein offenes Tor zu den Organen. Ich kurble die Scheibe hoch; der Gestank des Todes ist zügellos.

Hier ist der Krieg nicht Politik, sondern Resultat der Politik. Hier gibt es tote Männer, Frauen, die sie vermissen werden, und Kinder, die zu Vaterlosen wurden. Die Ukrainer sterben in hellen Scharen. Krieg ist Verstümmlung, Armut, Heimatlosigkeit und Hoffnungslosigkeit. Die Welt versucht nach wie vor, Probleme zu lösen, indem Völker sich gegenseitig umbringen. Niemand hat aus den Kriegen der Vergangenheit gelernt. Die Menschheit ist bemerkenswert dumm. Wie kann sich jemand zum Sieger eines Krieges erklären? Der, der am wenigsten Opfer gebracht hat, kann sich Siegermacht nennen. Die Logik des Krieges ist unlogisch. In was haben wir uns verstrickt? Wir verstehen diesen Krieg nicht. Er ist unübersichtlich, wer kämpft gegen wen? Schießt die Regierung auf ihr eigenes Volk? Libyen war leicht zu verstehen: ein böser Diktator gegen das Volk. Mali war leicht zu verstehen: Islamisten gegen den Rest. Die Ukraine ist im Sturzflug. Nichts raubt einem Land so sehr die Kräfte wie ein Krieg. Er hat gerade erst angefangen, aber die Ukraine ist bereits erschöpft.

Außerhalb der Stadt gehen Leute die Straße entlang. Gehen weg. Kopfschüttelnde, verstörte Menschen. Sie sehen durch uns hindurch. Sie alle werden Terroristen genannt, aber sie haben keine Waffen.

Ein Stück weiter ist Aleksandrs Auto rechts rangefahren. Der Blinker tut noch seinen Dienst. Die Kugeln haben die Kopfstütze durchschlagen, sie ist blutdurchtränkt. Schusslöcher haben sich in die Motorhaube gebohrt, wie Kinderfinger in feuchten Lehm. Auf dem Armaturenbrett liegt die Karte der Ukraine. Das Papier ist durchlöchert und zerfetzt, das Land schwimmt in frischem Blut. Ich will Aleksandr sehen und will es am liebsten doch nicht. Er ist auf den Beifahrersitz gekippt. Der Körper liegt in einem unnatürlichen Winkel über dem Schaltknüppel. Warum musste er sterben? Er war doch nur auf dem Weg nach Hause.

Nenad drückt seine Augen zu. Schweigend und mit beinahe sichtbaren Gedanken fahren wir weiter. Jeder von uns sitzt in seiner Welt, und keiner will aus dem Wagen steigen. Während der langen Fahrt überqueren wir blaue Flüsse, kommen durch grüne Gegenden, in denen es den Krieg nicht gibt. Hier gehen die Leute zur Arbeit, aufs Feld, einkaufen, sitzen beim Mittagessen und blicken gutmütig auf ihre Kinder, die aus tiefen Tellern schlürfen.

Der Signalton einer SMS. Michael checkt sein Handy. Als wäre es ein Stück Seife, entgleitet es ihm, ohne dass er es zu bemerken scheint. Leuchtend liegt es am Boden des Fahrzeugs. Ich hebe es auf und will es ihm geben. Er atmet nicht. Die SMS enthält einen Link zu einem Nachrichtenportal, und was dort steht, muss dazu geführt haben, dass er das Telefon fallen ließ. Ich lese den Text. Die Buchstaben brennen auf dem Display. Ich lese, schließe die Augen. Nicht David.

Zwei britische Fotografen, David Hanley und Paul Carver, kamen gestern in der ukrainischen Stadt Slowjansk ums Leben. Sie hielten sich in der Vorstadt Semeniwka auf, als diese unter Artilleriebeschuss genommen wurde. Semeniwka beheimatet ein Krankenhaus der Separatisten und ist außerdem als Verkehrsknotenpunkt mit Charkiw im Norden, Donezk im Süden und Russland im Osten von Bedeutung. David Hanley arbeitete als freiberuflicher Fotograf, während Paul Carver jahrelang für The Times von Kriegen und Konflikten berichtete. David Hanley hinterlässt eine Tochter aus einer früheren Beziehung, Paul Carver eine Frau und zwei Kinder.

An irgendeiner undefinierbaren Stelle meines Körpers wusste ich, dass es passieren kann. Dass ich jemanden verlieren könnte, den ich kenne. Ich hatte nur nicht damit gerechnet, dass es David sein würde. Aus irgendeinem Grund schien der hochgewachsene, joviale Engländer der am wenigsten Sterbliche von uns zu sein. Vielleicht wegen seines Humors. David wirkte unverletzlich, denn Männer seiner Sorte sterben nicht, jedenfalls nicht früh. Sie sterben an Altersschwäche, nach einem guten und langen Leben. Und genau das hatte David verdient. All die Geschichten, die er seinen Enkeln hätte erzählen können und die sie wohl kaum geglaubt hätten.

Nachdem sich die Nachricht in dem Auto auf dem Weg zum Flughafen nach Dnipropetrowsk verbreitet hat, verwandeln wir uns in einen Trauerzug. Mit einem Mal wird deutlich, wie unterschiedlich Menschen reagieren. Taras Kopf sinkt auf Arnauds Schoß. Sie zittert. Seine tröstende Hand an ihrer Wange. Tränen kullern aus ihren Augen. Der Schmerz füllt die Furchen in Michaels Gesicht. Er hat einen engen Freund und Kollegen verloren, und vielleicht denkt er auch, dass es genauso gut ihn hätte treffen können. Es gibt nicht viele seiner Art, und mit Davids Abgang noch einen weniger. Sein Gesicht, das zu einer Maske geworden ist, hat die graue Farbe seiner Haare angenommen. Er weint nicht, aber alles an ihm sieht verkrampft und gequält aus.

59

Ein Nachhausekommen ins Nichts. Die Wohnung ist unfreundlich und schweigsam, obwohl ich doch genau das Gegenteil brauche. Werfe meinen Rucksack in den Flur, meinen Körper auf das Sofa. Ich weine leise. Ich wusste immer, dass der Absturz kommen könnte. Er musste kommen. Meine Touren können nicht ohne Wirkung auf mich bleiben. Bevor Michael und ich über die Grenze nach Libyen gingen, fragte ich mich, wie ich reagieren und wer ich in einem Kriegsgebiet sein würde. Ich dachte, ich wüsste es, aber nach Davids Tod weiß ich nichts mehr.

Bisher war ich immer in der Lage gewesen, meine Touren von meinem Alltag zu trennen. Jetzt überwältigt die Wirklichkeit mich und wird zu Tränen. Ich zerstöre mich selbst. Liege wie totes Gewebe hier auf dem Sofa. Die Bilder in meinem Kopf sind wie Michaels Fotografien: beschreibend, entsetzlich, grauenvoll, unmenschlich. Aber ich kann sie nicht abschütteln. Sie sind ständig da. Ich sehe Steve und den Hund, der sein Blut von der Erde aufleckt. Ich stelle mir David vor. Der Körper ist entstellt, das Fleisch hängt in Fetzen. Ich habe Albträume, aber ich schlafe nicht. Der Zusammenbruch füllt das Zimmer aus, der Körper zittert, die Gedanken donnern und reißen neue Tränen heraus. Ich bin ein physischer Rest. Niels ist noch in der Ukraine.

Nach ein paar Stunden stehe ich auf. Lasse meine Klamotten auf den Boden fallen. Völlig nackt stehe ich mitten im Zimmer. Gehe ins Badezimmer und stelle die Dusche an. Das Wasser verschafft mir nicht die Reinigung, nach der ich suche. Ich werde nur nass, und der Boden wird rutschig.

Später nehme ich alles aus dem Rucksack und werfe es in den Wäschekorb. Früher habe ich die fürchterlichen Erlebnisse einfach abgelegt, wenn ich nach Hause kam. Indem ich auspackte, habe ich sie weggepackt. Sie blieben im Rucksack, den ich immer in den Keller stellte, oder wurden mit vierzig Grad weggewaschen. Rückblickend blieben nur die guten Erfahrungen übrig, die romantisierte Version der Erzählung, obschon die Wirklichkeit eine andere war. Aber heute ist alles eine bleibende Erinnerung.

Ich wechsle die Bettwäsche. Drehe den frischen Bezug auf links und schaffe es im zweiten Versuch, das Plumeau wieder zu beziehen. Das Bett fühlt sich unbequem an. Es will sich keine Ruhe einstellen. Ich wälze mich hin und her, vielleicht ist der Schlaf ja doch irgendwo. Dann gebe ich auf, gehe zum Kühlschrank und nehme ein Bier heraus. Ich trinke es langsam, an dem kleinen Küchentisch sitzend, wo ich die nächsten Stunden verharre.

60

Der Morgen ist still. Der Spiegel entlarvt die Nacht in meinem Gesicht. Es ist aufgedunsen und hässlich. Es geht mir besser, aber nur, weil ich es so beschlossen habe. Ich muss zur Arbeit, also muss ich mich zusammenreißen. Ich bin zwei Personen: eine Fassade, die lächeln und reden muss, und all das dahinter, das Chaos, die Unruhe, die Gedanken.

Während ich frühstücke, kommt eine SMS von Mathias, und wir verabreden, dass ich ihn zum Gymnasium mitnehme. Er hat bei seiner Freundin übernachtet, die ich noch nicht kennengelernt habe. Es ist, als sei ich ihm peinlich. Einmal hat er von Julies Eltern erzählt. Es klang, als sei ihr Vater ein Rockstar, dabei ist er wohl doch bloß Journalist bei der Lokalzeitung.

Er steht auf dem Gehsteig vor ihrem Haus. Das Handy in seinen Händen vibriert bereits wie ein Bohrhammer, als er einsteigt. SMS, Messenger, Tweets, es geht so schnell, und ich bin so alt. Nach wie vor weiß ich nichts über ihn. Ich weiß, dass er in die Zwölfte geht, dass er mit Julie zusammen ist und mit dem Fußball aufgehört hat (wohl, um mit Julie zusammen zu sein). Das ist alles. Er starrt weiter auf das Handy. Der Nacken wirkt unnatürlich abgewinkelt. Ich erzähle ihm nichts von dem, was ich erlebt habe, nichts darüber, wie es mir geht und was ich fühle. Er soll sich keine Sorgen um seinen Vater machen.

»Weißt du schon, worüber du deine Arbeit in Geschichte schreiben willst?« Ich versuche, die Auswirkungen der Nacht aus meiner Stimme auszublenden.

»Nein.«

»Oder vielleicht doch lieber in Dänisch?«

»Weiß ich noch nicht.«

Fünf Worte aus Mathias' Mund reichen an den bisherigen Rekord unserer seltenen gemeinsamen Fahrten zur Schule heran. Wir ökonomisieren unsere Gespräche. Sie sind effektiv bis ins Mark. Ich bemühe mich, aber es ist, als würde man einen Ball gegen eine Mauer werfen. Heute passt mir das gut.

Auf dem Parkplatz steht Lars neben seinem Auto, einem Ford, Mazda oder Opel, der wesentlich teurer ist als meine grüne Scheidungsentschädigung. Ich fahre bis zum anderen Ende des Parkplatzes. Vielleicht habe ich Glück, und Lars ist schon weg, bis wir ausgestiegen und bei seinem Wagen sind. Mathias sieht mich verwundert an.

»Es schadet deinen Beinen nicht, wenn du mal ein paar Schritte läufst«, sage ich und klinge, wie ein Elternteil klingen soll.

Ich nehme meine Tasche vom Rücksitz, werfe die Tür zu und blicke über das Dach des Autos. Lars ist weg, also keine Konfrontation mit meinem schlechten Gewissen.

Gerade, als wir an seinem Wagen vorbeigehen, kommt er aus dem Gebäude gerannt.

»Hab was vergessen. Bist du wieder fit, Niels? So eine Grippe kann ganz schön hartnäckig sein.«

Ich nicke und versuche, wie jemand auszusehen, den die Krankheit zehn Tage lang auf die Bretter geschickt hat. Ich huste, als wir weitergehen.

»Du hattest doch gar keine Grippe. Du warst doch weg.«
Mathias' vorwurfsvoller Blick versetzt mir einen Stich in die
Brust. »Ich muss das tun.«

»Whatever«, sagt Mathias und schließt sich ein paar
Klassenkameraden an.

Unauffällig schleiche ich mich ins Lehrerzimmer,
gieße mir eine Tasse lauwarmen Kaffee aus der Kanne ein.
Wenigstens schmeckt er besser als der aus diesen neumodischen
Maschinen mit tausend Knöpfen. Im Laufe des Tages gehe ich
Unterhaltungen mit den Kolleginnen und Kollegen so weit wie
möglich aus dem Weg. Mechanisch spule ich den Unterricht
ab und treibe mich auf den Fluren herum, bis der Tag zu Ende
ist. Ich bin wie eine Hülle ohne Inhalt, und alles Spannende in
meinem Leben liegt hinter mir.

Nachts habe ich Albträume, die mich wecken. Ich sehe
bewaffnete Männer mit Masken vor den Gesichtern. Ich bin
allein. Sie stürmen das Hotel und brüllen in Sprachen, die ich
nicht kenne. Überall Glassplitter und Explosionen. Und Blut.
Annemette ist nicht da, um mich zu halten. Mehrere Nächte
lang kehren die Männer zurück und reißen mich gewaltsam aus
dem Schlaf. Ich besorge mir einen Termin bei meinem Arzt, der
nicht begeistert darüber ist, mir Schlaftabletten zu verschreiben.
Er tut es trotzdem und ermahnt mich eindringlich, vorsichtig
zu sein, um nicht davon abhängig zu werden.

Leider gibt es keine Tabletten gegen die Bilder in meinem
Kopf.

61

Einerseits ist Michael der Einzige, der mich versteht, andererseits will ich ihn nicht sehen, denn er erinnert mich an alles, was
ich in den letzten Monaten zu vergessen versucht habe. Aber
ich rufe ihn an. Das Gespräch ist holprig. Ein Bier zusammen
trinken und diese ganzen Klischees, und seine Stimme klingt
unnatürlich. Ich spüre etwas dahinter: Er verbirgt etwas vor mir.

Am Samstag entscheide ich mich, ihn unangemeldet zu
besuchen. Als er die Tür öffnet, sehe ich es sofort. Nicht nur
ich bin gezeichnet. Sein Gesicht ist konturlos, die Züge sind
verschwommen. Er schläft nicht. Sein Hemd ist faltig, sogar
seine Tätowierungen sind faltig. Die Hose ist nicht zugeknöpft,
unten schauen nackte Zehen heraus.

»Niels.« Er klingt überrascht und rau.

Wir setzen uns ins Wohnzimmer. Der Tisch ist mit Fotos in
allen Größen bedeckt. Er fegt einige mit der Hand beiseite, und
ein voller Aschenbecher kommt zum Vorschein. Eine Zigarette
flammt vor seinem Gesicht auf. Ich frage nach einigen der Bilder.
Er hat sie in Wasiristan gemacht, nach einem Drohnenangriff.
Für einen Moment nimmt seine Stimme einen sarkastischen
Ton an, als er von der Präzision der Drohnen erzählt. Die
Motive sind blutige Kleidung, Körperteile und zerfetztes

Fleisch. Es war irgendeine Feier, wahrscheinlich ein Geburtstag oder eine Hochzeit. Sie nennen es Nadelstichoperationen und zielgenaues Bombardement, denn dann hört es sich so an, als gebe es keine zivilen Opfer. Die Wahrheit ist eine andere; das zeigen die Aufnahmen. Michael seufzt laut und lange.

Die Einsamkeit in der Wohnung lässt den Aschenbecher überquellen und ist mit markanten Strichen in Michaels Gesicht gezeichnet. Ich studiere die Fotografie aus Izmit, die an der Wand hängt, während er in die Küche geht und den Aschenbecher leert. Ich werde nie damit fertig sein, nie auf den Grund der Gesichter dieser Familie vordringen. Das Motiv beeindruckt und hallt lange nach, das Drama kommt so nah, ist intensiv bis ins kleinste Detail. Es beinhaltet so viel: Trauer, Verzweiflung und auch einen schwachen Schimmer Hoffnung. Letzteres ist es, was das Bild so einzigartig macht. Es stellt alles dar, was ich selbst erlebt habe. Es fängt meine Gefühle ein, darum wirkt es so anziehend auf mich. In dem Augenblick, in dem Michael auf den Auslöser drückte, wusste er, dass er einen Preisgewinner hatte.

»Das Bild ist fast schon Kunst«, sage ich, als er zurückkommt.

»Manchmal betrachte ich meine Arbeit tatsächlich als Kunst. Wenn man gesehen hat, was ich gesehen habe, ist es wohl eine Art, es ertragen zu können. Zu versuchen, die Schönheit im Grauen zu finden. Aber wenn ich es als Kunst bezeichne, wirft man mir vor, ein Zyniker zu sein.«

»Was ist aus der Familie geworden?«, frage ich.

»Wie meinst du das?«

»Hast du ihnen geholfen?«

»Ich habe doch das Bild gemacht. Um der Welt die Augen zu öffnen für die schreckliche Situation nach dem Erdbeben.«

»Aber hast du ihnen etwas zu essen gegeben oder so?«

»Nein, zum Teufel. Dafür ist in solchen Augenblicken keine Zeit.« Er nimmt noch eine Zigarette aus dem Päckchen.

»Haben sie überlebt?«

»Das weiß ich nicht.«

Eine Weile wird unser Schweigen vom Straßenlärm unter uns übertönt. Ich stehe auf und stelle mich ans Fenster. Ein Umzugswagen lärmt unsere Worte weg. Ein Feuerzeug zittert hinter mir, und Michael bläst hörbar Rauch aus. Der schwache Funke Hoffnung, den ich in dem Bild gesehen habe, war vielleicht nur meine eigene Interpretation. Die Familie ist genauso tot wie Michaels Augen. Wie meine. Ich drehe mich um und sehe ihn an. Es ist sonnenklar, dass er wochenlang nicht draußen war, höchstens um Pizza und Zigaretten zu holen.

»Lass uns einen Spaziergang machen.« Ich sage es auch um meinetwillen. Wir gehen in den Nørrebropark. Ich sehe hinüber zum Spielplatz, als wir daran vorbeikommen. Kinder klettern auf einem abgestürzten Flugzeug aus Holz herum. Sie werden mit Sonnencreme eingeschmiert, essen Dinkelkekse, die in ihre klappbaren Kinderwagen bröseln, oder schaukeln mit einem Ziehen im Magen. Wir setzen uns auf eine Bank wie zwei alte Männer, die Brotkrumen für die Tauben dabeihaben.

Michael seufzt wieder. Es ist ein Teil von ihm geworden. »Ich glaube, ich bin verdammt noch mal fertig, Niels. Von jetzt an gibt es nur noch Hochzeitsporträts und Blumenmotive. Ich leide an posttraumatischem Stress, sagen sie. Ich funktioniere einfach nicht mehr. Ich bin nicht mehr ich selbst.« Langsam fährt er sich mit der Hand durch die Haare. »Der Arzt hat mir sogar Stimmungsaufheller verschrieben.«

In dem gequälten Gesicht ist der alte Michael kaum noch zu entdecken. Es fällt mir schwer, ihn mit Stimmungsaufhellern in Verbindung zu bringen, der billigsten Therapie, die Dänemarks Gesundheitssystem zu bieten hat. Vielleicht brauche ich selbst nur mehr Serotonin, um wieder gute Laune zu haben.

»Die Kriege haben sich verändert, sind viel gefährlicher für uns geworden«, sagt Michael resignierend. »Gleich nachdem wir aus der Ukraine zurück waren, bin ich nach Bayeux gefahren. Dort steht das Reporters Memorial, eine Gedenkstätte für alle Reporter, die seit 1944 in Ausübung ihres Berufs gestorben sind. Es sind Namen dabei, die ich kenne: Tim Hetherington, Marie Colvin oder Chris Hondros, und da habe ich seinen Namen entdeckt, zwischen all den anderen. Erinnerst du dich noch an den Deutschen, der in Misrata von einer Mörsergranate getroffen wurde?«

Ich nicke.

»Ich dachte, er wäre ein verfluchter Anfänger, aber er war einer von uns. Meistens war er in Südamerika unterwegs, deshalb kannte ich ihn nicht. Jetzt hat er einen Namen: Martin Blum.«

Hilfe. Blum. Ich höre, wie der Deutsche die Worte flüstert, bevor der Schock ihn verstummen lässt. Er verdreht die Augen, sodass das Weiße zu sehen ist, in rotes Blut getunkt, die Farben des Dannebrog. Ich habe seinen Todeskampf beobachtet. Er war der Erste, den ich habe sterben sehen. Martin Blum.

»Auf dem neuesten Stein werden bald David Hanley und Paul Carter stehen. Jedes Jahr kommen Namen dazu. Vielleicht eines Tages meiner?« Michael lacht unfröhlich. »Ich bin so geworden wie die, von denen ich mich immer distanziert habe, *War Rabbits,* die Kriegs-Hopping betreiben, wie es ihnen gerade passt.« Er erzählt von unmotiviertem Herzklopfen, zitternden Händen, zu hohem Blutdruck, Anspannung und Rastlosigkeit im Körper. Er steht ständig unter Strom, und er kann nicht schlafen, wegen der Kopfschmerzen und der Gedanken.

»Manchmal ist es einfacher, irgendwo einzuschlafen, wo dir die Bomben um die Ohren fliegen.«

»Hast du auch nachts Albträume?«

»Ja, auch nachts.«

Er will noch etwas sagen, hält sich aber dann zurück.

»Michael?«

Er schüttelt entschuldigend den Kopf. »Ich habe Blackouts.«
Seine Stimme klingt rau wie Sandpapier. »Ich habe zum Henker
mehr Angst davor, einsam zu sein, als vor einer Tour nach
Mogadischu. Früher wollte ich die Welt verändern. Jetzt ist da
nur noch eine seltsame Leere.«

Inzwischen kenne auch ich die Einsamkeit, die schwe-
ren Augenblicke, in denen die Sprache zu kurz greift, Worte
nicht mehr genügen. Michaels Leben und Sprache ist der
Krieg, wie soll er da mit anderen als mit mir reden können?
Und umgekehrt. Kommt man nach Hause, unterhalten sich
andere über Belanglosigkeiten, als ginge es um Leben und
Tod: Backwettbewerbe, Wer-hat-das-schlaueste-Kind-Shows
und solchen Kram. Dieselben Menschen setzen uns auf die
Anklagebank in ihrem Gerichtssaal aus Kleingeistigkeit und
Missgunst. Führen uns dem Schwurgericht mit seinen gestren-
gen Mienen vor, dem Richter, der das Urteil schon gefällt hat,
bevor der Kronzeuge hereingebracht wird. Hier sitzen wir, und
wir kennen den Ausgang der Verhandlung. Ihr seid doch scharf
darauf, sagen sie.

Vielleicht sind wir scharf darauf, aber wir wollen Teil von
etwas Größerem als Small Talk über Talentshows sein. Was
Michael betrifft, so ging es um die Bilder, darum, im Kopf
von Herrn und Frau Dänemark ein Licht anzuzünden. Ein
Pflichtgefühl. In meinem Fall war es die Langeweile, die mich
in die weite Welt trieb. Libyen war etwas Besonderes, der emo-
tionale Sieg, der Sturz des Diktators. Keine der anderen Touren
erreichte die gleichen Höhen wie Libyen. Es gab keine Volksfeste
mehr, keine Euphorie.

Was Michael und ich erlebt haben, hinterlässt tiefe Spuren
im Kopf. Über viele Jahre hinweg hat sich ein riesiger Krater in
Michaels Leben gebildet, und in relativ kurzer Zeit ein Loch in
meinem. Wir haben David verloren, und auch der Verlust von

Steve hat uns getroffen. Keiner von uns mochte ihn, aber er war einer von uns. Unmittelbar nach seinem Tod hat jemand eine Facebook-Seite aufgemacht, R.I.P. Steve Eustace. Vielleicht ein Freund oder Verwandter? Darauf beweinen Leute seinen Abgang, dieselben, die den unsympathischen Engländer zum Teufel gewünscht haben, als er noch am Leben war. Jetzt huldigen sie ihm und nennen ihn ihren besten Freund, als wollten sie Anteile an der Trauer über ihn erwerben. Aber sie wissen nicht, was Trauer ist.

»Ich habe ein verdammt schlechtes Gewissen dir gegenüber.« Michael schabt mit dem Fuß über die Erde vor der Bank. »Weil ich dich überredet habe, mitzukommen.«

»Ich hätte ja Nein sagen können.«

»Ich hätte dir erzählen sollen, dass diese Orte nichts für normale Menschen sind. Sie zerstören die Seele. Meine Arbeit hat mich zerstört.« Sein Blick hüpft auf und ab wie die Bohrhämmer, die am anderen Ende des Nørrebroparks lärmend die Metro unter die Erde treiben. Er will mich ansehen und will es doch nicht. Sich vielleicht anvertrauen. Sein Fuß zeichnet einen Kreis in den Kies des Weges. »Und weil ich selbst beschissen schlecht darin bin.« Er zögert. »Vielleicht habe ich unbewusst versucht zu zerstören, was zwischen dir und Annemette war.« Er redet weiter. »All das, was ich gesehen habe, zerstückelte Leichen, tote Kinder, die ich in meinen Armen gehalten habe.« Er hat die Kontrolle über seine Stimme verloren. »Ich vertraue nur mir selbst. Mein Job macht mich einsam. Man sollte doch glauben, da draußen wäre man einsam, dabei ist man es hier zu Hause. Ehe, Einkaufen und das Ganze ist zu banal. Es ist eine Konstruktion. Deshalb hat es gutgetan, dich dabeizuhaben. Du warst mein Bindeglied, einer, dem ich die Geschichten erzählen konnte, und einer, der sie verstehen konnte, weil du dort gewesen bist. Vielleicht habe ich dich ausgenutzt, als Schutzschild gegen die Einsamkeit in Dänemark. Ich hoffe, du verstehst das.«

Ich will den Arm um ihn legen, aber er erhebt sich. Steht unschlüssig vor der Bank, geht ein wenig in die Knie.

»Meine Ehe habe ich ganz allein ruiniert«, sage ich.

Er redet weiter, als habe er mich nicht gehört. »Früher konnte ich mit Mette reden, und davor mit Majken. Aber jetzt darf ich mich Mette nicht mehr nähern. § 265 Strafgesetzbuch. Ich habe sie belästigt, sie hat eine einstweilige Verfügung erwirkt, genau wie Majken.«

»Warum das denn?«, frage ich ungläubig.

Er schüttelt den Kopf. »Weil ich mich wie ein Idiot benommen habe.«

62

Ich schließe die Haustür auf, und das Geräusch meiner Schritte hallt im Treppenhaus. Seit Michael von den einstweiligen Verfügungen erzählt hat, kreisen Fragen in meinen Gedanken. Was hat er getan? Hat er sie geschlagen? Es wird unsere Freundschaft zerstören, wenn ich nachbohre. Ich glaube, er denkt, dass er jetzt alles gesagt hat. Also reden wir nicht mehr darüber.

Ich treffe mich mit Cecilie und Mathias zum Abendessen. Es ist mein Geburtstag, und ich habe sie eingeladen. Ich warte am alten Schlachthofviertel auf sie. Man sieht ihm den Namen kaum noch an. Es ist lange her, dass hier Schlachtvieh an Fleischhaken hing, heute schießen Restaurants, Bars, Galerien und Crossfit Gyms aus dem Asphalt.

Ich betrachte Cecilie und Mathias von Weitem. Sie schieben ihre Räder über den Halmtorvet. Der Anblick macht mich glücklich. Plötzlich packt mich Wehmut, denn ich vermisse sie. Sowohl so, wie sie sind, als auch so, wie sie waren. Cecilie, die Erstgeborene, und Mathias, der Jüngere. Die Begeisterung über die Freude der kleinen Kinder, die Welt zu entdecken, zuzusehen, wie sie groß und erwachsen werden. Damals war ich tatsächlich ihr Vater. Heute bin ich es auf dem Papier. Ich drücke sie an mich und merke, dass es ihnen zu lang dauert.

Wir gehen ins Mother, eine Pizzeria. Cecilie hat einen Tisch reserviert. Wir bestellen bei einer Bedienung, die nur Englisch spricht, Cecilie und ich eine Flasche Rotwein, Mathias ein Somersby. Ich gehe zur Toilette. Als ich zurückkomme, liegt ein Umschlag auf meinem Teller. Für Papa. Ich bemühe mich, erwartungsfroh auszusehen, während ich ihn aufmache. Es ist ein Gutschein für Spejder Sport, wo man sich für alle erdenklichen Outdoor-Aktivitäten eindecken kann.

»Danke euch beiden.«

»Er ist auch von Mama.«

»Grüßt sie, und sagt ihr Danke von mir.«

»Redet ihr nicht mehr miteinander?«, fragt Cecilie.

»Doch, aber nicht so oft.«

Mathias sieht Cecilie verstohlen an. Sie erwidert den Blick. Irgendetwas geht zwischen ihnen vor.

»Was ist denn?«, frage ich.

Sie antworten nicht. Überhören die Frage, fühlen sich aber augenscheinlich nicht wohl in ihrer Haut.

»Ist was passiert?«

»Mama hat einen neuen Freund.« Erschrocken sieht Mathias Cecilie an, während er es sagt.

Die Neuigkeit trifft mich hart. Ich kann nicht genau sagen, wo, aber an einem Punkt oberhalb des Zwerchfells. Ein unvermitteltes Ziehen. Meine beiden Kinder sehen mich an, als hätte ich gerade einen Kinnhaken einstecken müssen, und sie warten ab, ob ich zu Boden gehe oder nicht. Entschuldigend schauen sie mich an, es waren ja ihre Worte, die mich getroffen haben. Ich versuche, mir nichts anmerken zu lassen, und rede weiter. Eigentlich möchte ich am liebsten über etwas anderes sprechen, aber ich kann nicht.

»Habt ihr ihn schon kennengelernt?«

»Er hat drei Kinder. Mathias geht mit dem zweitältesten in eine Klasse.«

»Dann kenne ich ihn?«

»Es ist Torben. Der Tennistrainer.«

»Wie hat sie ihn kennengelernt?«

»Beim Tennis.«

»Spielt Mama jetzt Tennis?«

Unsere Pizzen kommen. Ich versuche zu verdauen, was meine Kinder erzählt haben. Es ist so unerwartet. Ich sehe Cecilie an. Ich glaube, sie wollte noch damit warten, es mir zu sagen. Nicht an meinem Geburtstag. Aber das hat nichts zu bedeuten. Ich habe ja wohl einen Anspruch darauf zu wissen, dass Annemette das Sofa nicht nur mit Herkules teilt, oder? Hängt Torbens Morgenmantel an der Innenseite der Schlafzimmertür? Schläft Torben mit meiner Frau? Ich betrachte Mathias. Behandelt Torben ihn, als sei er sein Sohn? Zieht Mathias bald zu Hause aus? Mit Julie zusammen? Ich tröste mich damit, dass Torben ja nicht eingezogen ist, aber vielleicht kommt das noch.

»Wie läuft's mit Julie?«, frage ich, um das Thema zu wechseln.

Mathias bleibt stumm. Mit einem Fingerknöchel schlägt er leicht gegen sein Glas. Ich kann nicht erkennen, ob er vorhat, zu antworten. Wahrscheinlich weiß er es selbst nicht. Ich hätte wohl besser nicht gefragt.

»Stimmt was nicht?«

Ein Achselzucken.

»Ist irgendwas mit Julie?«

Zögernd kommt die Antwort. »Wir sind nicht mehr zusammen.«

Ich neige den Kopf ein wenig zur Seite und sehe ihn an. Er blickt zu Boden.

»Tut mir leid zu hören.«

»Mm.«

Ich will ihn trösten, all das sagen, was ich damals nicht gesagt habe, als er unglücklich vom Internat nach Hause kam, oder all das, was jemand mir nach der Scheidung hätte sagen sollen. »Ich weiß, das hilft dir jetzt gerade nicht besonders, aber das sind Dinge, durch die man sich weiterentwickelt, als Mensch. Man entwickelt sich sein ganzes Leben lang weiter.« Ich trinke einen Schluck Wein. »Gott sei Dank tut man das.«

»Ich weiß.«

»Schau mich an, und wie meine Touren mir geholfen haben, mich weiterzuentwickeln.«

Mathias blickt auf. Plötzlich ist Trotz in seinen Augen. Es scheint Jahre her zu sein, dass wir uns so richtig angesehen haben. »Was ist das für ein verdammter Mist, Papa? Du hast dich doch kein bisschen weiterentwickelt.«

Verdutzt sehe ich ihn an.

»Du bist nur der Einzige, der das nicht mitkriegt.«

»Vielleicht hast du recht.« Die Worte sollen mir Frieden erkaufen. Ich verkrafte es jetzt nicht, mich mit meinen Kindern zu streiten. Ich schaue Cecilie an. Sie wendet sich ab.

»Habt ihr Lust auf einen Nachtisch?«

»Tut mir leid, war nicht so gemeint.« Mathias spricht in meine Schulter, als wir uns zum Abschied umarmen.

»Ist schon okay.«

Ich gehe nach Hause. Den Sønder Boulevard, den Enghavevej und hinterm Vestre Kirkegård entlang. Ich bin Mathias nicht böse; sein Ausbruch macht mich eher stolz. Für mich war er ein verwöhnter, egoistischer Teenager, und irgendwo in mir habe ich befürchtet, dass ich dafür die Verantwortung trage. Aber dahinter steckt ein verantwortungsbewusster junger Mann, der Stellung bezieht. Ein junger Mann, wie ich ihm nur allzu selten begegne. Und hat er vielleicht recht? Ich habe mir eingebildet, dass es einen Niels vor den Touren gab und einen danach, habe mich als eine Art Niels 2.0 gesehen. Aber nichts hat sich geändert. Ich bin nur ein Zuschauer, ein Voyeur. Lange ist der Gedanke an den Wänden entlanggeschlichen, und ich habe versucht, ihn zu ignorieren. Jetzt hat mein Sohn ihn in Worte gefasst.

Annemette ist weitergekommen mit ihrem Leben, während ich mich vom Leben zurückgezogen und eingeschlossen habe. Für mich zerfällt alles. Haben meine Touren überhaupt irgendetwas in mir ausgelöst? Ist alles an mir nur Oberfläche? Oder ist es die Sache mit Julie, die ihn so wütend macht?

63

Es ist Samstag. Die Wochenenden können lang sein, wenn man nichts zu tun hat. Jetzt, da ich weiß, dass Annemette wieder mit jemandem zusammen ist, bringe ich es nicht über mich, sie anzurufen. Auf dem Flur höre ich ein Geräusch. Der Zeitungsbote muss verschlafen haben. Ich öffne die Tür, und auf der Matte liegen die *Information* und die *Politiken*. In der Küche mache ich mir Kaffee und setze mich mit den Zeitungen an den Tisch. Zuerst blättere ich die *Politiken* durch.

Meine Kaffeetasse steht auf der *Information*, und als ich sie anhebe, um zu trinken, ist ein brauner Kreis dabei, sich durch das Zeitungspapier zu arbeiten. Hastig nehme ich die Tasse weg und blättere die Zeitung auf, um zu sehen, wie weit der Kaffeerand gekommen ist. Verblüfft stelle ich mein Tun auf Seite zwölf ein. Es ist nur ein kurzer Artikel, und das Bild ist unscharf, aber ich irre mich nicht. Er ist es. Aus meiner Ausgabe der *Information* sieht er mich an. Das kantige Gesicht, der angespannte Blick. Es ist Nenad.

Dreimal muss ich den Text lesen, bis ich ihn verstehe. Das Kriegsverbrechertribunal in Den Haag hat ihn angeklagt. Jahrelang wurde nach ihm gefahndet, wegen Mordes an Kroaten, Bosniern und Kosovo-Albanern. Nenads richtiger

Name ist Dragan Milojkovic. Er ist kein Bosnier, sondern war serbischer Offizier und danach Söldner. Seit Jahren war er auf der Flucht, mithilfe diverser falscher Pässe.

Ich ziehe meinen Laptop zurate und suche im Netz, finde ein größeres Bild von Dragan Milojkovic, und der letzte Rest Zweifel verdampft. Der Mann auf dem Bild und der Mann, den ich als Nenad kenne, sind ein und dieselbe Person. Er stammt aus Županja in Ostslawonien und nicht aus Srebrenica, kennt die Stadt aber dennoch sehr genau. Dem Artikel zufolge gehörte er den Skorpionen an, einer paramilitärischen serbischen Einheit unter Führung der Brüder Slobodan und Aleksandar Medić, die sie nach ihrer Lieblingsmaschinenpistole benannt hatten. Als Teil der Skorpione hat er an der Schlacht um Vukovar teilgenommen, in der eine ganze Stadt dem Erdboden gleichgemacht wurde, er war bei den anschließenden ethnischen Säuberungen dabei, war 1995 am Massaker in Srebrenica beteiligt, als achttausend Männer und Jungen hingerichtet wurden, und im Zuge des Podujeva-Massakers hat er Frauen und Kinder ermordet. Deshalb konnte er Arnaud so detailliert von den Ereignissen in Srebrenica erzählen. Und der Franzose glaubte, die Wahrheit zu berichten, als er mir in Misrata Nenads Geschichte schilderte. Aber Nenad gehörte nicht zu den Opfern, er war der Henker, ein gewissenloser Mörder. Aber vielleicht hat sich das Gewissen nichtsdestotrotz nach und nach in sein Gesicht gegraben, Furchen gezeichnet, Vertiefungen ausgehoben. Der Mann, den ich kannte, war ein gequälter Mann.

Ganz unten in dem Artikel, quasi als kleine Zugabe, heißt es: *Außerdem wurde Dragan Milojkovic wegen Mordes an seinem Bruder, dem mit einer Kroatin verheirateten Dichter Predrag Milojkovic, von Interpol gesucht.*

Nichts von dem, was Nenad erzählt hat, ist wahr. Alles eine einzige große Lüge. Obwohl ich nicht das Gefühl hatte, ihn zu kennen, kenne ich ihn jetzt gar nicht mehr. Ich habe mit einem

Henker gegessen, mit einem Vergewaltiger getrunken und mit einem Mann, der seinen Bruder ermordet hat, im selben Raum geschlafen.

Wie paralysiert sitze ich auf dem Stuhl. Trinke den Kaffee, der inzwischen eiskalt ist. Wie lange habe ich hier gesessen und auf den Bildschirm gestarrt? Ich kann nicht behaupten, Nenad sei ein enger Freund gewesen. Trotzdem fühle ich mich verraten. Betrogen. Wie viel Arnaud wohl weiß? Weiß Michael etwas davon?

64

Keiner ist so, wie ich glaubte. Michael sieht sich als Vergangenheit, hat das Gefühl, seine Zeit sei vorbei, Nenads Zeit wird nur noch in Gefängnisstrafen gemessen, für Arnaud beginnt bald eine neue Zeit, David hat keine Zeit mehr, Claudio, der italienische Journalist, den wir in Donezk getroffen haben, dehnt den Tag aus, um sich mehr Zeit zu verschaffen. Und was ist mit meiner Zeit?

Mache ich genug aus ihr? Sie zerbröckelt mir zwischen den Fingern, und hinterher bin ich nicht in der Lage zu erklären, was ich mit ihr angefangen habe. Aber heute Abend ist es mir egal. Die Champions League kann eine beruhigende und einschläfernde Wirkung auf die Denkfähigkeit haben. Es war ein weiterer gleichgültiger Tag am Gymnasium. Das Niveau wurde gesenkt, sodass alle gute Noten bekommen können. Nie zuvor war der Notendurchschnitt der Schülerinnen und Schüler so hoch, nie zuvor war ihre Unwissenheit größer. Das Gymnasium entwickelt sich zu einer Hochburg der Dummheit. Ich weiß bald nicht mehr, warum ich dort bin, und es scheint so, als wisse Lars es auch nicht. Heute Morgen hat er mich zu einem Gespräch einbestellt, und ich habe vor, meine Stundenzahl im nächsten Schuljahr zu reduzieren. Hoffentlich genehmigt er es.

Mein Handy klingelt. Zuerst nehme ich das Geräusch als Irritation wahr, schließlich will ich das Fußballspiel sehen. Das hartnäckige Klingeln hört auf, der Ball geht ins Aus, Einwurf, und dann klingelt es wieder. Ich stehe vom Sofa auf und folge dem Ton. Wo habe ich es hingelegt?

Es ist auf dem Küchentisch. Ich nehme es und schaue auf das Display: 0040. Die Landesvorwahl kenne ich nicht, aber der Anruf muss irgendwoher aus Europa kommen. Ich vermute, dass es Michael ist. Wochen sind vergangen, seit wir miteinander gesprochen haben, vielleicht ist er wieder draußen im Feld?

Ein leises Rauschen und Knistern. Jemand spricht, zuerst mit Echo, aber dann kommen die Worte näher, und Hamids Stimme klingt wie ein fernes Brummen. »Niels?«, fragt er.

Meine Antwort versinkt in toten Frequenzen, und er ruft meinen Namen in einem Tonfall, der immer verzweifelter wirkt. Ich hätte nie geglaubt, noch einmal von ihm zu hören. Ich spüre die Freude darüber, dass er am Leben ist, dass er in Europa ist, dass die Familie nicht nach Libyen zurückgeschickt wurde.

»Wo bist du?«, frage ich. Meine Stimme arbeitet sich durch das Knarzen.

»Bist du da, Niels?«

»Seid ihr okay?«

»Bist du da, Niels?«

»Ja, wo bist du?«

Die Antwort ist lange unterwegs. »In Rumänien. Sie wollten uns zurückschicken. Wir verstecken uns in einem großen Wald.« Er klingt, als sei er am Rand des Zusammenbruchs. »Zu Hause ist das reinste Chaos, und ich habe Angst, dass es für mich gefährlich wird, weil ich westlichen Journalisten geholfen habe.«

»Kann ich etwas für euch tun?« Unsere Stimmen klingen zeitlich versetzt.

»Kannst du uns helfen?«

»Was braucht ihr?«

»Geld. Wir haben nichts zu essen. Und es ist teuer, Einheimische zu bezahlen, die in der Stadt etwas für uns holen.«

Wir verabreden, dass ich Hamid morgen anrufe. Dann besprechen wir, wie ich ihm das Geld zukommen lassen kann. Banken oder Western Union sind keine Option, denn er hält sich illegal im Land auf. Wir müssen uns etwas anderes einfallen lassen.

Nachdem das Gespräch beendet ist, muss ich mich erst einmal sammeln. Die arme Familie irrt durch Europa. Niemand will sie haben. Das Einfachste ist, sie nach Libyen zurückzuschicken. Dann sind sie vergessen und nicht mehr in der Verantwortung Europas. Nur der Wald stößt sie nicht von sich.

Ich rufe Michael an. Den Hintergrundgeräuschen nach zu urteilen sitzt er in einer Bar. Ich erzähle ihm von meinem Gespräch mit Hamid.

»Ich habe vor, der Familie Geld zu schicken. Willst du auch etwas für sie tun?«

»Nein, das ist deine Sache.«

»Aber ...«

»Ich habe jetzt keine Zeit.«

Ich bin sprachlos. Über dem Kühlschrank in Michaels Küche hängen Bilder von zwei afrikanischen Patenkindern, für die er über den KINDERfonds jeden Monat spendet, und dann will er einem Mann nicht beistehen, den er kennt und der ihm geholfen und ihn mit Gastfreundschaft überschüttet hat.

Ich beschließe, der Familie fünftausend Kronen zukommen zu lassen. Das sollte eine Weile reichen. Am nächsten Morgen will ich Hamid anrufen. Die Nummer existiert nicht mehr.

65

Ich fühle mich machtlos, weil ich Hamid nicht helfen kann. Als er damals von Langeland aus anrief, war meine erste Eingebung, dass Michael ihm helfen müsste, dass es nicht meine Aufgabe ist, dass er eher Michaels als mein Freund ist. Jetzt schäme ich mich dafür. Ausnahmsweise einmal weiß ich einen hektischen Tag am Gymnasium zu schätzen. Er hält die Gedanken auf Abstand.

Um 14 Uhr finde ich mich wie verabredet in Lars' Büro ein. Die Tür ist angelehnt, und Lars ruft mich herein wie einen Prüfling. Heidi, Lehrervertreterin im Personalrat, sitzt rechts neben Lars, links von ihm ein Mann in meinem Alter in einem Pullover über einem babyblauen Hemd. Lars stellt ihn als HR-Chef Allan Egholm Poulsen vor.

Ich lasse mich auf einem Stuhl den Dreien gegenüber nieder. Wenn Lars solche Geschütze auffährt, verheißt das nichts Gutes.

Er nimmt den Stapel Papiere, die vor ihm liegen, und schlägt sie ein paar Mal leicht mit der Unterkante auf die Schreibtischplatte, bis sich keines der Blätter mehr widerspenstig querstellt. Dann legt er sie wieder ab und sieht mich an.

»Uns liegt eine Beschwerde über dich vor.«

Überrascht sehe ich ihn an.

Er reicht mir das oberste Papier von dem Stapel. »Ich glaube, es ist das Beste, du liest selbst, was der Vater von William aus der 13 d schreibt.«

Typen wie William unterrichte ich seit Jahren. Sie haben Potenzial, aber keine Lust, in den Stunden irgendetwas zu leisten. Wenn dann schlechte Noten auf sie einprasseln, fühlen sie sich so ungerecht behandelt, dass sie ihre Akademikereltern dazu bringen, eine wohlformulierte, aber ungerechtfertigte Beschwerde zu schreiben. Außerdem sind sie der Typ, der es fertigbringt, dass die Mutter zur Bibliothek läuft, um Lehr- oder Lösungsbücher für sie zu holen. Sie heißen Magnus, Sebastian und Philipp. Und natürlich Gustav.

Allerdings ist es keine Beschwerde über schlechte Beurteilungen ihres Sohns, sondern eine im Namen der ganzen Klasse. Sie beklagen sich darüber, dass ich die Arbeiten nicht in angemessenem Zeitraum korrigiert zurückgegeben und mit Kommentaren versehen habe, sodass die Schülerinnen und Schüler keine Gelegenheit hatten, sich zu verbessern. Mit einem leichten Kopfschütteln lese ich das Schreiben bis zum Ende. Sicher, mit den Korrekturen bin ich in letzter Zeit ein wenig nachlässig gewesen, vielleicht habe ich auch kein so ausführliches Feedback gegeben, wie ich es hätte tun sollen, aber gleich eine Beschwerde einreichen? Ich sehe Lars an.

»Es ist nicht das erste Mal, dass sich jemand über dich beklagt.«

»Du sprichst von Eva Liljensø?«

»Ja, und die Schülerbeschwerde über die Missachtung der Zielvorgaben, du erinnerst dich?«

»Das ist doch lächerlich.«

»Für mich zeichnet sich hier ein Muster ab«, sagt Lars mit ernster Stimme. Der HR-Chef nickt düster.

»Was willst du von mir hören?« Ich breite die Arme aus. »Heutzutage sind alle Schüler so verwöhnt, dass sie sich ständig beschweren, wenn sie nicht mindestens zwölf Punkte kriegen.« Ich lächle und hoffe, sie werden mir recht geben, aber Lars überhört meinen Einwand ganz einfach.

»Da ist noch eine andere Sache«, sagt er. »Vor einem halben Jahr hattest du dich für einen längeren Zeitraum krankgemeldet, Grippe. Einer der Kollegen hat dich am Flughafen gesehen, wohlgemerkt genau während deiner krankheitsbedingten Abwesenheit.«

Plötzlich wird mir heiß im Kopf. Meine Lüge hat mich eingeholt. In eine Ecke gedrängt. Ich kann ein Geständnis ablegen oder weiter lügen. Beide Lösungen können den Gang über die Planke bedeuten.

»Ich habe nur meine Tochter zum Flughafen gefahren.«

»Du hattest einen Rucksack dabei.«

»Das war ihrer. Ich habe ihn nur für sie getragen.«

»Ich bin wirklich willens, dir jeden berechtigten Zweifel anzurechnen, aber hier kommt einiges zusammen.« Lars schaut erst die beiden anderen, dann mich an. »Daher sehe ich mich gezwungen, dir einen strengen Verweis zu erteilen, und ich kann dir auch gleich reinen Wein einschenken: Du bist kurz davor, gefeuert zu werden.«

Es ist Abend, als ich die Wohnungstür aufschließe. Nach dem Gespräch mit Lars bin ich ziellos herumgelaufen, einen unhandlichen Klumpen Gedanken im Kopf. Meine Welt hat sich verändert. Ich erkenne sie nicht wieder, und ich erkenne mich selbst in ihr nicht wieder.

Ich habe keinen Hunger, keine Lust, etwas zu essen. Im Grunde habe ich an fast allem die Lust verloren. Ich nehme ein Bier aus dem Kühlschrank, setze mich auf den breiten Fenstersims und sehe hinunter auf die Straße, während ich trinke. Dann gehe ich in die Küche und hole noch ein Bier.

Später tausche ich die leeren Dosen gegen eine Flasche Rotwein. Nach ein paar Gläsern verschwimmt mein Bewusstsein, dann verändert sich alles, und der Abend nimmt Fahrt auf.

Ich starre auf die Flasche. Sie ist leer. Nur ein Schluck im Glas ist noch übrig. Das Telefon liegt auf dem Tisch und verstärkt mein Gefühl des Alleinseins. Die Einsamkeit in der Wohnung macht etwas mit meinen Gedanken. Sie schiebt sie an und wandelt sie ab. Ich nehme das Telefon, spüre es in der Hand, scrolle durch die Kontakte und drücke auf den Namen.

Nach ein paar Rufzeichen ist Annemette am Telefon.

»Ich bin's.«

»Hej.« Ihre Stimme klingt überrascht.

»Ich vermisse dich.«

Eine summende Stille am anderen Ende.

Ich suche nach den richtigen Worten, den genau richtigen Worten, die ausdrücken, was ich fühle. Aber ich sage etwas anderes. »Glaubst du, wir kommen jemals wieder zusammen?«

»Bist du betrunken? Du hörst dich so an.«

»Ein bisschen vielleicht.«

»Ich will nicht mit dir reden, wenn du betrunken bist.«

Als ich am nächsten Morgen vollständig bekleidet auf meinem Bett liegend aufwache, wird mir klar, was ich getan habe. Es gibt keinen Grund, noch länger zu hoffen. Ich bekomme sie nie zurück.

Im Badezimmer arbeitet mein Kopf weiter. Alles ist so viel einfacher, wenn ich auf Tour bin. So unkompliziert. Dann bin ich vollkommen frei von meiner Vergangenheit. Ich bin frei von meiner Zukunft. Und was habe ich hier schon noch?

LIBANON

66

Ich bin zurück in Beirut, hier, wo alles begann. Ich habe mich auf das Wiedersehen gefreut, aber Beirut hat sich verändert. Nicht die Stadt, aber ihre Einwohner. Der Krieg ist aus Syrien in den Libanon geschwappt. Ein Tsunami aus Menschen. Die Grenze ist wie ein gebrochener Damm. Mehr als eine Million Syrer als Flüchtlinge in einem Land, in dem nur viereinhalb Millionen Menschen leben. Die ersten Anzeichen sind schon direkt vor dem Flughafen unübersehbar. Eine kleine Hand klopft an die Seitenscheibe des Taxis. Ein Paar großer brauner Augen sieht mich an, und der Blick trifft mich wie ein stechender Schmerz. Fünf, sechs Jahre alt, verwuscheltes Haar, schmutziges Gesicht. Wir fahren los, und sie läuft neben dem Wagen her. Sie fällt hin, steht wieder auf. »Mister, mister«, pfeift ihre Stimme durch die Scheibe des Autos. Auf dem Gehsteig eine Frau mit einem Säugling auf dem Arm. Eine Ampel zeigt Rot, und wir müssen anhalten, die Frau hält das Baby hoch. »Mister, mister.« Der Strom aus kleinen Kindern, die betteln, zieht sich weiter Richtung Zentrum.

Der Anblick schneidet mir ins Herz. Er ist unerträglich. Ich sehe Michael an, der mit leerem Blick durch die

Windschutzscheibe des Taxis starrt. Seine Grimasse sagt alles: Er hat es schon tausend Mal gesehen.

Ich verspüre Lust auf Konfrontation mit ihm: »Warum hast du Hamid nicht geholfen?« Er muss sich mit der Frage auseinandersetzen, hier, wo er nicht ausweichen kann, so wie er es am Telefon getan hat. Aber ich tue es nicht. Ich weiß, was er antworten wird. »Ich kann nicht allen helfen.«

Vielleicht kenne ich Michael überhaupt nicht, wenn man es genau betrachtet. Fragt man ihn danach, sagt er, dass seine Bilder den Leuten helfen. Das ist sein Beitrag. Er versucht, den Moment einzufangen, ihn für immer festzuhalten, zu vergrößern und ins Bewusstsein der Menschen zu bringen. Aber drückt er der Opfer wegen oder um seiner selbst willen auf den Auslöser?

Beirut ist nur der erste Teil unserer Tour. Michaels Gesellschaft gibt mir ein Gefühl der Sicherheit, obwohl er vielleicht hätte zu Hause bleiben sollen. Aber in Dänemark findet er keine Ruhe, er muss wieder los. Es klang nicht sehr überzeugend, als er es sagte.

Im Le Commodore bringen wir unsere Rucksäcke auf die Zimmer, während das Taxi wartet. Wir fahren nach Downtown. Ich fühle mich wie ein dummes Schwein, als wir vor dem Wohnkomplex anhalten, in dem Arnaud residiert. Der Hamid dieser Tour heißt Khaled, diesmal soll er uns behilflich sein. Klopft auch er eines Tages an meine Tür? Ich fühle mich noch mieser, als wir wenig später an der Skybar auf dem Dach des Four Seasons sitzen. Arnaud hat einen Tisch bestellt und Zigarren und Moët kommen lassen.

»Habt ihr von Matt und Laura gehört?« Arnaud spricht so leise, dass wir uns zu ihm beugen müssen. »Sie waren unterwegs nach Syrien, via Arsal, einer Räuberhöhle an der Grenze zwischen Libanon und Syrien. In dem Teil der Stadt zur Grenze hin herrschen gesetzlose Zustände. Vor ein paar Monaten wurden

sie dort gekidnappt.« Abwartend sieht er uns an, bevor er fortfährt. »Amerikaner stehen hoch im Kurs, und ein paar Wochen
später erhielt Lauras Familie einen Videoclip. Mit geröteten
Augen und brüchiger Stimme flehten Matt und Laura die amerikanische Regierung an, eine ganze Reihe namentlich genann-
ter Geiseln freizulassen. Seitdem hat niemand mehr etwas von
ihnen gehört.«

Ich habe keine Ahnung, woher Arnaud das weiß, aber er
sagt, sie hätten sich wie Amateure aufgeführt, als sie versuchten,
die Grenze zu überqueren.

»Was zum Teufel wollten die zwei in Syrien?«, fragt Michael.

»Ich glaube, sie wollten nach Homs.«

»War sie nicht schwanger?«, frage ich.

»Sie hat das Kind verloren.«

Keiner von uns sagt etwas. Wir wechseln das Thema, denn
es tut weh, über sie zu sprechen. Ich sehe sie vor mir: Matts
frisch rasiertes Gesicht ist zerschlagen, die Nase gebrochen und
blutig, Lauras langes Haar schmutzig und verfilzt und voller
rötlicher Flecke. Sie ist übel zugerichtet, ihre Wangen sind aufgedunsen. Haben sie sie vergewaltigt?

Stattdessen richten wir den Blick auf den Libanon. Im
Laufe der Unterhaltung wird mir klar, dass Arnaud den Mut
verliert, was das Land angeht. Der Libanon ist wie die Hummel,
die eigentlich nicht imstande sein dürfte, sich mit ihren viel
zu kleinen Flügeln in der Luft zu halten. Alles müsste längst
zusammengebrochen sein: die Jahre ohne Präsident, eine
dysfunktionale und unflexible Teilung der Macht zwischen
Sunniten, Schiiten und Christen. Und obendrein die vielen
Flüchtlinge, die Hisbollah als Assads Alliierte und die Millionen
und Abermillionen, die das Land einbüßt, weil in Syrien, dem
weitaus größten Handelspartner, ein Chaos aus Gewalt herrscht.

»Verglichen mit dem Libanon sollten wir uns in Europa
was schämen, von Flüchtlingskrise zu sprechen«, sagt der

Franzose. »Aber erst, wenn die Leichen an unsere Badestrände geschwemmt werden oder Flüchtlinge über unsere Autobahnen wandern und den Verkehr aufhalten, begreifen wir, dass wir eingreifen müssen. Und das auch nur, um unsere Badestrände und unsere Autobahnen zurückzubekommen.«

Je mehr Moët er trinkt, umso wehmütiger klingt Arnaud. Er spricht von den Tälern im Land, von den Bergen und den Zedern, von denen schon in der Bibel die Rede ist, und davon, dass die Phönizier aus ihrem Holz Schiffe bauten, von Faraya, wo er im Winter Ski fährt. Vom Anblick des Libanongebirges im Frühjahr und den exzellenten Weinen der Bekaa-Hochebene.

In einem Monat kehrt er nach Frankreich zurück. Die Wohnung steht zum Verkauf. Sein Vater übergibt die Firma in seine Obhut, und Arnaud wird nicht mehr auf Tour gehen können. Deshalb soll es noch einen ultimativen Höhepunkt geben, und darum muss es Syrien sein. Gut möglich, dass es für uns alle der letzte Trip ist.

Ich will ihn nicht erwähnen, aber Michael tut es, und Nenads Name legt sich wie ein Schmerz auf Arnauds Gesicht. Dann schüttelt er den Kopf und sagt ihn, als wolle er ihn von aller Schuld freisprechen. »Nenad.« Ich erahne eine Träne in seinem Augenwinkel.

»Mein Vater hat uns damals zusammengebracht. Er bestand auf einem Leibwächter, sonst hätte er mir niemals erlaubt, auf Tour zu gehen.« Steifbeinig steht er auf und schaut über unsere Köpfe hinweg auf die Stadt. »Ich kann es immer noch nicht glauben.« Er sagt es tonlos, mechanisch, während er das Seidentuch an seinem Hals richtet. Dann geht er zum Fahrstuhl.

Schweigend verlassen Michael und ich das Four Seasons und laufen über die Corniche zurück zum Le Commodore. Wir sind nur ein paar Tage in der Stadt, laden den Akku auf, bis wir uns alle drei auf den Weg in die Türkei machen. Draußen am Horizont versinkt die Sonne im Wasser, und der Himmel ist zweigeteilt: orange und blau. Ein paar Läufer mit konzentrierten und verzerrten Gesichtern erinnern mich an Josh. Ob er wohl immer noch in irgendeinem Krieg herumjoggt? Wir bleiben stehen, lehnen uns gegen die Balustrade und beobachten den Sonnenuntergang. Die Ruhe des Wassers und die Gedanken an unsere bevorstehende Tour füllen meinen Kopf. Etwas schlägt klatschend gegen die Steine, weich wie ein verlorenes Kleidungsstück. Schmatzend gurgelt das Wasser zwischen den buckligen Brocken. Michael sieht etwas anderes als ich. Er klettert über die niedrige Balustrade, die die Promenade begrenzt, und stakst über die Steine zu einer abgeknickten Angelrute, die jemand zurückgelassen hat. Er nimmt sie und stößt damit gegen den Klumpen, der auf dem Wasser treibt.

Ich folge ihm. »Kannst du sehen, was es ist?«

Michael sagt nichts, schaut nur konzentriert. Das Gleiche tue ich, um auf den glatten Steinen nicht auszurutschen. Er ist jetzt direkt am Wasser, verliert das Gleichgewicht. Ich packe ihn und halte ihn fest. Er ist ganz dicht bei dem unförmigen Klumpen. Mit der kaputten Angelrute dreht er ihn um. Ein ausdrucksloses Gesicht starrt uns an, kreidebleich und aufgeschwemmt. Der Körper hat sich nahezu aufgelöst, die Kleidung schwimmt auf der Oberfläche. Durch die Berührung mit der Angelrute reißt ein Stück ab und treibt davon.

Ich wende mich ab. Hinter mir stößt Michael einen Fluch aus. Wir sind uns einig, dass es ein Flüchtling sein muss, der von einem Boot gefallen ist. Schnell und mit zielstrebigen Schritten gehen wir weiter. Im Hotelzimmer verschwindet Michael sofort unter der Dusche. Das Erlebnis muss abgewaschen werden, durch den Abfluss verschwinden.

Nur mit einem Handtuch bekleidet, sitzt er auf dem Bett. Er hat sich beruhigt und schneidet sich die Zehennägel, die auf den Boden fallen. Er ist immer noch muskulös, die Muskeln verfügen über Spannung und Energie. Die vielen Tätowierungen bedecken seinen Körper wie Kunstwerke. Er merkt, dass ich ihn ansehe, und zeigt auf den brüllenden Tiger an seiner Wade.

»Zum Gedenken an David. Sein Lieblingstier.«

Ich kenne fast alle Geschichten, die hinter den Tattoos stecken, weiß aber nicht, was es mit dem Kirchturm auf seiner Hüfte auf sich hat.

»Ein Andenken an Ruanda.« Er schweigt einen Augenblick lang, als müsse er die Erinnerung aus einer tief verborgenen Schublade hervorholen. Als er weiterspricht, hat seine Stimme ihren Charakter verändert. Ich erkenne sie kaum wieder. »Ich wollte eine christliche Kirche in Ruanda besuchen. Auf dem Platz davor war niemand zu sehen, alles war still, abgesehen von einem schwachen elektrischen Summen, wie von einer Hochspannungsleitung. Das Geräusch hatte etwas Unheilverkündendes an sich. Je näher ich der Kirche kam, umso lauter wurde es. Vorsichtig stieß ich mit dem Fuß die schmale Tür auf. Es war, als würde ich das Tor zum schlimmsten Albtraum öffnen, den man sich vorstellen kann. Die Luft war schwarz, Tausende von Fliegen. Sie stürzten sich förmlich auf mich, auf mein Gesicht, die Nase, die Stirn. Ich zog mein Halstuch hoch, bis ich gerade noch sehen konnte, warum die Fliegen hier waren. Sie krabbelten über die Leichen, die mit Macheten in Stücke gehackt waren, in sie hinein und wieder heraus. Zu Haufen aufgeschichtete Leichenteile. Ein Puzzle aus menschlichen Resten. Wer Ruanda erlebt hat, ist für sein Leben gezeichnet. Noch heute höre ich die Fliegen.«

TÜRKEI

67

Zwei Tage später landen wir in Gaziantep in der Türkei. Von hier aus sind es circa sechzig Kilometer bis zur syrischen Grenze. Wir werden in einem Hotel in Kilis übernachten und morgen Abend versuchen, die Grenze zu überqueren. Auf der anderen Seite treffen wir unseren Lotsen Khaled.

Ein Journalist hat uns Erdem empfohlen, einen zuverlässigen und pünktlichen Mann, der sich schon öfter um dänische Fernsehteams gekümmert hat. Er verschwendet nicht viele Worte und bringt uns umstandslos vom Flughafen zum Hotel.

Kilis ist von der Sonne gelb gefärbt und hat denselben Ton angenommen wie Erdems Mazda. Moscheen, mehrstöckige Häuser und graue Straßen. An den Straßenecken werden geschmuggelte Zigaretten und elektronischer Plunder verkauft. Früher hat die Stadt ein verschlafenes Dasein geführt, ein vergessener Fleck auf der Landkarte, aber der Krieg in Syrien hat sie verändert. Die türkischen Einwohner sind jetzt die Minderheit. Egal, wohin wir blicken, überall sind Bettler, Obdachlose und große braune Kinderaugen zu sehen. Die Türken wollen die Syrer nicht in ihrem Land haben, aber gerne das viele Geld in die Finger bekommen, das einige von ihnen mit über die Grenze bringen.

Das Hotel ist ein notwendiges Übel auf unserer Tour. Wir trinken türkischen Kaffee und Apfeltee und schlagen so die Zeit tot. Wir essen Tava, ein lokales Kebabgericht, schlafen auf harten Matratzen und packen am nächsten Morgen unsere Sachen zusammen. In dem sonnengelben Mazda erreichen wir die Grenze. Michael will ein paar Bilder machen. Ausländer dürfen die Grenze nicht mehr überqueren, also müssen wir im Schutz der Nacht auf die andere Seite geschmuggelt werden.

Grenzübergänge haben ihr eigenes, unverwechselbares Leben, wie ein selbstständiger Organismus. Wir gehen eine asphaltierte Straße entlang, Arnaud bleibt im Wagen. Unmittelbar an der Grenze wurde ein großes Flüchtlingslager errichtet, Oncupinar. Container stehen zu Etagen aufgetürmt in schnurgeraden Reihen wie Kreuze auf einem Militärfriedhof. Fünfundzwanzigtausend syrische Flüchtlinge hausen hier. Eine Frau hängt Wäsche über den Zaun, der das Lager umgibt, ein Junge spielt mit einer Dose Fußball, die scheppernd hierhin und dorthin rollt, Männer sehen uns mit trockenen Augen durch den Qualm von Wasserpfeifentabak hindurch an. Mein Herz klopft. Ich denke an Hamid, Asma und die Kinder. Wo sie jetzt wohl sind? Ob sie noch leben?

Michael fängt alles mit dem Objektiv seiner Kamera ein. »Es müsste ein entsprechendes Flüchtlingslager auf der syrischen Seite der Grenze geben.« Er verstaut die Kameras in seiner Tasche. Unsere Fußabdrücke sind auf dem Asphalt zu sehen, wir sind schwerer als vorhin, als wir auf das Lager zugingen.

Wir setzen uns in Erdems Auto.

»Hier bei Kilis könnt ihr nicht unbemerkt über die Grenze kommen. Wir müssen noch ein ganzes Stück fahren.«

Schicksalsergeben nicken wir.

Erdem hat ein Gesicht wie ein Vogel, spitz und mit kleinen Augen. Sitzt er nicht im Wagen, wirkt er unruhig und unzufrieden, hinter dem Steuer ist er dagegen die Ruhe selbst: eine

Hand auf dem lederbezogenen Lenkrad, die andere durch das offene Fenster gestreckt und locker auf dem Dach abgelegt. Erdem kann stundenlang fahren, er tut es gerne, einfach fahren. Wir müssen es tun.

Stoisch arbeitet sich der Mazda über grüne Hügel, die zu Bergen und wieder zu Hügeln werden. In einem kleinen Dorf essen wir zu Mittag und fahren weiter. In einem anderen Ort hält Erdem an einer Bushaltestelle. Wir ziehen Coladosen aus einem Automaten und warten. Hinter uns hupt ein Bus, und Erdem bewegt sich ein paar Meter vorwärts. Dann taucht unser neuer Mitreisender auf. Erdem winkt ihn zu uns, und freundlich grüßend nimmt er auf dem Beifahrersitz Platz. Er sieht aus wie ein Collegestudent. Mit genervtem Blick deutet Michael auf den Rucksack, den der junge Mann auf dem Schoß hält; eine Teleskopstange aus Plastik lugt aus einer der Seitentaschen hervor. Es gibt eine neue Art von Kriegstouristen, und Ron, ein Amerikaner, scheint einer davon zu sein. Sie nennen sich Freiberufler, sind aber nur zum Vergnügen hier. Wegen des Dramas. Sie bezahlen, was es eben kostet, um über die Grenze zu kommen, ausgerüstet mit der ultimativen Waffe des Narzissten: der Selfie-Stange. Sobald sie das Foto in Aleppo, Homs oder wo auch immer im Kasten haben, kehren sie in ihre sichere Heimat zurück und prahlen mit ihrer Bildergalerie.

Wir fahren weiter, vorbei an grünen Feldern und durch staubige Städtchen, und ich spüre, dass wir uns jetzt Richtung Süden bewegen. Arnaud schweigt. Michaels Füße trommeln unruhig auf den Boden des Wagens. »Schon seit Langem will ich diesen Krieg sehen«, sagt er, und mir wird klar, dass der alte Michael zurück ist. Hier draußen, wo andere sterben, lebt er auf.

»Hier können wir etwas zu Abend essen«, sagt Erdem, als wir eine größere Stadt erreichen. »Es ist erst Nachmittag, aber es ist besser, hier zu warten, bis es dunkel ist. Es werden noch andere mit euch über die Grenze gehen. Ihr trefft sie dort.« Er zeigt auf die Berge.

Wir finden ein schattiges Plätzchen und ruhen uns eine Weile aus. Nach dem Abendessen bricht die Dunkelheit herein, und wir machen uns bereit. Unsere Rucksäcke sind leicht, unser Schuhwerk ist praktisch. Außerhalb der Stadt steuert Erdem den Wagen an den Straßenrand, und wir steigen aus. »Viel Glück.« Das gelbe Auto leuchtet wie eine dynamobetriebene Fahrradlampe, als er wegfährt.

Ron hat eine kleine Videokamera am Ende seines Selfiesticks befestigt. Seine Stimme klingt angespannt, irgendwie gekünstelt, als wolle er große Gefahr simulieren. Ich frage mich, wem er das Video später wohl zeigen wird. »Wir sind auf dem Weg«, spricht er in die Kamera, »auf dem Weg dorthin, wohin niemand gehen sollte.«

Er verstummt, als wir ein leises Rascheln in der Dunkelheit hören. Wir sehen den Mann erst, als er ganz nah ist. »Hello.« Der Beduine ist hochgewachsen und drahtig.

»Hello«, erwidern Michael und ich im Chor, während Ron wieder im Stil eines Sportreporters in die Kamera spricht und irgendetwas über den Beduinen sagt.

»Come.« Er bewegt sich lautlos. Ein Stück weiter tauchen hinter ein paar Bäumen noch zwei Männer auf. Die Beduinen wissen, wie man Waren von einem Land ins andere schmuggelt, sie kennen jeden Pfad in den Bergen. Jetzt haben sie eine neue Einnahmequelle erschlossen: uns. Heute sollen sechs Männer über die Grenze geschmuggelt werden: ich, Michael, Arnaud, Ron und zwei Neuankömmlinge mit langen Bärten. Wir grüßen sie. Sie nicken und reichen uns mechanisch die Hand. Die Oberlippenbärte sind abrasiert. Sie wirken zurückhaltend und bilden das Ende unserer kleinen Kolonne, als wir uns in Bewegung setzen. Arnaud hat einen französischen Akzent in ihren englischen Höflichkeitsfloskeln bemerkt, kann ihnen aber kaum ein weiteres Wort entlocken.

»Français?«

»No.«

»Belge?«

Sie antworten nicht. Das Handy des Beduinen klingelt: Apples Standardton. Er spricht leise. Zwei Männer, ebenfalls Beduinen, tauchen aus der Dunkelheit auf und schließen sich uns an. Mir fällt auf, dass er sein iPhone auf lautlos stellt.

Berge trennen die beiden Länder, wir müssen sie überwinden. Ein Pfad führt bergauf, eine schmale Spur im Gras, ausgetreten von Tieren oder Menschen. Weiter oben wird es steinig. Über uns schwächelt ein fahler Mond. Die Nacht hat keine Geräusche, ist nur einfach da, als sei auch sie auf Tour. Die Erde der Berge ist rot, und hinter uns im Tal flackert das gelbe Licht eines türkischen Militärfahrzeugs auf.

Wir haben Signale vereinbart für den Fall, dass Grenzpatrouillen auftauchen, und jetzt höre ich das Signal für stopp. Wir gehen in die Hocke, versuchen, uns klein und unsichtbar zu machen. Aber wir sitzen auf einem Berg, und das Herz schlägt mir bis zum Hals. Wie ferner Geschützdonner, der von innen kommt. Die Spannung, die da ist, seit wir den Aufstieg begonnen haben, vibriert wie eine zusätzliche Haut.

»Come.« Wir gehen weiter. Jetzt sehe ich, warum wir stehen geblieben sind. Direkt neben dem Pfad liegen die Leichen einer Frau und eines Kindes. Haben sie allein versucht, die Berge zu überqueren? Wurden sie von den Menschenschmugglern zurückgelassen? Das Kind hat die Arme fest um die Mutter geschlungen. Mein Leben ist die Summe all dieser kleinen Augenblicke. Dieser Moment darf nicht einfach addiert, er muss multipliziert werden.

Ich atme tief durch, noch einmal, und versuche, mich wieder unter Kontrolle zu bekommen. Ich bereue mein Vorhaben schon längst, aber kehre ich um, ende ich vielleicht genauso wie die Frau und das Kind. Allein, zurückgelassen, tot. Ron kommentiert wieder in seine Kamera. Einer der Beduinen macht ihm auf seine unverständliche Weise unmissverständlich klar: Er soll seinen Mund halten.

Jetzt schlängelt sich der Pfad bergab. An einem Steilhang kriechen wir beinahe auf allen vieren, um nicht abzurutschen. Meine Beine brennen vor Schmerzen, das hier ist Extremsport. Breite Silhouetten nehmen Konturen an. Es sind Olivenbäume. Wir durchqueren einen ausgetrockneten Flusslauf, Kiesel knirschen unter unseren Schuhen.

Ich bin mehr als erleichtert, als wir das Tal erreichen und innehalten. Ausgestreckt auf der Erde liegend, blicke ich hinauf zum Mond, und plötzlich ist es, als sei er der Einzige hier, den ich wirklich kenne. Ron schweigt, zieht die Schuhe aus und massiert seine Füße.

Einer der Beduinen zeigt hinüber zu dem Olivenwäldchen. »Allahu Akbar«, rufen die beiden Männer mit den langen Bärten unnötig laut, als sie uns den Rücken kehren und zwischen den Bäumen verschwinden.

»Verdammt, ich glaube, wir hatten zwei Dschihadisten dabei«, lacht Michael ungläubig neben mir.

»Komm.«

Michael hält mir die Hand hin und zieht mich hoch. Wir gehen über ein Feld, das von einem Panzer plattgewalzt wurde. Eine halbe Stunde später kommen wir an eine T-Kreuzung. Ein Auto wartet am Straßenrand.

Von seinem Sitz aus stößt Khaled die Beifahrertür auf. »Welcome to Syria.«

SYRIEN

68

Die Kleidung liegt wie eine zweite Haut an meinem Körper, festgeklebt mit stinkendem Schweiß. Die Hitze ist erdrückend. Zusammen mit Khaled sitze ich in der Fahrerkabine. Michael, Arnaud und Ron hocken auf der Ladefläche. Mir fällt etwas ein, was Michael mir mit als Erstes beigebracht hat: immer ganz hinten auf die Ladefläche setzen, dann bist du so weit weg wie möglich, wenn man auf eine Mine oder einen Sprengsatz fährt. Aber das wird uns nicht passieren. Wir sind in Syrien, und wenn wir in einem Krieg sterben sollen, dann wäre das längst passiert. Ich zwinge mich, so zu denken.

Wir sind da, wir sind in Syrien. Am liebsten würde ich jubeln. Verdammt, *we did it.* Häuser ziehen vorbei, Bäume, alles ist voller Schönheit. Ich präge mir die Landschaft ein, lege einen Fluchtweg im Kopf zurecht und speichere ihn ab.

Wir sind noch nicht lange unterwegs, als Khaled plötzlich auf die Bremse tritt. Mein Kopf wird zuerst nach vorn und dann nach hinten gegen die Kopfstütze geschleudert. Von der Ladefläche höre ich schmerzhaftes Stöhnen.

Khaleds Stimme ist jetzt heiser. »Verdammt, wir kommen nicht weiter.« Nervös hämmern seine Hände auf das Lenkrad. »Aber wir müssen da lang«, schreit er.

Staub wirbelt vor der Motorhaube auf. Khaled zeigt geradeaus: Fünf, sechs bullige Geländewagen mit Allradantrieb stehen nicht weit entfernt und blockieren die Straße. Ich weiß nicht, wer die Männer sind, und presse den Körper instinktiv gegen die Rückenlehne. Eine warme Flüssigkeit läuft aus einem Nasenloch. Nasenbluten. Es kitzelt leicht an der Oberlippe, und das Gefühl ist so widersprüchlich, Wohlbehagen, gemischt mit wachsender Unruhe. Mit dem Ärmel wische ich es weg.

Die Angst, die sich in mir aufgestaut hat, erfasst langsam meine Hände. Sie zittern, werden schwach. Ich sehe Khaled an. Die Angst dringt auch ihm aus allen Poren und legt sich über das Armaturenbrett. Seine Kiefermuskeln sind angespannt aufeinandergepresst. Ruckartig biegen wir ab, hektisch, mit quietschenden Reifen, fahren die Straße runter, die wir auf keinen Fall fahren wollten. Khaled. Wer zum Teufel ist Khaled? Können wir ihm vertrauen? Wer ist er eigentlich?

Ich sehe ihn an. Weit aufgerissene Augen. Jegliche Farbe ist aus seinem Gesicht verschwunden. Etwas pfeift an uns vorbei. Hochfrequente Töne bohren sich tief in meine Ohren und mein Gehirn. Die ganze Szenerie ist zu einer brennenden Hitze in meinem Kopf angeschwollen. Sie füllt alles aus. Dann mischen sich Rufe von der Ladefläche in die Geräuschkulisse. Ich drehe den Kopf. Die Heckscheibe ist mit frischem Blut verschmiert. Ich höre Arnauds Stimme. Sie sagt Michaels Namen, erst wie einen Kampfruf, dann wie ein stilles Gebet.

Ich sage etwas zu Khaled, aber ich kann nicht sprechen. Ein Knall. Die Windschutzscheibe zersplittert, kleine Scherben fallen auf meinen Schoß und schneiden brennend in meine Haut. Khaled zeigt auf die Maschinenpistole, die zwischen uns liegt. »Schieß, zur Hölle, schieß!« Er keucht laut und schwer.

Ich kann nicht schießen. Alles in mir scheint zu zerspringen, es kommt von unten: Lungen, Nieren, alles stößt gegen meinen Kehlkopf. Ein warmes, prickelndes Gefühl befällt mich, zuerst wie kleine Stiche, dann mit unbarmherziger Präzision, als male jemand den Schmerz auf meine Haut.

Kreischend schlagen Kugeln in die Karosserie unseres Wagens ein. Meine Brust explodiert vor Angst. Ich falte die Hände hinter dem Nacken und beuge mich vornüber. Versuche, am Boden des Wagens zu verschwinden. Ich halte den Atem an. Er ist das Einzige, was ich kontrollieren kann. Meine Zähne haben sich in die Unterlippe gebohrt, Blut tropft heraus.

Khaled stößt die Tür auf, springt aus dem Auto, läuft weg. Wo zum Teufel will er hin? Er kann uns doch nicht einfach hier zurücklassen. Er kennt das Gebiet. Seine Beine trommeln über die Erde. Plötzlich hält er inne, sein Oberkörper zuckt ein paar Mal unnatürlich. Dann liegt er auf der Erde, ein paar Schritte vor unserem Wagen. Spuckt Blut, während sich sein Körper im Todeskampf verrenkt.

Meine Ohren dröhnen. Arnaud brüllt wie ein angeschossenes Tier, und schwarze Flecken tauchen vor meinen Augen auf. Krämpfe schütteln meinen Körper, legen sich um meinen Hals und drücken zu. Mein Puls ist ein gewaltiges Krachen.

Etwas wirft Schatten. Bewegungen. Etwas hämmert gegen den Wagen, und die Geräusche verschwinden. Etwas blutet. Die Geräusche kommen wieder. Feuer flammt in mir auf, vielleicht auch außerhalb von mir. Der Himmel leuchtet auf. Ein Blitz, ein Krachen. Alles zugleich reißt die Luft in Stücke. Was zum Teufel tue ich eigentlich hier? Es ist so falsch. So endgültig.

Ich will hier nicht sterben. Ich werfe mich auf den Fahrersitz, reiße die Tür zu, energisch und entschlossen. Der Wagen heult auf, als ich den Gang einlege, brüllt vor Verzweiflung, als ich Gas gebe, schlingert, als ich fieberhaft wende. Schüsse. Kugeln schlagen ein. Um mich herum wirbelt Staub auf. Der Motor kreischt, als sich das Auto ruckartig vorwärtsbewegt. Dann geht er aus. Ich stoße die Tür auf, stürze nach draußen. Dann renne ich.

DANKE

»Der Kriegstourist« basiert auf umfangreichen Recherchen, und in diesem Zusammenhang schulde ich Morten Storch, TV-Fotograf bei TV 2, großen Dank für seine Hilfe bei der Arbeit an den Kapiteln über Libyen, Mali und die Ukraine, wo er mehrmals gewesen ist. Ein besonderes Dankeschön geht ebenfalls an TV 2-Korrespondent Rasmus Tantholdt für seine fantastische Unterstützung, das Sparring zu Libyen und sein Korrekturlesen. Sowohl Rasmus als auch Morten sind wunderbare Erzähler, man muss ihre Geschichten nur nehmen und wiedergeben. Unter anderem sind Mortens Erlebnisse die Grundlage für die Schilderung Gaddafis – in der Kühltruhe in Misrata. Darüber hinaus waren die beiden so freundlich, mir alle TV-Beiträge zur Verfügung zu stellen, die sie in den betreffenden Regionen gedreht haben, sodass ich mir mit eigenen Augen einen Eindruck von den Orten, ihrer Atmosphäre und den Ereignissen verschaffen konnte.

Ein großer Dank geht ebenso an die DR-Korrespondentin Matilde Kimer, deren Hilfe im Hinblick auf die Kapitel über die Ukraine, ihre zweite Heimat, von unschätzbarem Wert waren.

Es war eine große Freude, mit Kapazitäten zusammenzuarbeiten, die über ein solches Wissen verfügen. Ohne euch wäre das Buch nicht das geworden, was es ist.

Im Libanon bin ich selbst gewesen, bin durch Beiruts Straßen spaziert und in den Gassen des Flüchtlingslagers Schatila herumgelaufen. Dabei standen mir Lars Fløcke Larsen, Nadia Mohamad, Alaa Hmaid, Soulayma Mahini, Moutaz Melhem, Sanaa, EU-Botschafterin Christina Lassen, *Politiken*-Journalist Marcus Rubin und der Arzt Thorbjørn Haslund zur Seite, der mir auf meinen Touren nicht nur Gesellschaft geleistet, sondern zahlreiche medizinische Fachfragen im Kontext mit den Geschehnissen im Buch beantwortet hat. Danke euch allen.

Außerdem möchte ich mich bei den Korrespondenten Puk Damsgaard und Steffen Jensen bedanken, bei Fotograf Jan Grarup, dem Journalisten Jens Nauntofte und bei Rune Flensted Laursen, Lehrer am Svendborg-Gymnasium, sowie bei Jesper Vildbrad, Rektor des Svendborg-Gymnasiums, die geduldig meine zahlreichen Fragen im Zusammenhang mit diesem Buch beantwortet haben. Außerdem bedanke ich mich bei meinem Sohn Malte Bugge Kold für seine guten Ideen, bei Karina Bugge Kold, Niels Rosenkvist, Dorte Bugge Jensen, Nicolai Bentsen, Mads Rangvid, Pernille Boelskov, Karoline Grønnehøj, Nanna Ask, Helle Vincentz und Jes Dalgaard.

Und nicht zuletzt geht ein großes Dankeschön an Verlagschefin Louise Dorthea Vind und meine Lektorinnen Line Rasmussen und Christel Brinkløv bei People'sPress.

Schließlich möchte ich gern Mohamed Aly Eldaour und Anaam Mohamed Ashour danken. Ich denke an euch, wo auch immer auf dieser Welt ihr gerade sein mögt.

Danke an:
Statens Kunstfonds
Autorkontoen

Zeitfracht Medien GmbH
Ferdinand-Jühlke-Straße 7
99095 Erfurt, Deutschland
produktsicherheit@kolibri360.de

Druck:
CPI Druckdienstleistungen GmbH
im Auftrag der
Zeitfracht Medien GmbH
Ein Unternehmen der Zeitfracht - Gruppe
Ferdinand-Jühlke-Str. 7
99095 Erfurt